U0800678

轨道交通装备制造业职业技能鉴定指导丛书

道岔制修工

中国北车股份有限公司　编写

中国铁道出版社

2015年·北　京

图书在版编目(CIP)数据

道岔制修工/中国北车股份有限公司编写．—北京：中国铁道出版社，2015.5

(轨道交通装备制造业职业技能鉴定指导丛书)

ISBN 978-7-113-20359-7

Ⅰ.①道… Ⅱ.①中… Ⅲ.①道岔－铁路养护－职业技能－鉴定－自学参考资料 Ⅳ.①U216.42

中国版本图书馆CIP数据核字(2015)第095078号

书　　名：轨道交通装备制造业职业技能鉴定指导丛书
道岔制修工

作　　者：中国北车股份有限公司

策　　划：江新锡　钱士明　徐　艳

责任编辑：张卫晓　　　　**编辑部电话**：010-51873065

封面设计：郑春鹏

责任校对：王　杰

责任印制：郭向伟

出版发行：中国铁道出版社(100054，北京市西城区右安门西街8号)

网　　址：http://www.tdpress.com

印　　刷：三河市宏盛印务有限公司

版　　次：2015年5月第1版　2015年5月第1次印刷

开　　本：787 mm×1 092 mm　1/16　印张：13.5　字数：330千

书　　号：ISBN 978-7-113-20359-7

定　　价：43.00元

中国北车职业技能鉴定教材修订、开发编审委员会

主　任：赵光兴

副主任：郭法娥

委　员：（按姓氏笔画为序）

于帮会　王　华　尹成文　孔　军　史治国

朱智勇　刘继斌　闫建华　安忠义　孙　勇

沈立德　张晓海　张海涛　姜　冬　姜海洋

耿　刚　韩志坚　詹余斌

本《丛书》总　编：赵光兴

副总编：郭法娥　刘继斌

本《丛书》总　审：刘继斌

副总审：杨永刚　娄树国

编审委员会办公室：

主　任：刘继斌

成　员：杨永刚　娄树国　尹志强　胡大伟

序

在党中央、国务院的正确决策和大力支持下，中国高铁事业迅猛发展。中国已成为全球高铁技术最全、集成能力最强、运营里程最长、运行速度最高的国家。高铁已成为中国外交的新名片，成为中国高端装备“走出国门”的排头兵。

中国北车作为高铁事业的积极参与者和主要推动者，在大力推动产品、技术创新的同时，始终站在人才队伍建设的重要战略高度，把高技能人才作为创新资源的重要组成部分，不断加大培养力度。广大技术工人立足本职岗位，用自己的聪明才智，为中国高铁事业的创新、发展做出了重要贡献，被李克强同志亲切地赞誉为“中国第一代高铁工人”。如今在这支近5万人的队伍中，持证率已超过96％，高技能人才占比已超过60％，3人荣获“中华技能大奖”，24人荣获国务院“政府特殊津贴”，44人荣获“全国技术能手”称号。

高技能人才队伍的发展，得益于国家的政策环境，得益于企业的发展，也得益于扎实的基础工作。自2002年起，中国北车作为国家首批职业技能鉴定试点企业，积极开展工作，编制鉴定教材，在构建企业技能人才评价体系、推动企业高技能人才队伍建设方面取得明显成效。为适应国家职业技能鉴定工作的不断深入，以及中国高端装备制造技术的快速发展，我们又组织修订、开发了覆盖所有职业(工种)的新教材。

在这次教材修订、开发中，编者们基于对多年鉴定工作规律的认识，提出了“核心技能要素”等概念，创造性地开发了《职业技能鉴定技能操作考核框架》。该《框架》作为技能人才评价的新标尺，填补了以往鉴定实操考试中缺乏命题水平评估标准的空白，很好地统一了不同鉴定机构的鉴定标准，大大提高了职业技能鉴定的公信力，具有广泛的适用性。

相信《轨道交通装备制造业职业技能鉴定指导丛书》的出版发行，对于促进我国职业技能鉴定工作的发展，对于推动高技能人才队伍的建设，对于振兴中国高端装备制造业，必将发挥积极的作用。

中国北车股份有限公司总裁：

2015.2.7

前　言

鉴定教材是职业技能鉴定工作的重要基础。2002年，经原劳动保障部批准，中国北车成为国家职业技能鉴定首批试点中央企业，开始全面开展职业技能鉴定工作。2003年，根据《国家职业标准》要求，并结合自身实际，组织开发了《职业技能鉴定指导丛书》，共涉及车工等52个职业（工种）的初、中、高3个等级。多年来，这些教材为不断提升技能人才素质、适应企业转型升级、实施"三步走"发展战略的需要发挥了重要作用。

随着企业的快速发展和国家职业技能鉴定工作的不断深入，特别是以高速动车组为代表的世界一流产品制造技术的快步发展，现有的职业技能鉴定教材在内容、标准等诸多方面，已明显不适应企业构建新型技能人才评价体系的要求。为此，公司决定修订、开发《轨道交通装备制造业职业技能鉴定指导丛书》（以下简称《丛书》）。

本《丛书》的修订、开发，始终围绕促进实现中国北车"三步走"发展战略、打造世界一流企业的目标，努力遵循"执行国家标准与体现企业实际需要相结合、继承和发展相结合、坚持质量第一、坚持岗位个性服从于职业共性"四项工作原则，以提高中国北车技术工人队伍整体素质为目的，以主要和关键技术职业为重点，依据《国家职业标准》对知识、技能的各项要求，力求通过自主开发、借鉴吸收、创新发展，进一步推动企业职业技能鉴定教材建设，确保职业技能鉴定工作更好地满足企业发展对高技能人才队伍建设工作的迫切需要。

本《丛书》修订、开发中，认真总结和梳理了过去12年企业鉴定工作的经验以及对鉴定工作规律的认识，本着"紧密结合企业工作实际，完整贯彻落实《国家职业标准》，切实提高职业技能鉴定工作质量"的基本理念，在技能操作考核方面提出了"核心技能要素"和"完整落实《国家职业标准》"两个概念，并探索、开发出了中国北车《职业技能鉴定技能操作考核框架》；对于暂无《国家职业标准》、又无相关行业职业标准的40个职业，按照国家有关《技术规程》开发了《中国北车职业标准》。经2014年技师、高级技师技能鉴定实作考试中27个职业的试用表明：该《框架》既完整反映了《国家职业标准》对理论和技能两方面的要求，又适应了企业生产和技术工人队伍建设的需要，突破了以往技能鉴定实作考核中试卷的难度与完整性评估的"瓶颈"，统一了不同产品、不同技术含量企业的鉴定标准，提高了鉴定考核的技术含量，保证了职业技能鉴定的公平性，提高了职业技能鉴定工作质量和管理水平，将成为职业技能鉴定工作、进而成为生产操作者技能素质评价的新标尺。

本《丛书》共涉及98个职业(工种),覆盖了中国北车开展职业技能鉴定的所有职业(工种)。《丛书》中每一职业(工种)又分为初、中、高3个技能等级,并按职业技能鉴定理论、技能考试的内容和形式编写。其中:理论知识部分包括知识要求练习题与答案;技能操作部分包括《技能考核框架》和《样题与分析》。本《丛书》按职业(工种)分册,并计划第一批出版74个职业(工种)。

本《丛书》在修订、开发中,仍侧重于相关理论知识和技能要求的应知应会,若要更全面、系统地掌握《国家职业标准》规定的理论与技能要求,还可参考其他相关教材。

本《丛书》在修订、开发中得到了所属企业各级领导、技术专家、技能专家和培训、鉴定工作人员的大力支持;人力资源和社会保障部职业能力建设司和职业技能鉴定中心、中国铁道出版社等有关部门也给予了热情关怀和帮助,我们在此一并表示衷心感谢。

本《丛书》之《道岔制修工》由北京南口轨道交通机械有限责任公司《道岔制修工》项目组编写。主编刘子滢,副主编刘高岩;主审杨万军,副主审杨楠;参编人员梁宏波、闫佳、王雪菲、刘斐、杨小刚、李春。

由于时间及水平所限,本《丛书》难免有错、漏之处,敬请读者批评指正。

中国北车职业技能鉴定教材修订、开发编审委员会

二〇一四年十二月二十二日

目　　录

道岔制修工(职业道德)习题

一、单项选择题

1. 道德是人们用来评价别人和自己言行的(　　)。

(A)标准　(B)标准与尺度　(C)尺度　(D)标准与水平

2. 职业道德就是同人们的职业活动紧密联系的,符合职业特点所要求的(　　)的总和。

(A)道德准则、道德情操　(B)道德情操与道德品质

(C)道德准则、道德情操与道德品质　(D)道德准则与道德品质

3. "人民铁路为人民"是铁路职业道德的(　　)。

(A)基本原则　(B)原则　(C)基本要求　(D)要求

4. 对于铁路企业和铁路职工,(　　)是我们必须具备的职业道德素质。

(A)注重质量,讲究诚信　(B)注重质量

(C)注重质量,讲究信誉　(D)讲究信誉

5. 铁路职工职业技能的提高,是(　　)的必要条件。

(A)推广新技术、使用新设备　(B)推广新技术

(C)推广新方法、使用新设备　(D)使用新设备

6. 铁路工务部门职业道德规范的主要内容是热爱本职,勤奋敬业;遵章守纪,尽职尽责;(　　)。

(A)精心养护　(B)精心养护,确保质量

(C)确保质量　(D)精心养护,确保安全

7. 修养是人们提高(　　)必不可少的手段。

(A)科学文化水平　(B)科学水平和道德品质

(C)道德品质　(D)科学文化水平和道德品质

8. 铁路职业道德修养,是按照社会主义职业道德和"人民铁路为人民"道德规范的要求,自觉开展的一种(　　)。

(A)思想运动　(B)运动　(C)思想活动　(D)活动

9. 一个人的职业道德水平必然体现在对(　　)。

(A)工作的态度上　(B)本职工作的态度上

(C)工作的认识上　(D)本职工作的认识上

10. 职业道德修养的学习主要是为了获取形成良好的(　　)所必须的知识。

(A)道德品质　(B)岗位道德品质　(C)职业道德　(D)职业道德品质

11. 遵守铁路职业道德是每一个铁路职工在职业活动中必须承担的道德(　　)。

(A)责任　(B)责任和要求　(C)要求　(D)责任和义务

12. 加强铁路职业道德建设,就是要把职业道德(　　),落实到每一个职工的执业行

为上。

(A)规范 (B)规范和要求 (C)责任 (D)规范和责任

13. 道德和职业道德是维持( )正常进行的不可替代的精神力量。

(A)社会生活和职业活动 (B)社会生活

(C)社会生活和生产活动 (D)生产活动

14. 道德是调整人们之间关系的行为规范，它规定着人们应该做什么和不应该做什么的( )。

(A)标准和要求 (B)标准 (C)标准和准则 (D)要求

15. 道德是用内心信念、传统习惯和社会舆论来维持的，而不是靠( )来维持。

(A)法律条文 (B)法律条文和行政命令

(C)行政管理 (D)法律条文和行政管理

16. 道德是以( )观念为标准的，善的行为是道德的，恶的行为是不道德的。

(A)传统 (B)思想 (C)现代 (D)善恶

17. ( )是道德的一个极为重要的特点。

(A)规范性 (B)规律性 (C)示范性 (D)约束性

18. 道德品质是社会道德现象的( )。

(A)个体表现 (B)个体化 (C)集体表现 (D)集体化

19. 道德品质是( )的辩证统一。

(A)道德意识和生产活动 (B)道德意识

(C)道德意识和道德行为 (D)生产活动

20. 道德品质与人的其他品质相比，更加明显地表现出人的( )的一致性。

(A)心理因素 (B)心理因素和外部表现

(C)外部表现 (D)心理因素和行为因素

21. 道德品质是( )凭借意志审慎选择之后，逐步形成的习惯或习性的一致性。

(A)群体 (B)他人 (C)集体 (D)个人

22. 道德品质是个人凭借自觉意志调节( )的结果。

(A)情感和行为 (B)情绪 (C)情绪和行为 (D)行为

23. 道德品质具有经常而稳定的( )。

(A)性质 (B)倾向和特征 (C)特征 (D)性质和特征

24. 道德规范是判断( )、诚实与虚伪、权利与义务等的道德准则。

(A)善与恶、正当与不正当、正义与非正义、荣与辱

(B)正当与不正当、正义与非正义、荣与辱

(C)正义与非正义、荣与辱

(D)荣与辱

25. 职业道德是所有从业人员在职业活动中应该遵循的( )准则。

(A)活动 (B)工作 (C)行为 (D)行动

26. 职业道德不仅是从业人员在职业活动中的行为标准和要求，而且是本行业对社会所承担的( )道德。

(A)义务 (B)责任和义务 (C)责任 (D)责任和权利

27. 只有(　　)的劳动者,才能保证质量完成生产任务。

(A)技能高、素质好 (B)技能高 (C)技能高、身体好 (D)身体好

28. 爱岗敬业是职业道德的(　　)。

(A)基础 (B)基础与核心 (C)要求 (D)基础与要求

29. (　)也是铁路部门的基本道德要求。

(A)讲究质量、注重效益 (B)讲究质量

(C)讲究质量、注重信誉 (D)注重效益

30. 人民铁路职业道德是维护铁路运输安全生产、提高铁路(　　)、保持铁路竞争力的重要保证。

(A)列车速度 (B)服务质量 (C)运输能力 (D)经济效益

31. 爱岗是一种职业道德感情,它是在敬业精神的激励下,人们在职业活动中逐渐形成的一种对本职工作的深厚(　　)。

(A)感情 (B)友谊 (C)热情 (D)情意

32."人民铁路为人民"是铁路一切职业活动的(　　),是铁路职工的职业行为指南。

(A)归宿 (B)出发点和归宿 (C)目标 (D)出发点和目标

33. 铁路职业道德基本规范是全路职工在(　　)活动中必须遵守的职业行为准则。

(A)生产 (B)管理 (C)职业 (D)工作

34. 对与铁路企业和铁路职工来说,(　　)是我们必须具备的职业道德素质。

(A)讲究质量、注重效益 (B)讲究质量

(C)讲究质量、注重信誉 (D)注重效益

35. 一个企业必须依靠质量站稳脚跟,从而赢得(　　)。

(A)信誉 (B)信誉和效益 (C)效益 (D)信誉和市场

36. 把(　　)作为自己最重要的工作目标。

(A)优质服务 (B)优质服务和生产高质量产品

(C)完成任务 (D)优质服务和完成任务

37. 每一个铁路职工都必须牢固树立起"(　　)第一"的观点。

(A)运输 (B)效益 (C)生产 (D)质量

38. (　　)是铁路运输工作的头等质量问题。

(A)安全 (B)正点 (C)生产 (D)运输

39. 铁路企业的每个部门都有一个注重(　　)的问题。

(A)质量 (B)管理 (C)生产 (D)运输

40. 铁路职工除了要有较高的职业技能,还要有很强的责任心(　　)。

(A)执行规程 (B)执行规程,精心操作

(C)精心操作 (D)严守规程,精心操作

二、判 断 题

1. 规范性是道德的一个极为重要的特点。(　　)

2. 职业道德不仅是从业人员在职业活动中的行为标准和要求,而且是本行业对社会所承担的道德责任。(　　)

3. 道德是社会和谐的基石，文明风尚是社会主义和谐社会重要特征。(　　)

4. 每一位铁路职工都应该时时刻刻把质量摆在首位，把保证质量贯彻到工作的全过程中。(　　)

5. 铁路工务部门职工的主要职责是保证线路质量良好，安全畅通。(　　)

6. 铁路第六次大面积提速之后，对工务部门确保线路质量和提高职工队伍素质，提出了要求。(　　)

7. 职业道德修养是一种状态，是指从业人员在自己所从事的职业中道德品格达到的境界。(　　)

8. 职业理想是个人对职业的向往，具有强烈的可能性。(　　)

9. 职业技能是做好本职工作的手段，是胜任本职工作的重要条件。(　　)

10. 社会实践是产生道德品质的源泉。(　　)

道岔制修工(职业道德)答案

一、单项选择题

1. B	2. C	3. A	4. C	5. A	6. B	7. D	8. C	9. B
10. D	11. D	12. B	13. A	14. C	15. B	16. D	17. A	18. B
19. C	20. D	21. D	22. A	23. B	24. A	25. C	26. B	27. A
28. B	29. C	30. D	31. A	32. B	33. C	34. C	35. D	36. B
37. D	38. A	39. A	40. D					

二、判 断 题

1. √	2. ×	3. √	4. ×	5. √	6. ×	7. √	8. ×	9. √
10. ×								

道岔制修工(初级工)习题

一、填 空 题

1. 在道岔图的简化画法中,以点代线、(　　)是铺设图的特点。
2. 在道岔铺设图中,两条线表示两钢轨的(　　)。
3. 在道岔铺设图中,垂直于两条两钢轨的线则表示枕木的(　　)。
4. 在道岔铺设图中,可只画俯视图和(　　)。
5. 在道岔布置图的俯视图中,可只画轨头工作边线和部分(　　)。
6. 在道岔布置图中,一些连接件也都用零件(　　)表示。
7. 在道岔布置图中,各配件的装配关系在(　　)中显示。
8. 平行线间交叉渡线一般由四组单开道岔(或对称道岔)及一组(　　)组合而成。
9. 平行线间交叉渡线最常用的基本形式是菱形交叉(　　)布置于两平行线路之间。
10. 为了有可能利用标准的(或已有的)单开辙叉及菱形交叉或在有特殊要求时,可将菱形偏于一侧线路成为(　　)的交叉渡线。
11. 在两平行线路间距较大的线路间,为了缩短交叉渡线的长度,在单开道岔辙叉跟端与菱形交叉锐角辙叉跟端之间设一连接曲线,成为(　　)。
12. 平行线间交叉渡线的四组单开道岔,也可按(　　)作不对称布置。
13. 两平行线间的交叉渡线,随着间距的变化,菱形锐角辙叉和单开锐角辙叉在线路(　　)上的相互位置也随着变化。
14. 为保证心轨的可动性和稳定性,可动心轨辙叉必须具备足够的防跳性能和良好的(　　)。
15. 可动心轨辙叉长心轨尖端与翼轨(　　)不能大于 0.5 mm。
16. 可动心轨辙叉长心轨与叉跟座位应全部(　　)。
17. 组装时,可动心轨辙叉(　　)与心轨轨腰间隙为 0.5～1.0 mm。
18. 可动心轨辙叉组装前应对特殊形状的钢轨及基本轨(　　)进行检查。
19. 可动心轨辙叉组装前应对尖轨矢度、尖轨跟端(　　)进行检查。
20. 将钢轨重新加热到奥氏体化状态后加速冷却,得到细片状珠光体组织的热处理为(　　)。
21. 钢轨轧制后不再重新加热到奥氏体化状态而直接加速冷却,得到细片状珠光体组织的热处理为(　　)。
22. 热处理钢轨轨头横断面硬度值从表面向内不应均匀过渡,不许出现硬度的(　　)。
23. (　　)U75V 热处理钢轨轨头横断面硬化层 A_4、B_5、C_5点的硬度为≥32.5HRC。
24. (　　)U75V 热处理钢轨轨头横断面硬化层 A_4、B_5、C_5点的硬度为≥34.0HRC。
25. 在同一根全长热处理钢轨的轨顶中心表面上,清除脱碳层(0.5 mm)后进行布氏硬度分布测定,其全长的硬度(　　)应不大于 30HBW。

26. 道岔各部件间隔选择的不合理,会产生撞击和磨耗,甚至发生(　　)事故。

27. 道岔(　　)的作用是连接转辙器的两尖轨,活动心轨辙叉两心轨,并与转折设备相连,实现尖轨的摆动。

28. 道岔(　　)的作用是增强尖轨或心轨间的框架作用,提高尖轨的稳定性。

29. 一般交分道岔中的锐角辙叉即为同号数的(　　)。

30. 在交叉渡线中,菱形钝角辙叉和锐角辙叉的辙叉角为单开辙叉角的(　　)。

31. 在交叉渡线中,菱形交叉中辙叉号数与辙叉角(　　)余切关系。

32. 尖轨的尖端有贴尖式和(　　)两种结构形式。

33. (　　)是道岔开通侧线时,侧线尖轨跟端工作边(曲线时为切线)和主线基本轨工作边的交角。

34. (　　)是列车行驶中车轮撞击钢轨的角度。

35. (　　)尖轨不能完全消除尖轨尖端受磨耗轮缘撞击的可能性,特别是当轮踏面具有垂直磨耗时,在这种情况下,尖轨即使与基本轨完全密贴,其实际尖端也仍有被这种撞击的可能(指逆向进岔的车轮)。

36. (　　)尖轨可保证尖轨实际尖端免受磨耗轮缘的撞击。

37. 对于同一尖轨平面,采用固定型跟部结构比采用活动型跟部结构所要求的尖轨长度要(　　)。

38. 弹性可弯尖轨,它借助于尖轨的(　　)实现尖轨的摆动,它能使尖轨跟端与导曲线的钢轨刚性连接,因而增强了跟端接头的稳定性,并简化了尖轨跟端的连接设备。

39. 尖轨跟部采用间隔铁式连接具有构造简单,加工方便,尖轨扳动灵活,并且尖轨可以设计成较短长度,但这种活接头易出现病害,尖轨的(　　)较差。

40. 辙叉(　　)是辙叉(不包括钝角辙叉)与导轨相连接的一端。

41. 辙叉(　　)是辙叉(不包括钝角辙叉)心轨伸出的一端。

42. 辙叉(　　)是指辙叉心轨理论尖端至辙叉趾端的工作边长度。

43. 辙叉(　　)是指辙叉心轨理论尖端至辙叉跟端的工作边长度。

44. 辙叉(　　)是指辙叉趾端两翼轨工作边之间的距离。

45. 辙叉(　　)是指辙叉跟端两心轨工作边之间的距离。

46. 设置帮轨可以提高基本轨的水平刚度,减少基本轨的水平位移,有利于基本轨与心轨的(　　),并且可以减轻基本轨的垂直损耗。

47. 两平行线路的交叉渡线的布置方法有(　　)、不对称布置及缩短的交叉渡线。

48. 转辙器基本轨一般不进行切削加工,只有尖轨是藏尖式尖轨时,才对基本轨(　　)进行切削加工。

49. 转辙器基本轨下颚切削加工时在基本轨(　　)以下 16 mm 处进行切削,不破坏基本轨的工作边。

50. 尖轨轨头工作边水平刨切底部(　　)半径为 16 mm。

51. 尖轨轨头非工作边刨切(　　)一般在低于基本轨轨头侧面下边缘以下 3 mm 处。

52. 尖轨轨头非工作边和工作边水平刨切时,需要检查轨头刨切的深度、(　　)及各断面宽度。

53. TB/T 412—2014 规定，尖轨和活动心轨轨头（　　）水平刨切深度允许偏差为$^{+1}_{0}$ mm。

54. TB/T 412—2014 规定，尖轨和活动心轨轨头（　　）水平刨切深度允许偏差为±1 mm。

55. 尖轨顶面自轨头宽 20 mm 至尖轨尖端为一个（　　）。

56. 尖轨和活动心轨尖端不允许掉尖，如果出现掉尖，长度不大于 15 mm、深度不大于 5 mm时允许（　　）休整。

57. 道岔钢轨件淬火的方法，有（　　）淬火和火焰淬火两种。

58. 道岔钢轨件淬火层形状为（　　）。

59. 允许速度 200 km/h 铁路道岔尖轨及可动心轨（　　）≤100 mm 断面的淬火硬度为 260～330HB。

60. 道岔钢轨件淬火层金相组织应为淬火（　　）。

61. 道岔淬火钢轨件不得有烧伤、裂纹和深度大于 1 mm 的伤痕等（　　）缺陷。

62. 对淬火钢轨件进行时效，可以采用自然时效和（　　）时效。

63. 尖轨或活动心轨两侧的补强板（　　）至螺栓孔净距不得小于 40 mm。

64. 允许速度 200 km/h 铁路道岔可动心轨实际（　　）至直股翼轨前距离允许偏差$^{+4.0}_{0}$ mm。

65. 允许速度 200 km/h 铁路道岔可动心轨辙叉（　　）偏差±1.5 mm。

66. 允许速度 200 km/h 铁路道岔可动心轨辙叉趾、跟端（　　）偏差±2 mm。

67. 允许速度 200 km/h 铁路道岔补强板应与翼轨上下颚密贴，如不密贴，允许有0.5 mm的间断缝隙，不允许存在>600 mm 的连续（　　）。

68. 允许速度 200 km/h 铁路道岔直股可动心轨工作边应成（　　），允许有不大于 2 mm 的空隙。

69. 提速道岔可动心轨（　　）前后各 1 m 范围内不许抗线，其他部分允许有不大于 0.5 mm的抗线。

70. 允许速度 200 km/h 12 号道岔（　　）允许偏差为±8.0 mm。

71. 高锰钢辙叉试样水韧处理后的金相组织应为（　　）。

72. 高锰钢辙叉表面应平整、洁净，轨底不得有（　　）。

73. 60 kg/m 12 号提速提速道岔尖轨（　　）前后缝隙的偏差不大于 1.5 mm。

74. 允许速度 200 km/h 铁路道岔可动心轨第一牵引点接头铁拉板组装时，接头铁与可动心轨（　　）之间的缝隙不大于 0.2 mm。

75. 允许速度 200 km/h 铁路道岔铺设时，两基本轨外锁闭铁的（　　）应在同一轴线上，允许误差范围为±3 mm。

76. 允许速度 200 km/h 铁路道岔厂内铺设时，必须进行电动操作转换试验，转辙器尖轨及可动心轨实测（　　）均应不大于 5.5 kN。

77. 允许速度 200 km/h 道岔（　　）轨距允许偏差为±1 mm。

78. 允许速度 200 km/h 道岔尖轨轨头切削（　　）轨距允许偏差为±1 mm。

79. 允许速度 200 km/h 道岔轨头切削部分应与基本轨密贴，允许尖端至（　　）区段有 0.2 mm 轨缝，其余部分有不大于 1 mm 的缝隙。

80. 允许速度 200 km/h 道岔可动心轨在轨头切削部分应分别与两翼轨( ),允许有不大于 1 mm 的缝隙。

81. 允许速度 200 km/h 道岔可动心轨第一牵引点外锁闭板中心处可动心轨与( )间允许有不大于 0.5 mm 的缝隙,不要拧紧。

82. 允许速度 200 km/h 道岔开通侧股时,叉跟尖轨尖端与短心轨( )应密贴,允许有不大于 1 mm 的缝隙。

83. 允许速度 200 km/h 铁路道岔顶铁与可动心轨( )的间隙不大于 1.5 m。

84. 允许速度 200 km/h 道岔厂内铺设护轨轮缘槽( )为 42 mm,允许偏差$^{+1.0}_{-0.5}$ mm。

85. 允许速度 200 km/h 道岔厂内铺设( )≥1 391 mm。

86. 允许速度 200 km/h 道岔厂内铺设( )≤1 348 mm。

87. 允许速度 200 km/h 铁路道岔查照间隔及护背距离在心轨( )20～30 断面范围内丈量。

88. 允许速度 200 km/h 道岔厂内铺设水平允许偏差为$^{+3.0}_{0}$ mm,侧股曲线不应该出现( )。

89. 允许速度 200 km/h18 号道岔厂内铺设( )允许偏差为±12 mm。

90. 允许速度 200 km/h 道岔应采用( )轨型。

91. 允许速度 200 km/h 道岔应设( ),并与区间线路一致。

92. 允许速度 200 km/h 道岔转辙器部分采用( )尖轨。

93. 允许速度 200 km/h 道岔辙叉应采用( )辙叉结构。

94. 允许速度 200 km/h 道岔辙叉可动心轨可采用( )长、短心轨组装。

95. 允许速度 200 km/h 道岔可动心轨辙叉长心轨跟端为弹性( )。

96. 允许速度 200 km/h 道岔可动心轨辙叉短心轨跟端为斜接头( )。

97. 允许速度 200 km/h 道岔可动心轨辙叉翼轨在可动心轨第一拉杆部位用 60AT 轨锻压加工成( ),两端锻压过渡段、成型段再与标准规焊接。

98. 允许速度 200 km/h 道岔护轨与走行轨分开并( )。

99. 允许速度 200 km/h 道岔区钢轨采用弹条Ⅱ型扣件或( )。

100. 允许速度 200 km/h 道岔应采用( )绝缘接头。

101. 允许速度 200 km/h 道岔应采用( )混凝土岔枕。

102. 允许速度 200 km/h 道岔( )采用多点牵引转换。

103. 允许速度 200 km/h 道岔可动( )采用多点牵引转换。

104. 允许速度 200 km/h 道岔两尖轨采用( )转换方式。

105. 允许速度 200 km/h 道岔( )采用外锁闭方式。

106. 允许速度 200 km/h 道岔可动( )采用外锁闭方式。

107. 允许速度 200 km/h 道岔应按规定程序批准的图纸和( )的要求制造。

108. 允许速度 200 km/h 道岔新投产应试制并进行( )。

109. 允许速度 200 km/h 道岔经有关部门检验合格后方可( )。

110. 允许速度 200 km/h 道岔批量生产的道岔转辙器应在厂内逐组组装,确认合格后( )。

111. 允许速度 200 km/h 道岔批量生产的道岔可动心轨辙叉应在厂内逐组组装,确认合格后( )。

112. 制造允许速度 200 km/h 道岔的原材料应符合国家和行业(　　)的规定。

113. 一组允许速度 200 km/h 道岔应使用同一种材质,宜使用(　　)的钢轨制造。

114. 允许速度 200 km/h 道岔基本轨的踏面、(　　)不允许有深度大于 0.3 mm/1 m 的校直压痕。

115. 允许速度 200 km/h 道岔尖轨的踏面、(　　)不允许有深度大于 0.3 mm/1 m 的校直压痕。

116. 允许速度 200 km/h 道岔直线尖轨工作边的(　　),加工部分不大于 0.3 mm/1 m。

117. 允许速度 200 km/h 道岔基本轨的顶面(　　)不大于 0.3 mm/1 m。

118. 允许速度 200 km/h 道岔尖轨的轨底平面度应使用(　　)进行测量控制。

119. 允许速度 200 km/h 道岔 60AT 尖轨跟端(　　)1∶40 角度。

120. 允许速度 200 km/h 道岔 60AT(　　)跟端成型段轨底平面度为 0.3 mm。

121. 允许速度 200 km/h 道岔(　　)跟端成型段轨底平面度为 0.3 mm。

122. 允许速度 200 km/h 道岔 60AT(　　)跟端加工的顶面直线度为 0.3 mm/1 m。

123. 允许速度 200 km/h 道岔(　　)跟端加工的顶面直线度为 0.3 mm/1 m。

124. 允许速度 200 km/h 道岔 60AT 钢轨锻压段非加工表面不允许有裂纹和(　　)。

125. 允许速度 200 km/h 道岔 60AT 钢轨锻压段非加工表面不应有横向划痕、结疤和(　　)。

126. 允许速度 200 km/h 道岔 60AT 钢轨锻压段通过机加工达到尺寸要求时,加工面交角应(　　)。

127. 允许速度 200 km/h 道岔 60AT 钢轨锻压过渡段部位的轨头(　　)相对于钢轨垂直中心线的偏移量应均匀过度,各相交面应圆滑平顺。

128. 允许速度 200 km/h 道岔 60AT 钢轨锻压过渡段部位的轨腰(　　)相对于钢轨垂直中心线的偏移量应均匀过度,各相交面应圆滑平顺。

129. 允许速度 200 km/h 道岔 60AT 钢轨锻压过渡段部位的(　　)相对于钢轨垂直中心线的偏移量应均匀过度,各相交面应圆滑平顺。

130. 允许速度 200 km/h 道岔(　　)的踏面、工作面不允许有深度大于 0.3 mm/1 m 的校直压痕。

131. 允许速度 200 km/h 道岔(　　)的踏面、工作面不允许有深度大于 0.3 mm/1 m 的校直压痕。

132. 允许速度 200 km/h 道岔叉跟(　　)的踏面、工作面不允许有深度大于 0.3 mm/1 m 的校直压痕。

133. 允许速度 200 km/h 道岔翼轨特种断面成型段和过渡段表面不允许有裂纹和(　　)。

134. 允许速度 200 km/h 道岔翼轨特种断面成型段和过渡段表面不应有横向划痕、结疤和(　　)。

135. 允许速度 200 km/h 道岔翼轨特种断面成型段和过渡段表面(　　)划痕深度不应大于 0.3 mm。

136. 允许速度 200 km/h 道岔翼轨特种断面成型段和过渡段通过机加工达到尺寸要求时,加工面交角应(　　)。

137. 允许速度 200 km/h 道岔翼轨特种断面(　　)应进行正火处理。

138. 允许速度 200 km/h 道岔翼轨(　　)应进行正火处理。

139. 允许速度 200 km/h 道岔铁垫板上的焊缝高度不应小于(　　)高度。

140. 允许速度 200 km/h 道岔铁垫板上的焊缝不应影响其他部件的(　　)。

141. 活动心轨钝角辙叉的基本轨和(　　)应组装成整体。

142. 活动心轨钝角辙叉的活动心轨和(　　)应组装成整体。

143. 可动心轨辙叉组装后的咽喉(　　)尺寸允许偏差为±1.0 mm。

144. 可动心轨辙叉组装后的趾端(　　)尺寸允许偏差为±1.5 mm。

145. 可动心辙叉组装后的心轨实际尖端至(　　)的距离允许偏差为$^{+4.0}_{0}$ mm。

146. 可动心轨辙叉组装后辙叉沿工作边的长度极限偏差为(　　)。

147. 可动心轨辙叉直股工作边(　　)应不大于 0.3 mm/1 m。

148. 可动心轨辙叉侧股工作边曲线应(　　)。

149. 可动心轨轨底应与台板(　　)。

150. 可动心轨辙叉的铁垫板间距与相应(　　)间距相同。

151. 可动心轨在轨头(　　)范围内应分别与两翼轨密贴。

152. 可动心轨辙叉开通侧股时,叉跟尖轨(　　)应与短心轨密贴。

153. 可动心轨辙叉顶铁与可动心轨(　　)间隙应小于 1.0 mm。

154. 允许速度 200 km/h 道岔转辙器组装要求整组道岔应将尖轨、(　　)装配成组装件。

155. 允许速度 200 km/h 道岔转辙器组装要求尖轨与基本轨组装后,跟距及弹性可弯尖轨起始固定位置(　　)允许偏差应小于 1.0 mm。

156. 允许速度 200 km/h 道岔转辙器组装要求(　　)间隙偏差为±1.5 mm。

157. 允许速度 200 km/h 道岔转辙器组装,要求顶铁与相邻钢轨(　　)的间隙应小于 1.0 mm。

158. 允许速度 200 km/h 道岔转辙器组装,要求 60AT 尖轨 0～40 mm 断面范围内顶面不允许高于基本轨(　　)。

159. 允许速度 200 km/h 道岔转辙器组装,要求在尖轨的轨头切削范围内尖轨应与基本轨(　　)。

160. 允许速度 200 km/h 道岔转辙器组装,要求轨撑的(　　)应与基本轨密贴。

161. 允许速度 200 km/h 道岔尖轨牵引点(　　)允许偏差±3.0 mm。

162. 允许速度 200 km/h 道岔尖轨牵引点处(　　)允许偏差±3.0 mm。

163. 允许速度 200 km/h 道岔厂内铺设时,可动心尖轨尖端至(　　)处与翼轨的缝隙允许偏差≤0.2 mm。

164. 允许速度 200 km/h 道岔厂内铺设时,可动心轨与(　　)密贴部分(尖轨至第一牵引点处除外)的缝隙<1.0 mm。

165. 允许速度 200 km/h 道岔厂内铺设时,道岔各部分尺寸及零件的安装,应符合(　　)规定。

二、单项选择题

1. 单开道岔是主线为直线,侧线向主线的左侧或右侧(　　)的道岔。

(A)分支　　(B)开通　　(C)分开　　(D)转向

2. 站在道岔前端，面向尖轨，侧线向左(　　)的道岔称为左开道岔。

(A)分支　(B)开通　(C)分开　(D)转向

3. 站在道岔前端，面向尖轨，侧线向右(　　)的道岔称为右开道岔。

(A)分支　(B)开通　(C)分开　(D)转向

4. 单开道岔是各种道岔的(　　)形式，应用最为普遍。

(A)重要　(B)主要　(C)一般　(D)普通

5. 单开道岔由转辙器、连接部分、辙叉及(　　)组成。

(A)配轨　(B)尖轨　(C)护轨　(D)基本轨

6. 按(　　)分类，目前我国常用的单开道岔有 43 kg/m、50 kg/m 和 60 kg/m 的钢轨道岔，并正在适用 75 km/m 钢轨道岔。

(A)钢轨类型　(B)道岔平面形式

(C)道岔号数　(D)转辙器结构形式

7. 按(　　)分类，标准轨铁路道岔号数系列为 6、7、9、12、18 和 24 单开道岔。

(A)钢轨类型　(B)道岔号数

(C)道岔平形式　(D)转辙器结构形式

8. 按(　　)分类，主要有直线尖轨、直线辙叉的单开道岔；曲线尖轨、直线辙叉的单开道岔；曲线尖轨、曲线辙叉的单开道岔等。

(A)钢轨类型　(B)道岔号数

(C)道岔平面形式　(D)转辙器结构形式

9. 按(　　)分类，分为普通钢轨断面和特殊钢轨断面的单开道岔。

(A)尖轨断面形式　(B)尖轨跟端结构形式

(C)道岔平面形式　(D)转辙器结构形式

10. 按(　　)分类，分为间隔铁式(活接头式)和可弯式的单开道岔。

(A)尖轨断面结构形式　(B)尖轨跟端结构形式

(C)辙叉结构形式　(D)岔枕类型

11. 按(　　)分类，可分为固定型和可动心轨型的单开道岔。

(A)尖轨断面形式　(B)尖轨跟端结构形式

(C)辙叉结构形式　(D)岔枕类型

12. 按(　　)分类，可分为木枕道岔和钢筋混凝土岔枕道岔。

(A)尖轨断面结构形式　(B)尖轨跟端结构形式

(C)叉枕类型　(D)岔枕类型

13. 转辙器由(　　)基本轨、两根尖轨及各种连接零件组成。

(A)一根　(B)两根　(C)三根　(D)四根

14. 转辙器的作用是引导(　　)从一线进入另一线。

(A)车轮　(B)车辆　(C)列车　(D)机车

15. 转辙器基本轨由标准断面钢轨制成，一侧为(　　)，一侧为曲基本轨。

(A)直基本轨　(B)直尖轨　(C)尖轨　(D)曲尖轨

16. 辙叉跟端(　　)称为辙叉角。

(A)心轨的交角　(B)心轨两边的交角

(C)心轨工作边的交角　(D)心轨两工作边的交角

17. 辙叉号数是根据(　　)决定的。

(A)辙叉大小　(B)角的大小

(C)辙叉角的大小　(D)道岔角的大小

18. 道岔号数以(　　)表示。

(A)辙叉大小　(B)角的大小　(C)辙叉角的大小　(D)辙叉号数

19. 准轨铁路单开道岔号数有(　　)。

(A)6 号、7 号、8 号、9 号

(B)6 号、7 号、8 号、9 号、12 号

(C)6 号、7 号、8 号、9 号、12 号、18 号

(D)6 号、7 号、9 号、12 号、18 号、24 号

20. 路线连接和交叉的总称,包括各种道岔、交叉及道岔和交叉的组合,指的是(　　)。

(A)道岔和交叉　(B)道岔　(C)单开道岔　(D)单开对称道岔

21. 将一条轨道分支为两条或以上的设备是(　　)。

(A)道岔和交叉　(B)道岔　(C)单开道岔　(D)单开对称道岔

22. 主线为直线,侧线向主线的左侧或右侧分支的道岔,是(　　)。

(A)道岔和交叉　(B)道岔　(C)单开道岔　(D)单开对称道岔

23. 把直线轨道分为左右对称的两条轨道的道岔,是(　　)。

(A)道岔和交叉　(B)道岔　(C)单开道岔　(D)单式对称道岔

24. 把直线轨道分为左右不对称的两条轨道的道岔,是(　　)。

(A)不对称三开道岔　(B)三开道岔

(C)单式同侧道岔　(D)单式不对称道岔

25. 把直线轨道在同一侧分为两条轨道的道岔,是(　　)。

(A)不对称三开道岔　(B)三开道岔

(C)单式同侧道岔　(D)单开不对称道岔

26. 主线为直线,用同一部位的两组转辙器,将一条轨道分为三条,两侧对称分支的道岔指的是(　　)。

(A)不对称三开道岔　(B)三开道岔

(C)单式同侧道岔　(D)单开不对称道岔

27. 主线为直线,在不同部位用两组转辙器,将一条轨道分为三条,两侧不对称分支的道岔指的是(　　)。

(A)不对称三开道岔　(B)三开道岔

(C)单式同侧道岔　(D)单式不对称道岔

28. 站在道岔前端,面向尖轨,侧线向左分支的道岔,指的是(　　)。

(A)左开道岔　(B)右开　(C)交叉　(D)菱形交叉

29. 站在道岔前端,面向尖轨,侧线向右分支的道岔,指的是(　　)。

(A)左开道岔　(B)右开　(C)交叉　(D)菱形交叉

30. 要获得物体的(　　)必须具备光源、背投影对象和投影面。

(A)投影图　(B)立体图　(C)零件图　(D)主视图

31. 在日常生活中我们会发现,如果将一物体放在电灯泡与桌面之间,桌面上就会有一个(　　)的影子。

(A)缩小　(B)放大　(C)一样大　(D)由大变小

32. 三视图是指(　　)、俯视图、左视图。

(A)右视图　(B)主视图　(C)仰视图　(D)后视图

33. (　　)是构成视图的基本要素。

(A)粗实线　(B)线段　(C)图线　(D)细实线

34. 物体的形状大小,是在零件图的(　　)三个方向标注尺寸数字来表达的。

(A)长、宽、高　(B)长、宽、厚　(C)长、高　(D)宽、高

35. 尺寸线应用(　　),终端有两种形式(箭头或斜线)。

(A)细实线　(B)粗实线　(C)细点划线　(D)细虚线

36. 常见图中标有 R,它表示(　　)。

(A)圆或圆弧直径　(B)球半径　(C)圆半径　(D)圆或圆弧半径

37. 当零件内部结构较(　　)时,应用剖视图来表达。

(A)复杂　(B)简单　(C)杂乱　(D)重叠

38. 剖切面位置常常选择零件的(　　)或某一轴线上。

(A)对应平面　(B)相对平面　(C)对称平面　(D)不对称平面

39. 剖切位置线是长约(　　)的粗实线。

(A)3 mm　(B)4 mm　(C)5 mm　(D)6 mm

40. 画图样时,细实线的宽度约占粗实线的(　　)。

(A)1/5　(B)1/4　(C)1/3　(D)1/2

41. 粗实线表示(　　)、可见过渡线。

(A)不可见轮廓线　(B)相邻轮廓线　(C)轴线　(D)可见轮廓线

42. 机械制图中阿拉伯数字的单位是毫米,一般(　　)。

(A)不写出　(B)写出　(C)可写可不写　(D)一定写出

43. 当剖面符号是水平方向成 45°的细实线时,则可知零件是(　　)。

(A)钢　(B)优质碳素结构钢　(C)普通结构钢　(D)金属材料

44. 半剖视图是在具有对称平面的零件上,用(　　)剖切平面将零部件剖开。

(A)一个　(B)两个　(C)三个　(D)四个

45. 假想用(　　)剖切平面将零件某部分切断,只画断面的真实形状,并画上剖面线的图形是剖面图。

(A)四个　(B)三个　(C)两个　(D)一个

46. 移出剖面的图形画在视图(　　)。

(A)里面　(B)外面　(C)侧面　(D)前面

47. 重合剖面用(　　)画在视图里。

(A)波浪线　(B)点划线　(C)细实线　(D)粗实线

48. 基本视图用于表达零件(　　)。

(A)外形　(B)内形　(C)局部　(D)局部外形

49. 对于较小结构的零件图的表面交线,相贯线等可简化成(　　)。

(A)斜线 (B)直线 (C)相交线 (D)竖线

50. 零件图常采用1∶1的比例,是为了给加工者一个(　　)的印象。

(A)加深 (B)直观 (C)清楚 (D)美观

51. 比例的标注一般在(　　)注明。

(A)明细表 (B)材料表 (C)标题栏 (D)技术要求

52. 在新产品设计中,一般都先画出机械或部件的(　　)。

(A)工艺图 (B)施工图 (C)零件图 (D)装配图

53. (　　)是辙叉中带有尖端的钢轨,钢轨组合辙叉的心轨是由长、短心轨组成。

(A)翼轨 (B)特种断面尖轨 (C)尖轨 (D)心轨

54. (　　)是转辙器或可动心轨辙叉中与转辙设备相连接的杆件。

(A)尖轨补强板 (B)间隔铁 (C)道岔连接杆 (D)道岔拉杆

55. (　　)是转辙器中连接两根尖轨的杆件,可动心轨钝角辙叉中连接两根可动心轨的杆件。

(A)尖轨补强板 (B)间隔铁 (C)道岔连接杆 (D)道岔拉杆

56. (　　)是夹在两钢轨之间为保持其固定间隔的零件 。

(A)尖轨补强板 (B)间隔铁 (C)道岔连接杆 (D)道岔拉杆

57. (　　)是为增强尖轨断面的刚度,在轨腰两侧嵌补的钢板。

(A)尖轨补强板 (B)间隔铁 (C)道岔连接杆 (D)道岔拉杆

58. (　　)是承垫基本轨并供尖轨滑动或承垫翼轨,并供可动心轨滑动的垫板。

(A)尖轨补强板 (B)间隔铁 (C)道岔连接杆 (D)滑床板

59. 43 kg/m 的钢轨高度是(　　)。

(A)140 mm (B)152 mm (C)176 mm (D)178 mm

60. 50 kg/m 的钢轨高度是(　　)。

(A)140 mm (B)152 mm (C)176 mm (D)178 mm

61. 60 kg/m 的钢轨高度是(　　)。

(A)140 mm (B)152 mm (C)176 mm (D)178 mm

62. 75 kg/m 的钢轨高度是(　　)。

(A)140 mm (B)152 mm (C)176 mm (D)192 mm

63. 50AT 钢轨的高度是(　　)。

(A)128 mm (B)140 mm (C)152 mm (D)176 mm

64. 60AT 钢轨的高度是(　　)。

(A)128 mm (B)140 mm (C)152 mm (D)176 mm

65. 43km/m 钢轨的轨头侧面(　　)。

(A)有 1∶20 的坡度 (B)有 1∶40 的坡度

(C)有 1∶16 的坡度 (D)是竖直的

66. 50 km/m 钢轨的轨头侧面(　　)。

(A)有 1∶20 的坡度 (B)有 1∶40 的坡度

(C)有 1∶16 的坡度 (D)是竖直的

67. 60 km/m 钢轨的轨头侧面(　　)。

(A)有 1∶20 的坡度　(B)有 1∶40 的坡度
(C)有 1∶16 的坡度　(D)是竖直的

68. 75 km/m 钢轨的轨头下颚宽度是(　　)。
(A)72.0 mm　(B)73.0 mm　(C)74.0 mm　(D)75.0 mm

69. 50AT 钢轨的轨头侧面(　　)。
(A)有 1∶20 的坡度　(B)有 1∶40 的坡度
(C)有 1∶16 的坡度　(D)是竖直的

70. 60AT 钢轨的轨头侧面(　　)。
(A)有 1∶20 的坡度　(B)有 1∶40 的坡度
(C)有 1∶16 的坡度　(D)是竖直的

71. 43 km/m 钢轨的轨头宽度是(　　)。
(A)70 mm　(B)73 mm　(C)73.8 mm　(D)75 mm

72. 50 km/m 钢轨的轨头宽度是(　　)。
(A)70 mm　(B)73 mm　(C)73.8 mm　(D)75 mm

73. 60 km/m 钢轨的轨头宽度是(　　)。
(A)70 mm　(B)73 mm　(C)73.8 mm　(D)75 mm

74. 75 km/m 钢轨的轨头宽度是(　　)。
(A)70 mm　(B)73 mm　(C)73.8 mm　(D)75 mm

75. 50AT 钢轨的轨头宽度是(　　)。
(A)70 mm　(B)73 mm　(C)73.8 mm　(D)75 mm

76. 60AT 钢轨的轨头下颚宽度是(　　)。
(A)70 mm　(B)73 mm　(C)73.8 mm　(D)75 mm

77. 50AT 钢轨和 50 kg/m 钢轨的高度(　　)。
(A)相等　(B)相差 24 mm　(C)50AT 钢轨高　(D)相差 6 mm

78. 60AT 钢轨和 60 kg/m 钢轨的高度(　　)。
(A)相等　(B)相差 24 mm　(C)60AT 钢轨高　(D)相差 6 mm

79. AT 钢轨中的"A"表示钢轨为(　　)。
(A)特种断面轨　(B)高型轨　(C)铁道用轨　(D)矮型轨

80. AT 钢轨中的"T"表示钢轨为(　　)。
(A)特种断面轨　(B)高型轨　(C)铁道用轨　(D)矮型轨

81. AT 钢轨中"AT"表示钢轨为(　　)。
(A)高型特种断面　(B)矮型普通断面
(C)高型普通断面　(D)矮型特种断面

82. 与车轮轮缘或轮背接触，并对列车运行起制约作用的轨头一侧面(或二侧面)是(　　)。
(A)工作边　(B)非工作边　(C)直线　(C)圆曲线

83. 制造道岔钢轨件的轨头宽度的测量点在(　　)。
(A)基本轨轨顶面以下 23 mm 处　(B)尖轨轨顶面以下 23 mm 处
(C)尖轨顶面以下 16 mm 处　(D)基本轨轨顶面以下 16 mm 处

84. 尖轨为贴尖式时,基本轨的主要工艺过程为(　　)。
(A)下料、锯切、钻孔等
(B)下料、锯切、钻孔、螺栓孔倒角等
(C)下料、锯切、钻孔螺栓孔倒角、淬火等
(D)下料、锯切、钻孔螺栓孔倒角、淬火、调顶、组装等
85. 尖轨为藏尖式时,基本轨的主要工艺过程为(　　)。
(A)下料、锯切、钻孔等
(B)下料、锯切、钻孔、螺栓孔倒角等
(C)下料、锯切、钻孔螺栓孔倒角、切削下颚等
(D)下料、锯切、钻孔螺栓孔倒角、切削下颚、淬火、调顶、组装等
86. 75 型道岔护轨加工工艺的主要工艺过程为(　　)。
(A)下料、锯切、钻孔、顶弯、刨轨底、淬火、切削开口处、调顶、组装
(B)下料、锯切、钻孔、顶弯、刨轨底、淬火
(C)下料、锯切、钻孔、顶弯、刨轨底
(D)下料、锯切、钻孔、顶弯
87. 92 型道岔护轨加工的主要工艺过程为(　　)。
(A)下料、锯切、钻孔、顶弯、刨轨头、刨轨顶
(B)下料、锯切、钻孔、顶弯、刨轨头、刨轨顶、切削开口处
(C)下料、锯切、钻孔、顶弯、刨轨头、刨轨顶、切削开口处、淬火
(D)下料、锯切、钻孔、顶弯、刨轨头、刨轨顶、切削开口处、淬火、调顶、刨轨底
88. 75 型道岔导轨工艺过程为(　　)。
(A)下料、锯切、钻孔、倒角　　(B)下料、锯切、钻孔
(C)下料、锯切　　(D)下料
89. 92 型道岔导轨工艺过程为(　　)。
(A)下料、锯切、钻孔　　(B)下料、锯切、钻孔、倒角
(C)下料、锯切、钻孔、倒角、淬火　　(D)下料、锯切、钻孔、倒角、淬火、调直
90. 75 型道岔滑床垫板工艺过程为(　　)。
(A)剪板、冲大孔、冲圆孔、电焊、调平　　(B)剪板、冲大孔、冲圆孔、电焊
(C)剪板、冲大孔、冲圆孔　　(D)剪板、冲大孔
91. 75 型道岔辙后垫板工艺过程为(　　)。
(A)剪板、号孔、冲孔　　(B)剪板、号孔、冲孔、电焊
(C)剪板、号孔、冲孔、电焊、调平　　(D)剪板、号孔、冲孔、电焊、调平、标号
92. 92 型道岔滑床垫板工艺过程为(　　)。
(A)剪板、号孔、钻孔、铣槽、压号、电焊、调平、标号
(B)剪板、号孔、钻孔、铣槽、压号、电焊、调平
(C)剪板、号孔、钻孔、铣槽、压号、电焊
(D)剪板、号孔、钻孔、铣槽、压号
93. 92 型道岔辙后垫板工艺过程为(　　)。
(A)剪板、号孔、钻孔、铣槽、压号、电焊、调平、标号

(B)剪板、号孔、钻孔、铣槽、压号、电焊、调平
(C)剪板、号孔、钻孔、铣槽、压号、电焊
(D)剪板、号孔、钻孔、铣槽、压号
94. 要获得物体的投影图(　　)。
(A)必须具备光源
(B)必须具备光源、被投影
(C)必须具备光源、被投影对象和投影面
(D)必须具备电源、被投影对象和投影面
95.(　　),在投影面产生影子的现象叫投影。
(A)物体在光源照射下　(B)物体在光线照射下
(C)物体在灯照射下　(D)物体在阳光照射下
96. 光源从投影中心出发的投影,称为(　　)。
(A)正投影　(B)斜投影　(C)直投影　(D)中心投影
97. 投影线平行且与投影面垂直时,物体在投影面上所得的投影称为(　　)。
(A)正投影　(B)斜投影　(C)直投影　(D)中心投影
98. 国家标准《机械制图》规定,(　　)投射所得的图形称为视图。
(A)将工件向投影面　(B)将物体向投影面
(C)将零件向投影面　(D)将机件向投影面
99. 视图主要用来表达(　　)。
(A)机件的外部结构形状　(B)机件的结构形状
(C)机件的外部形状　(D)机件形状
100. 视图分为(　　)。
(A)基本视图
(B)基本视图、局部视图
(C)基本视图、局部视图、斜视图
(D)基本视图、局部视图、斜视图和旋转视图
101.(　　)规定为在正六面体的六个面上的投影。
(A)基本投影图　(B)局部视图　(C)斜视图　(D)旋转视图
102. 道岔中的零、部件图同样采用(　　)。
(A)中心影法绘制　(B)斜投影法复制
(C)直投影法绘制　(D)正投影法绘制
103.(　　)投影方向的规定是由前向后投影所得的视图,反映机件的高度和长度。
(A)主视图　(B)俯视图　(C)左视图　(D)右视图
104.(　　)投影方向的规定是由上向下投影所得的视图,反映机件的宽度和长度。
(A)主视图　(B)俯视图　(C)左视图　(D)右视图
105.(　　)投影方向的规定是由左向右投影所得的视图,反映机件的宽度和长度。
(A)主视图　(B)俯视图　(C)左视图　(D)右视图
106.(　　)投影方向的规定是由右向左投影所得的视图,反映机件的宽度和长度。
(A)主视图　(B)俯视图　(C)左视图　(D)右视图

107.(　　)投影方向的规定是由下向上投影所得的视图，反映机件的宽度和长度。
(A)仰视图　(B)后视图　(C)左视图　(D)右视图
108.(　　)投影方向的规定是由后向前投影所得的视图，反映机件的宽度和长度。
(A)仰视图　(B)后视图　(C)左视图　(D)右视图
109. 一般情况下，(　　)为常用的视图方法。
(A)主视图、俯视图、仰视图　(B)主视图、俯视图、后视图
(C)主视图、俯视图、左视图　(D)主视图、俯视图、右视图
110. 机件在三个投影面体系中投影所得的图形称为机件的三视图，即(　　)。
(A)主视图、俯视图、仰视图　(B)主视图、俯视图、后视图
(C)主视图、俯视图、左视图　(D)主视图、俯视图、右视图
111. 识图的基本规律是(　　)，三个视图结合看。
(A)主视、俯视长对正
(B)主视、俯视长对正；主视、左视高平齐
(C)主视、俯视长对正；主视、左视高平齐；俯视、左视宽相等
(D)主视、俯视长对正；主视、左视高平齐；俯视、右视宽相等
112. (　　)是构成视图的基本要素。
(A)图线　(B)图形　(C)图号　(D)图幅
113. 比例是指图样中机件要素的线性尺寸与(　　)的线性尺寸之比。
(A)实际机件　(B)实际机件要素
(C)机件相应要素　(D)实际机件相应要素
114. 比例分为(　　)。
(A)放大比例一种比例
(B)放大比例、缩小比例两种比例
(C)放大比例、缩小比例、与实物相同三种比例
(D)放大比例、缩小比例、与机件相同三种比例
115. 放人比例是指(　　)，如 2∶1、4∶1 等。
(A)图形实物较大　(B)图形实物较小
(C)图形与实物一样大　(D)与机件相同
116. 缩小比例是指(　　)，如 1∶2、1∶3 等。
(A)图形较实物较人　(B)图形实物较小
(C)图形与实物一样大　(D)与机件相同
117. 与实物相同是指(　　)，写作 1∶1。
(A)图形较实物较大　(B)图形实物较小
(C)图形与实物一样大　(D)与机件相同
118. 为了方便加工，给加工者一个直观的印象，(　　)。
(A)零件图常采用 2∶1 的比例　(B)零件图常采用 1∶2 的比例
(C)零件图常采用 1∶3 的比例　(D)零件图常采用 1∶1 的比例
119. 钢尺的测量精度一般只能达到(　　)。
(A)0.1～0.5 mm　(B)0.2～0.5 mm　(C)1.0 mm　(D)0.8～1.0 mm

120. 用钢尺在测量工件某些尺寸时，往往必须和(　　)配合使用。
(A)角尺　(B)量块　(C)卡钳　(D)分轨
121. 道岔行业中常用钢尺为(　　)钢尺。
(A)美制　(B)英制　(C)米制　(D)国制
122. 道岔行业中测量精度为(　　)的游标卡尺应用较为普遍。
(A)0.1 mm　(B)0.02 mm　(C)0.01 mm　(D)0.05 mm
123. 直角卡尺主要用于测量工件表面与基准面的(　　)以及工件的直角等。
(A)垂直度　(B)平行度　(C)斜度　(D)同轴度
124. 游标卡尺的(　　)主要是利用主尺与副尺刻线间的距离之差来确定的。
(A)读数　(B)测量精度　(C)测量尺寸　(D)测量误差
125. 游标卡尺的测量值是把主尺和副尺的读数(　　)。
(A)相加　(B)相减　(C)相乘　(D)相除
126. 游标卡尺的测量精度是利用主尺和副尺刻线间的(　　)来确定的。
(A)距离之差　(B)距离之和　(C)距离之积　(D)距离之商
127. 游标卡尺的读数小数部分尺寸是其格数与游标卡尺(　　)。
(A)精度的之和　(B)精度的乘积　(C)精度的之差　(D)精度的之商
128.(　　)游标卡尺是用来测量槽子的深度，也可以测量台阶及工件的高低。
(A)深度　(B)高度　(C)齿厚　(D)三用
129.(　　)游标卡尺是可以装上百分表作百分表架使用。
(A)深度　(B)高度　(C)齿厚　(D)普通
130. 千分尺是一种精密量具，又叫(　　)。
(A)分规　(B)止通规　(C)分厘卡　(D)卡钳
131. 千分尺的测量精度为(　　)。
(A)0.001 mm　(B)0.011 mm　(C)0.02 mm　(D)0.05 mm
132. 一般最常用的是(　　)千分尺。
(A)外径　(B)内径　(C)深度　(D)齿轮
133. 能够精确地测量工件的厚度、长度和直径的是(　　)千分尺。
(A)外径　(B)内径　(C)深度　(D)齿轮
134. 千分尺的测力装置使测量面与被测工件接触时保持(　　)测量力。
(A)平均　(B)平衡　(C)恒定　(D)持续
135. 基本尺寸为 12 mm，公差等级为 8 级的基准孔表示为(　　)。
(A)12f8　(B)12H8　(C)12h8　(D)12F8
136. 当千分尺的(　　)装置发出哒哒声响时，这时就可读出工件的尺寸。
(A)微分筒　(B)测力　(C)测力螺杆　(D)尺架
137. 对于 25～50 mm 以上的千分尺应该用量具盒内的(　　)来校正。
(A)标准量棒　(B)块规　(C)标准量棒和块规　(D)标准量棒或块规
138. 测量时千分尺要放正，不可歪斜，以免产生测量(　　)。
(A)公差　(B)公差带　(C)误差　(D)偏差
139.(　　)千分尺是用来测量内孔直径和槽宽等尺寸，可分为普通式和杆式两种。

(A)内径 (B)外径 (C)深度 (D)齿轮

140. 当测量小孔径或窄槽在(　　)以内的工件时,可用普通式内径千分尺。

(A)40 mm (B)30 mm (C)50 mm (D)60 mm

141. 内径千分尺与外径千分尺的刻线旋转方向(　　)。

(A)相同 (B)相反 (C)相对 (D)一致

142. 当测量大孔径和宽槽的工件时,可用(　　)千分尺。

(A)普通式 (B)杆式 (C)普通式和杆式 (D)高度

143.(　　)千分尺是用来测量槽深、孔深、阶台和工件的高度。

(A)高度 (B)内径 (C)外径 (D)深度

144. 轮齿千分尺可以用来测量普通千分尺无法测量的(　　)距离。

(A)槽间 (B)孔间 (C)加工面 (D)面

145. 成套的内径千分尺接长杆可测至(　　)。

(A)500 mm (B)1 000 m (C)1 500 mm (D)2 000 mm

146. 百分表是一种(　　)式的量具。

(A)指示 (B)间接 (C)直接 (D)表示

147. 百分表的作用是用来检查和测量零件形状和位置的(　　)。

(A)公差 (B)误差 (C)偏差 (D)公差带

148.(　　)按其结构不同可分为钟表式和杠杆式两种。

(A)游标卡尺 (B)千分尺 (C)百分表 (D)千分仪

149. 百分表的作用主要是用来检查和测量零件(　　)的偏差。

(A)形状 (B)位置 (C)形状和位置 (D)外观

150. 百分表与(　　)配合可用来测量工件的尺寸。

(A)块规 (B)测量棒 (C)块规和测量棒 (D)卡钳

151. 百分表的指示精度为(　　)。

(A)0.001 1 mm (B)0.01 mm (C)0.02 mm (D)0.05 mm

152. 百分表的刻线原理是将测杆的直线运动,经过(　　)的传动,变为指针转动。

(A)齿条 (B)齿轮 (C)齿条和齿轮 (D)齿条或齿轮

153. 百分表是将测杆的直线运动,经过齿条齿轮的传动,变为(　　)。

(A)测杆移动 (B)指针转动 (C)测杆转动 (D)指针平移

154. 百分表的指针每转一表格就表示测杆移动(　　)。

(A)0.001 1 mm (B)0.01 mm (C)0.02 mm (D)0.05 mm

155. 测量时百分表的测杆必须(　　)于被测工件表面。

(A)平行 (B)倾斜 (C)垂直 (D)平行或垂直

156. 用百分表测量时,百分表的(　　)必须垂直于被测工件表面。

(A)测杆 (B)测量块 (C)测量棒 (D)测杆或测量块

157. 用杠杆式百分表测量时,百分表的测杆细线与被测工件表面的角度(　　)。

(A)不宜过大 (B)不宜过小 (C)90° (D)60°

158. 0.1 mm 精度的游标卡尺当两量爪合龙时,主尺上 9 mm 恰好等于副尺上(　　)。

(A)5 格 (B)10 格 (C)15 格 (D)20 格

159. 0.02 mm精度的游标卡尺当两量爪合龙时，主尺上49 mm恰好等于副尺上(　　)。
(A)10格　(B)20格　(C)40格　(D)50格
160. 0.1 mm精度的游标卡尺当两量爪合龙时，主尺上(　　)恰好等于副尺上10格。
(A)6 mm　(B)9 mm　(C)12 mm　(D)18 mm
161. 0.02 mm精度的游标卡尺当两量爪合龙时，主尺上(　　)恰好等于副尺上50格。
(A)19 mm　(B)29 mm　(C)39 mm　(D)49 mm
162. 钢轨顶弯样板根据使用目的，应按钢轨(　　)设计。
(A)弯折形状　(B)变形情况
(C)弯曲形状　(D)顶弯形状
163. 钢轨顶弯样板设计，应确定样板的(　　)。
(A)长度尺寸　(B)宽度尺寸　(C)厚度尺寸　(D)基本尺寸
164. 对于60AT-12号单开道岔直线尖轨顶弯样板，确定样板的基本尺寸，就是确定它的(　　)。
(A)长度尺寸　(B)宽度尺寸　(C)厚度尺寸　(D)基本尺寸
165. 钢轨顶弯样板的宽度和厚度越大，它的(　　)。
(A)弹性越好　(B)刚性越好　(C)塑性越好　(D)韧性越好

三、多项选择题

1. 实际生产中尖轨铣削中的一刨、二刨、三刨和五刨分别指(　　)刨切。
(A)轨头工作边　(B)轨头垂直　(C)非工作边轨底　(D)轨头非工作边
2. 游标卡尺的测量精度一般有(　　)。
(A)0.1 mm　(B)0.02 mm　(C)0.05 mm　(D)0.01 mm
3. 现代工程材料可分为(　　)。
(A)金属材料　(B)陶瓷材料　(C)高分子材料　(D)复合材料
4. 基本尺寸相同，相互结合的孔和轴公差带之间的关系称为配合，有(　　)几种。
(A)间隙配合　(B)过盈配合　(C)过渡配合　(D)公差配合
5. 道岔根据用途和平面形状，道岔分为(　　)。
(A)普通单开道岔　(B)单式对称道岔(或双开道岔)
(C)三开道岔　(D)交叉渡线
(E)交分道岔
6. 道岔最基本的组成部分(　　)。
(A) 转辙器　(B) 锐角辙叉　(C) 钝角辙叉
(D) 护轨　(E)连接部分
7. 护轨的作用有(　　)。
(A)起安全保证作用　(B)起减轻钢轨磨耗作用
(C)起导向作用　(D)起加强结构作用
8. 道岔尖轨常采用的平面型式有(　　)。
(A)直线尖轨　(B)切线型曲线尖轨　(C)半切线型曲线尖轨
(D)割线型曲线尖轨　(E)半割线型曲线尖轨

9. 可动心轨辙叉由(　　)零件组成。

(A)心轨　(B)基本轨　(C)翼轨　(D)叉跟尖轨

10.(　　)不是列车行驶中车轮撞击钢轨的角度。

(A)辙叉角　(B)转辙角　(C)冲击角　(D)以上都不是

11. 按 TB/T 447—2004 规定,高锰钢辙叉试样经水韧处理后的金相组织不应为(　　)。

(A)索氏体　(B)马氏体　(C)贝氏体　(D)奥氏体

12. 按 TB/T 447—2004 规定,多部位机加工的高锰钢辙叉,不允许存在的缺陷(　　)。

(A)距轨顶面深度>13、距工作边距离>12、缺陷宽度小于轨面宽的二分之一、缺陷连续长度<150

(B)距轨顶面深度>16、距工作边距离>12、缺陷宽度小于轨面宽的二分之一、缺陷连续长度<150

(C)距轨顶面深度>16、距工作边距离>12、缺陷宽度小于轨面宽的二分之一、缺陷连续长度<250

(D)距轨顶面深度>16、距工作边距离>12、缺陷宽度小于轨面宽的二分之一、缺陷连续长度<250

13. 组装尖轨、基本轨出现的问题主要是(　　)。

(A)掉尖　(B)密贴不严　(C)断面超差　(D)跟段支距超差

14. 所谓设计基准,就是在划线时,选择工件上的某个(　　)作为依据,用它来确定工件的各部分尺寸、几何形状和相对位置。

(A)点　(B)线　(C)面　(D)边

15. 钢轨由(　　)部分组成。

(A)轨头　(B)轨腰　(C)轨底　(D)下颚

16. 菱形交叉由(　　)组成。

(A)锐角辙叉　(B)钝角辙叉　(C)护轨　(D)尖轨

17. 尖轨按钢轨断面分为(　　)。

(A)普通断面尖轨　(B)AT 尖轨　(C)间隔铁式　(D)弹件可弯式

18. 锐角辙叉按平面型式有直线辙叉和(　　)辙叉。锐角辙叉按叉心构造型式有固定型辙叉和(　　)辙叉。锐角辙叉按整体结构型式有钢轨组合式和(　　)。

(A)曲线　(B)可动型　(C)高锰钢整铸式　(D)拼装式

19. 下列设备中,属于道岔范围的是(　　)。

(A))交叉渡线　(B)钢轨伸缩调节器　(C)渡线　(D)菱形交叉

20. 尖轨轨头非工作边水平切削,应检查(　　)。

(A)轨头切削深度　(B)轨头切削斜度

(C)各断面切削宽度　(D)各断面高度

21. 60—12 提速道岔(铁联线 001～004)中,(　　)不允许加热顶弯。

(A)基本轨　(B)尖轨

(C)可动心轨辙叉翼轨　(D)心轨

22. 按 TB/T 447—2004 规定,多部位机加工的高锰钢辙叉,下列缺陷可以不做修理是(　　)。

(A)辙叉理论尖端前 200 mm 至心轨轨头宽 50 mm 段外，与车轮接触面的部位有深度不大于 2 mm，长度不大于 5 mm 的缺陷(砂眼、夹杂、气孔等)

(B)砂眼、夹杂、气孔等缺陷在轨底深度不大于 3 mm，长度不大于 20 mm，宽度不大于 10 mm

(C)轨顶、工作边、夹板槽存在深度不大于 1 mm 的局部黑皮

(D)叉心工作边尺寸超正常

23. 按 TB/T 447—2004 规定，辙叉机加工前及不作机加工的高锰钢辙叉，磨修焊补后，必须再次水韧处理的是(　　)。

(A)砂眼、夹杂、气孔等缺陷深度在 2～10 mm，长度不大于 50 mm，宽度不大于该处尺寸的二分之一时

(B)砂眼、夹杂、气孔等缺陷深度大于 10 mm，长度不大于 100 mm，宽度不大于该处尺寸的三分之二时

(C)轨底处的气孔、砂眼、凹坑等缺陷深度不大于 15 mm，长度不大于 200 mm，宽度不大于该处尺寸的二分之一时

(D)裂纹长度大于 50 mm 而小于 200 mm 时

24. 新钢轨是根据钢轨低倍组织缺陷存在严重程度及分布情况来分类的，分为(　　)。

(A) 一级品　(B)二级品　(C)三级品　(D)工业品

25. 铸铁的特点(　　)。

(A)良好的铸造性　(B)耐磨性　(C)切削加工性　(D)导电性

26. 道岔号数有(　　)。

(A)3　(B)9　(C)12　(D)18

27. 客运专线道岔制造特点(　　)。

(A)高加工精度　(B)严格的技术标准

(C)专业的加工设备　(D)专门的工艺、工装

(E)厂内逐组组装，包括岔枕及电务转换设备

28. 按钢轨类型分，目前我国常用的单开道岔有(　　)钢轨道岔。

(A)43 kg/m　(B)50 kg/m　(C)60 kg/m

(D)75 kg/m　(E)UI(C)33

29. 三视图是指(　　)。

(A)左视图　(B)主视图　(C)俯视图　(D)后视图

30. 尖轨转辙器主要是有(　　)组成。

(A)导轨　(B)尖轨　(C)心轨

(D)护轨　(E)各种连接零件　(F)基本轨

31. 通常护轨由(　　)组成。

(A)平直段　(B)缓冲段　(C)开口段　(D)成型段

32. 心轨按构造、材质、辙叉角大小分为(　　)。

(A)固定型和可动型　(B)钢轨组合式和高锰钢铸造式

(C)锐角辙叉和钝角辙叉　(D)合金钢型和非合金钢型

33. 基本轨与尖轨不密贴，原因是(　　)。

(A)钢轨内侧有毛刺　(B)尖轨断面高度超差

(C)尖轨轨腰螺栓凸出　(D)顶铁与轨腰相抗

34. 尖轨按平面型式分类,有(　　)三种。

(A)直线型　(B)间隔铁式　(C)折线型　(D)曲线型

35. 转辙器跟端可采用(　　)三种设计方案。

(A)拉连杆　(B)设传力结构　(C)不设传力结构

(D)间隔铁　(E)限位器

36. 铁路道岔设备包括(　　)等。

(A)道岔　(B)交叉

(C)道岔与交叉的组　(D)其他轨道设备

37. 轨撑按其设置部位及作用可分为(　　)。

(A)普通轨撑　(B)辙跟轨撑　(C)钝角辙叉轨撑

(D)防爬轨撑　(E)防跳轨撑

38. 轨撑的作用是(　　)。

(A)防止钢轨倾覆　(B)加强钢轨的稳定性

(C)防止钢轨的爬行　(D)调整道岔水平

39. 尖轨的尖端有(　　)结构型式。

(A)贴尖式　(B)藏尖式　(C)无尖式

40. 润滑剂可分为(　　)三大类。

(A)润滑油　(B)润滑脂　(C)齿轮油　(D)固体润滑剂

41. (　　)属于常用道岔范围。

(A)交叉渡线　(B)脱轨道岔　(C)渡线　(D)菱形交叉

42. 不是尖轨跟端固定,利用尖轨弹性改变位置的转辙器是(　　)。

(A)可弯式尖轨转辙器　(B)间隔铁式尖轨转辙器

(C)双转辙器　(D) 钢轨伸缩调节器

43. 下列锐角辙叉中,不可以消除“有害空间”的是(　　)。

(A)固定型锐角辙叉　(B)可动心轨锐角辙叉

(C)高锰钢整铸式锐角辙叉　(D)钢轨组合辙叉

44. (　　)不是检测钢轨密贴和台板“空吊”的量具。

(A)塞尺　(B)卷尺　(C)直尺　(D)游标卡尺

45. 在位置公差中,对称度不属于(　　)位置公差。

(A)定向　(B)定位　(C)跳动　(D)定向和定位

46. 道岔钢轨件的淬火层硬度不正确的是(　　)。

(A)H(B) 260～330　(B)H(B) 290～370

(C)H(B) 370--380　(D)HR(C)45

47. 钢轨硬化层金相组织不应为(　　)。

(A)索氏体　(B)马氏体　(C)贝氏体　(D)铁素体

48. 液压系统的功率大小与系统的(　　)大小无关。

(A)压力和流量　(B)压强和面积　(C)压力和体积　(D)负载和直径

49. 尖轨按平面型式分类有(　　)三种。

(A)直线型 (B)间隔铁式 (C)折线型 (D)曲线型

50. 以下关于切削液润滑作用说法不正确的是( )。

(A)增大切削过程中摩擦 (B)增大切削阻力

(C)提高表面质量 (D)降低刀具耐用度

51. 下列说法不正确的是( )。

(A)铣削加工适于加工各种阶台、外圆、齿轮等

(B)铣削加工适于加工各种平面、键槽及螺旋槽等

(C)铣削加工只适于加工各种平面,而不能加工旋槽面

(D)铣削加工可加工离合器,但不能加工齿轮

52. 我国直线轨道的轨底坡标准不正确的是( )。

(A)1/20 (B)1/30 (C)1/40 (D)1/60

53. 我国正线铁路采用的道床边坡不正确的是( )。

(A)1∶1.5 (B)1∶1.75 (C)1∶2.0 (D)1∶2.25

54. 我国道岔号码说法不正确的是( )。

(A)转辙角的余切 (B)转辙角的正切

(C)辙叉角的余切 (D)辙叉角的正切

55. 钢轨顶弯压痕过深的原因是( )。

(A)压力机压力过大

(B)顶头与钢轨接触面太小

(C)新顶头,顶座棱角不圆顺

56. 装配图中的同一零件的剖面线应( )。

(A)斜向一致 (B)间隔相等 (C)比例协调

57. 一组视图用以说明机器或部件的( )等内容。

(A) 工作原理 (B)结构特点 (C)相对位置 (D)装配连接关系

58. 制造道岔要求使用( )钢轨,严禁使用( )。

(A)一级品 (B)二级品 (C)三级品 (D)工业轨

59. 车轮踏面为锥形,列车在正常运行时,与钢轨接触的车轮踏面斜度不应为( )。

(A)1∶40 (B)1∶20 (C)1∶10 (D)1∶60

60. ( )属于常用道岔范围。

(A)直角交叉 (B)渡线 (C)菱形交叉 (D)脱轨道岔

61. ( )轨底不需要刨切轨底爬坡。

(A)普通断面尖轨 (B)AT 尖轨 (C)直线尖轨 (D)曲线尖轨

62. 削液的作用主要有( )。

(A)润滑作用 (B)冷却作用 (C)清洗作用 (D)防锈作用

63. ( )的主要作用不是减少后刀面与切削表面之间的摩擦。

(A)前角 (B)后角 (C)主偏角 (D)副偏角

64. 以下关于切削液润滑作用说法不正确的是( )。

(A)增大切削过程中摩擦 (B)增大切削阻力

(C)提高表面质量 (D)降低刀具耐用度

65. 我国轨道爬行的主要原因不是由于(　　)。
(A)钢轨接头的冲击　(B)轨道方向不良
(C)轨道波浪型挠曲　(D)列车制动
66. 在切断工件时,走刀中途发现铣刀停转或工件松动时,不应(　　)。
(A)先停工作台进给,再停主轴旋转　(B)先停主轴旋转,再停工作台进给
(C)只停主轴旋转,不停工作台进给　(D) 继续停止铣削
67. 下列说法不正确的是(　　)。
(A)铣削加工适于加工各种阶台、外圆、齿轮等
(B)铣削加工适于加工各种平面、键槽及螺旋槽等
(C)铣削加工只适于加工各种平面,而不能加工旋槽面
(D)铣削加工可加工离合器,但不能加工齿轮
68. 下列焊接方法中,(　　)不属于压力焊。
(A)摩擦焊　(B)手工电弧焊　(C)埋弧焊　(D)二氧化碳气体保护焊
69. 客运专线道岔孔加工粗糙度不应为(　　)。
(A)6.3 μm　(B)12.5 μm　(C)25 μm　(D)50 μm
70. 刀具磨损形态有多种,下面属于的是(　　)。
(A)前角磨损　(B)前刀面磨损
(C)后刀面磨损　(D)边界磨损
71. 基本轨、配轨公称长度小于或等于 12.5 m 时,长度允许偏差为(　　),公称长度大于 12.5 m 时,长度允许偏差为全长(　　)。
(A)±0.25‰　(B)±3.0 mm　(C)±0.3‰　(D)±4.0 mm
72. 属于道岔转辙器部分的是(　　)。
(A)直线尖轨　(B)曲基本轨　(C)翼轨　(D))连接杆
73. 切削时,在产生热量相等条件下,导热系数低的材料(　　)。
(A)刀具易磨损　(B)切削性能较差
(C)切削温度较高　(D)切削加工性能较好
74. 质量管理文件包括(　　)。
(A)标准要求的程序
(B)组织为确保过程监控和有效运行要求的文件外来文件
(C)外来文件
(D)其他文件
75. 危险源辨识与风险评价应覆盖(　　)。
(A)组织的常规和非常规活动
(B)所有进入作业场所的人员(包括承包方人员和访问者)的活动
(C)工作场所的设施、设备和材料
(D)公司及生产活动、材料的变更或计划的变更等
76. 不合格项报告内容包括(　　)。
(A)不合格事实描述　(B)不合格原因分析及措施
(C)对措施实施完成情况的验证

77. 定位基准按用途分,有(　　)。

(A)设计基准　(B)工艺基准　(C)测量基准　(D)画线基准

78. 道岔转辙设备应具有(　　)功能。

(A)扳动转换　(B)锁闭　(C)解锁　(D)表示

79. 尖轨为藏轨式时,基本轨的主要工艺过程不正确的是(　　)。

(A)下料、锯切、钻孔等

(B)下料、锯切、钻孔、螺栓孔倒角等

(C)下料、锯切、钻孔、螺栓孔倒角、切削下颚等

(D)下料、锯切、钻孔、螺栓孔倒角、切削下颚、淬火、调顶、组装等

80. 视图的基本规律不正确的是(　　)。

(A)主视、俯视长对正

(B)主视、俯视长对正;主视、左视高平齐

(C)主视、俯视长对正;主视、左视高平齐;俯视、左视宽相等

(D)主视、俯视长对正;主视、左视高平齐;俯视、右视宽相等

81. 菱形交叉是由(　　)组合而成的。

(A)四个钝角辙叉　(B)四个锐角辙叉

(C)两个钝角辙叉　(D)两个锐角辙叉

82. 道岔前部实际长度说法不正确的是(　　)。

(A)尖轨尖端到道岔中心的长度

(B)道岔始端到道岔中心的长度

(C)尖轨尖端到道岔中心在道岔基线上的投影长度

(D)道岔始端到道岔中心在道岔基线上的投影长度

83. “$\circ\!\!\sqrt{}$”符号表示不正确的是(　　)。

(A)不去除材料方法获得的表面　(B)任何方法获得的表面

(C)去除材料方法获得的表面　(D)镀涂表面方法获得的表面

84. 麻花钻钻孔时产生振动或孔不圆的情况,可能的原因是(　　)。

(A)钻头后角太大　(B)钻头左右切削刃不对称,摆差大

(C)主轴轴承松动　(D)钻头硬度低

85. 铣削加工后,工件表面粗糙,出现拉毛现象,可能是(　　)造成的。

(A)铣刀不锋利　(B)铣削中途停顿

(C)铣刀安装不好　(D)铣削时有明显振动

86. 常用的无损检测方法有(　　)。

(A)磁粉检测　(B)超声波检测　(C)渗透检测

(D)射线检测　(E)涡流检测

87. 道岔钢轨件淬火的工艺方法有(　　)。

(A)火焰淬火　(B)中频感应淬火　(C)水淬　(D)油淬

88. 尖轨的尖端的结构型式有(　　)。

(A)贴尖式　(B)藏尖式　(C)间隔铁　(D)限位器

89. 客运专线道岔制造特点(　　)。

(A)高加工精度　(B)严格的技术标准　(C)专业的加工设备

(D)专门的工艺、工装　(E)厂内逐组组装

90. 管理手册编写原则(　　)。

(A)适宜性　(B)有效性　(C)充分性

91. 常见的热处理缺陷(　　)。

(A)氧化和脱碳　(B)变形和开裂

(C)软点和硬点不足　(D)内部有气体和夹杂

92. 曲线型尖轨的平面型式有(　　)。

(A)切线型曲尖轨　(B)半切线型曲尖轨

(C)割线型曲尖轨　(D)半割线型曲尖轨

93. 铸铁包括(　　)。

(A)灰口铸铁　(B)可锻铸铁　(C)球墨铸铁　(D)白口铸铁

94. 碳素钢按含碳量分为(　　)。

(A)低碳钢　(B)中碳钢　(C)高碳钢　(D)合金钢

95. 下列说法不正确的是(　　)。

(A)铣削加工适于加工各种阶台、外圆、齿轮等

(B)铣削加工适于加工各种平面、键槽及螺旋槽等

(C)铣削加工只适于加工各种平面，而不能加工旋槽面

(D)铣削加工可加工离合器，但不能加工齿轮

96. 划线基准选择方法正确的是(　　)。

(A)两个互相垂直平面(或线)　(B)两条中心线(不平行)

(C)两个互相平行平面　(D) 一个平面和一个中心线(不平行)

97. 铸铁的特点(　　)。

(A)良好的铸造性　(B)耐磨性　(C)切削加工性

98. 影响心轨不密贴的原因有(　　)。

(A)趾端开口、跟端开口、咽喉尺寸超差

(B)轨距超差

(C)长心轨直线度超差

(D)顶铁超差

(E)道岔顶面不平，造成心轨纵向不平

99. 道岔钢轨接头一般采用(　　)。

(A)普通　(B)焊接　(C)冻结　(D)胶接

100. 交叉分为(　　)。

(A)直角交叉　(B)菱形交叉　(C)锐角交叉　(D)钝角交叉

四、判 断 题

1. 用中心投影法得到的图形能反映物体为真实大小。(　　)

2. 投影线互相平行且与投影面垂直时，物体在投影面上所得的投影就称为正投影。(　　)

3. 主视图是由前向后投影所得的视图。(　　)

4. 画零件图时所有的图线都用粗实线表示。(　　)

5. 虚线是表示可见的轮廓线。(　　)

6. 细实线的宽度约占粗实线为 1/2。(　　)

7. 尺寸线用细实线,终端有两种形式,箭头或斜线,通常采用箭头。(　　)

8. 主视图、俯视图、左视图、右视图称为基本视图。(　　)

9. 比例就图样尺寸和实际机件尺寸比大小。(　　)

10. 在机械制图中一般都采用正投影法作图。(　　)

11. 把太阳光看作互相平行的光线,将三角板平放于太阳光下,地面上就会出现一个与三角板一样大的影子。(　　)

12. 由左向右投影所得的视图是左视图。(　　)

13. 由右向左投影所得的视图是右视图。(　　)

14. 基本投影面规定为正六面体的六个面。(　　)

15. 主视图就是由前向后看的图形。(　　)

16. 俯视图可以反映机件的宽度和长度。(　　)

17. 零件图上所标注的尺寸是待加工时的尺寸。(　　)

18. 机件向投影面投影所得的图形称为视图。(　　)

19. 机件向任意三界面中投影所得的图形就是三视图。(　　)

20. 主视图、俯视图长对正。(　　)

21. 图线就是画零件图所用的各种画在图样上的线。(　　)

22. 为了方便加工,给工作者一个直观印象,零件图常采用 1∶1 比例。(　　)

23. 1∶2 的比例表示是放大的比例。(　　)

24. 1∶1 的比例是表示图形与实物一样大。(　　)

25. 物体的形状大小,只用零件图的长、宽表示就可以了。(　　)

26. 波浪线约占粗实线的 1/3。(　　)

27. 国家标准规定了六种图幅,以数字 A0～A5 为其代号。(　　)

28. 图样中的尺寸应是零件的成品尺寸。(　　)

29. 把零件放在六个投影面中间,零件分别向这六个投影面投影,所得的视图叫基视图。(　　)

30. 旋转视图就是将零件旋转一个方向所得到的视图。(　　)

31. 剖视图通常没有虚线,但有时也需要保留少量虚线,这是允许的。(　　)

32. 剖切位置线是长约 5 mm 的粗实线,画在视图剖切位置两端。(　　)

33. 局部剖视图用以波浪线分界表示剖切范围。(　　)

34. 断面图只画断面形状。(　　)

35. 基本视图表达零件的外形。(　　)

36. 对称零件的视图可简单的画一半。(　　)

37. 图形的大小与绘图的准确度有关。(　　)

38. 图样中的尺寸都需要标注计量单位的代号或名称。(　　)

39. 机件中的每一个尺寸,都可以反复加以标注。(　　)

40. 装配图的作用是表达机器或零、部件的工作原理、结构形状和装配关系的图样。( )

41. 剖面线可以是细实线也可以是粗实线。( )

42. "——"符号表示形状公差的直线度。( )

43. 道岔组装图中一般只画主视图和剖视图。( )

44. 图纸中的技术要求,只表示热处理及未注的倒角要求。( )

45. 1 cm 等于 100 μm。( )

46. 长度法定的基本单位是米。( )

47. 国家规定我国法定计量单位以国际单位制为基础。( )

48. 简单形状的划线称为平面划线,复杂形状的划线称为立体划线。( )

49. 在毛坯工件上划线时,应以待加工面为划线基准。( )

50. 划线后的待加工面,在下道工序加工时,一般尺寸虽然必须用量具度量,但在划线时仍必须划的非常正确。( )

51. 用圆规画圆时,圆规的尖角必须要和所划的圆在同一平面上。否则,圆规两尖角的距离就不是所画圆的半径。( )

52. 在画好的圆周线上打样冲孔,其数量越多越精确。( )

53. 所有的金属材料都要进行矫正和弯折加工才能用。( )

54. 钢轨顶弯时,弯曲的半径越大,钢轨的变形也越大。( )

55. 把钢轨弯曲时,使用顶弯机才能实现。( )

56. 钢轨顶弯时断裂,主要是因为它的塑性较差。( )

57. 装配工作是产品制造过程中的最后一道工序。( )

58. 道岔厂内试铺是对各项技术指标的试验和检验。( )

59. 道岔组装时,组装的顺序和拆卸的顺序相反。( )

60. 螺纹连接是一种可拆卸的不固定的连接方式。( )

61. 在扭紧圆形或方形分布的成组螺母时,必须对称地进行。( )

62. 扭紧或拆卸螺母用的扳手开口尺寸,应和螺母相适应。( )

63. 为了保压力,液压系统所用的油液的黏度越大越好。( )

64. 工件的装卡包括定位和找正两个过程。( )

65. 只要各零件合格,就能组装出合格辙叉。( )

66. 我国铁路的标准轨距 1 435 mm。( )

67. 斜度是两端的高度差与长度值相乘的积。( )

68. 钢轨顶弯前应把钢轨调直。( )

69. 公差是允许的尺寸变动量。( )

70. 用以确定公差带大小的任一公差叫标准公差。( )

71. IT01 是标准公差最低一级。( )

72. IT18 是标准公差最高一级。( )

73. 标准公差共有 18 个公差等级。( )

74. 标准公差的最高一级是指精度最高,公差值最大。( )

75. IT18 的精度最高,公差值最大。( )

76. 基本偏差共有 28 个基本偏差。(　　)
77. 用大写字母代表孔的基本偏差。(　　)
78. 用小写字母代表轴的基本偏差。(　　)
79. 上、下偏差是指靠近零线的偏差。(　　)
80. 基本偏差包含上偏差和下偏差。(　　)
81. 国标对孔与轴公差带之间的相互关系,规定了一种基准制。(　　)
82. 国标对孔与轴公差带之间的相互关系,规定了两种基准制。(　　)
83. 基准制包含基孔制和基轴制。(　　)
84. 基本尺寸相同,相互接合的孔和轴的公差之间的关系称为配合。(　　)
85. 配合类型分为两种。(　　)
86. 基孔制中的孔称为基准孔,其基本偏差为 H,下偏差为零。(　　)
87. 基轴制中的轴为基准轴,其基本偏差为 h,下偏差为零。(　　)
88. 在基孔制中,轴的基本偏差在 $a \sim h$ 之间为间隙配合。(　　)
89. 在基孔制中,轴的基本偏差在 $p \sim zc$ 之间为过渡配合。(　　)
90. 在基孔制中,轴的基本偏差在 $j \sim n$ 之间为过盈配合。(　　)
91. 在基轴制中,孔的基本偏差为 c 为间隙配合。(　　)
92. 在基轴制中,孔的基本偏差为 ef 为过渡配合。(　　)
93. 在基轴制中,孔的基奉偏差为 p 的为过渡配合。(　　)
94. 在基轴制,孔的基本偏差为 y 的为过盈配合。(　　)
95. ϕ20H9 表示基本尺寸为$\not>$20 mm,公差等级为 9 级的基准孔。(　　)
96. ϕ25H8 表示基本尺寸为$\not>$25 mm,公差等级为 8 级的基准轴。(　　)
97. ϕ3IH8 表示基本尺寸为$\not>$31 mm,公差等级为 8 级的基准孔。(　　)
98. 圆锯床切断面对轴线垂直度为 0.3/100 mm。(　　)
99. 圆锯床切断面粗糙度 Ra 为 25～12.5 μm。(　　)
100. 圆锯片的锯齿部分的材料为工具钢。(　　)
101. 圆锯片的锯片体为高强度低合金材料。(　　)
102. 圆锯片体与锯齿采用焊接方式结合在一起。(　　)
103. 圆锯片的韧磨是在一般通用磨床上进行。(　　)
104. 磨锯片的砂轮片选用白刚玉。(　　)
105. 锯床加工的切削要素为进给量。(　　)
106. 调直机主要用于钢轨件和高锰钢辙叉的矫正、调直和顶弯。(　　)
107. 常用金属材料可分为有色金属和无色金属两大类。(　　)
108. 金、银、铜、铁均是有色金属。(　　)
109. 含碳量大于 2%的铁碳合金称为钢。(　　)
110. 高锰钢辙叉是用平炉冶炼的。(　　)
111. 用电炉可以冶炼高锰钢这种材料。(　　)
112. 一般认为硫和磷是钢中的有害杂质。(　　)
113. 低碳钢可以用来制造铁路用钢轨。(　　)
114. 白口铸铁、灰口铸铁是有色金属中的一种。(　　)

115. 用电炉冶炼的钢叫电炉钢。(　　)

116. 不锈钢是特殊用途的钢种,一般用来制造耐蚀零件。(　　)

117. 白口铸铁硬而脆,很难进行机械加工。(　　)

118. 钢轨表面有点分层,不能用来做道岔的基本轨材料。(　　)

119. 钢轨表面有点分层,可以用来做道岔护轨的材料。(　　)

120. 因钢轨具有塑性,所以在顶弯点是一个折点。(　　)

121. 台虎钳的规格是用钳口的宽度表示,常用的有 100 mm(4 英寸)、125 mm(5 英寸)和 150 mm(6 英寸)等。(　　)

122. 台虎钳有固定式和旋转式两种。(　　)

123. 台虎钳在钳台上安装时,只要使活动钳身处于钳台边缘之外就可以了。(　　)

124. 使用台虎钳时,可以套上长管子扳台虎钳的手柄,以达到夹紧工件的目的。(　　)

125. 不要在台虎钳活动钳身的光滑平面上进行敲击作业。(　　)

126. 划线前,毛坯件上的氧化铁皮、飞边、残留的泥沙污垢以及已加工工件上的毛刺、铁屑都必须预先清除干净。(　　)

127. 对于划线加工的工件,我们只需依靠划线直接确定加工时的最后尺寸。(　　)

128. 合理的选择划线基准是做好划线工作的关键。(　　)

129. 在零件图上用来确定其他点、线、面位置的基准,称为划线基准。(　　)

130. 划线时在零件的每一个平面都需要选择一个基准。(　　)

131. 平面划线时一般要选择一个划线基准。(　　)

132. 立体划线时一般需要选择两个划线基准。(　　)

133. 对于毛坏工件,划线前一般都要先做好找正工作。(　　)

134. 找正就是利用划线工具使工件上有关的毛坯表面处于合适的位置。(　　)

135. 借料就是通过试划和调整,使各个加工表面的加工余量合理分配,互相借用,从而保证各个加工表面都有足够的加工余量,而误差和缺陷加工后排除。(　　)

136. 要做好借料划线,首先要知道待划毛坯误差程度,确定需要借料的方向和大小,这样才能提高划线效率。(　　)

137. 50 AT 钢轨与 50 kg/m 钢轨高度相同。(　　)

138. 60 AT 钢轨与 60 kg/m 钢轨高度相同。(　　)

139. 相同长度的 60 AT 钢轨与 60 kg/m 钢轨,其质量大致相等。(　　)

140. 制造道岔所用的钢轨轨头宽度都是 70 mm。(　　)

141. 制造道岔可以使用工业轨。(　　)

142. 单开道岔、交叉渡线、交分道岔是道岔的三种基本形式。(　　)

143. 线路的连接设备是使机车车辆由一条线路越过另一条线路的设备,它有各种类型的单式道岔和复式道岔。(　　)

144. 线路的交叉设备是使机车车辆由一条线路进入另一条线路的设备,交叉设备有直线交叉和菱形交叉。(　　)

145. 线路的连接与交叉设备的组合是使机车车辆由一条线路既可进入又可越过另一条线路的设备。(　　)

146. 连接与交叉设备的组合有交分道岔和交叉渡线。(　　)

147. 道岔根据用途和平面形状,可分为线路的连接设备、交叉设备以及连接与交叉设备的组合三种标准类型。( )

148. 单开道岔是指主线为直线,侧线由主线向左侧或右侧分支的道岔。( )

149. 单式异侧对称道岔,通常又称为双开道岔。( )

150. 直线菱形交叉是指两条直线轨道相交成菱形的交叉,其交叉角小于直角。( )

151. 直线菱形交叉两线路的轨距一定相等。( )

152. 直角交叉两线路的轨距一定相等。( )

153. 单开道岔属于线路连接设备。( )

154. 双开道岔属于线路连接与交叉设备的组合。( )

155. 直线菱形交叉属于线路连接设备。( )

156. 直角交叉属于线路连接与交叉设备的组合。( )

157. 交分道岔属于线路连接与交叉设备的组合。( )

158. 交叉渡线属于线路连接与交叉设备的组合。( )

159. 单开道岔是由双转辙器、辙叉及护轨和连接部分组成。( )

160. 菱形交叉由锐角辙叉、护轨和单开辙叉组成。( )

161. 菱形交叉中钝角辙叉的构造与单开道岔的辙叉相同。( )

162. 转辙器、锐角辙叉、单开辙叉、护轨和连接部分是道岔最基本的组成部分。( )

163. 辙器是道岔中引导机车车辆沿直线方向或侧线方向行驶的线路设备。尖轨转辙器主要由两根基本轨、两根尖轨及各种连接零件组成。( )

164. 道岔中,基本轨就是指接触尖轨的钢轨。( )

165. 尖轨是转辙器中经过切削的钢轨。( )

五、简 答 题

1. 识读零件图主要从哪几个方面着手?
2. 必要的技术要求包括哪些内容?
3. 填写完整的标题栏包括哪些内容?
4. 装配图中应包括哪些必须的数据和技术要求?
5. 识读装配图的要点有哪些?
6. 编制工艺规程的原则是什么?
7. 在分析零件图时通常着重哪两个方面的内容?
8. 什么是定位基准?
9. 什么是装配基准?
10. 混凝土岔枕 60 kg/m12 号单开道岔转辙器尖轨与基本轨组装后应检测哪些项点?
11. 什么是工艺基准?
12. 工装定位基准的选择应考虑哪些因素?
13. 工装图样应符合哪些规定?
14. 工装装配图上应注明哪些要求?
15. 需要修改工装图样时是否应经批准?
16. 夹具设计的过程可分为哪几个阶段?

17. 夹具设计的前期准备工作包括哪些?

18. 夹具设计的前期准备阶段应收集和掌握哪些工件加工的技术资料?

19. 确定夹具的技术要求,主要包括哪些内容?

20. 在确定夹具零件图的尺寸、公差或技术条件时应满足什么要求?

21. 常用来衡量金属材料强度的指标有哪些?

22. 金属材料工艺性能包括哪些?

23. 淬火钢回火的目的是什么?

24. 灰铸铁的抗拉强度和塑性为什么低于具有同样基体的钢?

25. 平直度不合格的钢轨最多允许再辊矫几次?

26. 甘贵的螺栓孔应按45°倒角进行倒棱,倒棱深度为多少?

27. U71MnAT钢轨的轨头踏面中心线硬度是多少?

28. 60AT钢轨全长扭转允许偏差是多少?

29. 划线准备主要包括哪几个方面?

30. 高锰钢辙叉划线时怎样进行的?

31. 立体划线一般要在哪几个方向上进行?

32. 找正的含义是什么?

33. 借料的含义是什么?

34. 钢轨顶弯时的支点距离 T 一般选择多少?

35. 合金钢心轨组合辙叉钢轨件轨底坡扭转角度允许偏差是多少?

36. 允许速度160 km/h道岔可动心轨辙叉翼轨特种断面成型段和过渡段表面纵向划痕深度不应大于多少毫米?

37. 允许速度200 km/h道岔可动心轨辙叉翼轨特种断面成型段和过渡段表面纵向划痕深度不应大于多少毫米?

38. 允许速度160 km/h道岔AT钢轨、心轨跟端成型段的轨底平面度为多少?

39. 允许速度200 km/h道岔60AT钢轨、可动心轨跟端成型段轨底平面度为多少?

40. 转辙器组装应检查哪些项点?

41. 转辙器组装的依据是什么?

42. 允许速度200 km/h道岔转辙器限位器间隙偏差是多少?

43. 允许速度160 km/h道岔可动心轨辙叉用高强度螺栓连接,紧固扭矩应达到什么要求?

44. 允许速度160 km/h道岔可动心轨辙叉的垫板间距应与相应岔枕间距相同,间距允许偏差为多少?

45. 允许速度200 km/h道岔可动心轨辙叉的铁垫板间距与相应岔枕间距相同,间距允许偏差为多少?

46. 允许速度160 km/h道岔可动心轨在轨头切削范围内应分别与两翼轨密贴,心轨尖端至第一牵引点范围内缝隙小于等于2 mm,其余部位应小于多少?

47. 允许速度200 km/h道岔可动心轨辙叉开通侧股时,叉跟尖轨尖端应与短心轨密贴尖端100 mm范围内允许有小于5 mm的缝隙,其余部位允许有不大于多少的缝隙?

48. 合金钢心轨组合辙叉全长允许偏差是多少?

49. 合金钢心轨组合辙叉心轨 20 mm、50 mm 断面处轮缘槽宽允许偏差是多少？

50. 厂内铺设道岔的依据是什么？

51. 厂内铺设道岔有哪些准备工作？

52. 允许速度≤160 km/h 道岔尖轨尖端处轨距、直尖轨轨头工作边刨切起点处道岔直股轨距允许偏差为±1 mm。其余部位轨距允许偏差为多少？

53. 允许速度 160 km/h 道岔安装电务转换设备前后，尖轨与基本轨应密贴，尖轨尖端至第一牵引点范围内，其缝隙不应大于 2 mm，其余部分不应大于多少？

54. 允许速度 160 km/h 道岔可动心轨在密贴范围内应分别与两翼轨密贴，可动心轨尖端至第一牵引点范围内其缝隙不应大于 5 mm，其余部分不应大于多少？

55. 允许速度 200 km/h12 号道岔全长允许偏差是多少？

56. 允许速度 200 km/h18 号道岔全长允许偏差是多少？

57. 允许速度 200 km/h30 号道岔全长允许偏差是多少？

58. 允许速度 200 km/h 道岔转辙器部分最小轮缘槽宽度大于等于多少？

59. 允许速度 200 km/h 道岔查照间隔大于等于 1 391 mm，在心轨何处测量？

60. 允许速度 160 km/h 道岔零部件检验依据是什么？

61. 钢轨件的长度尺寸均应按轨温多少为基准测量？

62. 各种转辙器、辙叉和护轨应进行哪些测量？

63. 允许速度 160 km/h 道岔用锻件、铸件检验抽样方法按什么规定进行？

64. 允许速度 200 km/h 道岔零部件检验依据是什么？

65. 按照《钢轨轨距铁路道岔技术条件》规定，在什么情况下跟端支距偏差为±1 mm？

66. 按照《钢轨轨距铁路道岔技术条件》规定，在什么情况下跟端支距偏差为$^{+2}_{-1}$ mm？

67. 按照《钢轨轨距铁路道岔技术条件》规定，在什么情况下弹性可弯尖轨起始固定位置支距偏差为±1 mm？

68. 按照《钢轨轨距铁路道岔技术条件》规定，在什么情况下弹性可弯尖轨起始固定位置支距偏差为$^{+2}_{-1}$ mm？

69. 数控机床的编程规则包括哪些？

70. 按照《钢轨轨距铁路道岔技术条件》规定，对何种状态的道岔应由制造厂出具产品合格证？

六、综 合 题

1. 划线时找正的目的是什么？

2. 什么是组合道岔？组合道岔有何优点？

3. 试述可动心轨道岔技术特征及适用条件。

4. 什么是曲线辙叉？有何特征？

5. 试述钢轨组合辙叉的组成部分及其各部分的几何名称。

6. 钢轨组合辙叉中的长短心轨尖端的连接形式有哪几种？

7. 试述高锰钢整铸辙叉的构造特点及其优点。

8. 单开道岔导曲线的平面形式有哪几种？各有什么特征？

9. 道岔导曲线的构造是怎样的？

10. 为什么要设置辙叉护轨？其作用是什么？

11. 什么是道岔迎轮防撞护轨？怎样安装？

12. 影响道岔直向过岔速度的因素是什么？

13. 提高道岔直向过岔速度的措施有哪些？

14. 提速道岔的转辙器采用怎样的结构？

15. 道岔尖轨常采用的平面型有哪几种？

16. 轨道电路的功能有哪些？

17. 什么是道岔冻结接头？冻结接头的应用有哪些要求？

18. 轨道为什么要设置轨底坡？

19. 提高列车直向过岔速度的措施有哪些？

20. 什么叫套线道岔？组合形式有哪些？

21. 60 kg/m 钢轨 12 号提速(固定型辙叉)单开道岔为例，简述为保证整组道岔铺设质量，道岔整组铺设的主要控制项点是哪些？

22. 什么是互换性？它对工业生产有什么重要意义？

23. 比较固定型辙叉和活动型辙叉的优缺点？

24. 什么是查照间隔？什么是护背距离？“技规”是怎么规定的？并检算标准轨距单开道岔护轨轮缘槽和翼轨轮缘槽分别等于 42 mm 和 46 mm，是否符合“技规”的规定？

25. 尺寸链计算主要解决什么问题？

26. 如图 1 所示，图中尖轨为切线型，点 O 切点，计算图中圆弧支矩 y 等于多少？

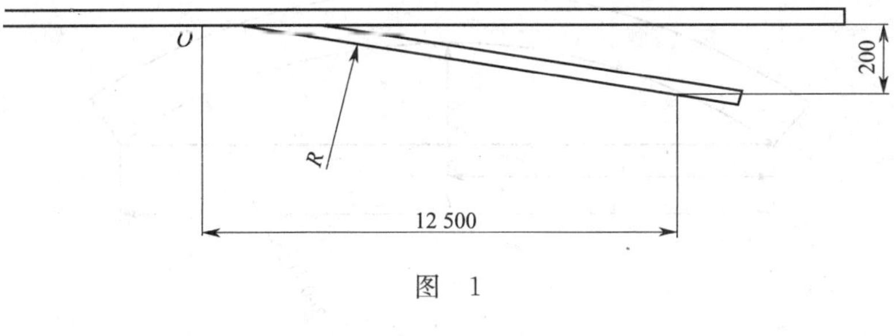

图 1

27. 如图 2 所示，图中尖轨为切线型，点 O 为切点，计算图中水平支距 x 等于多少？

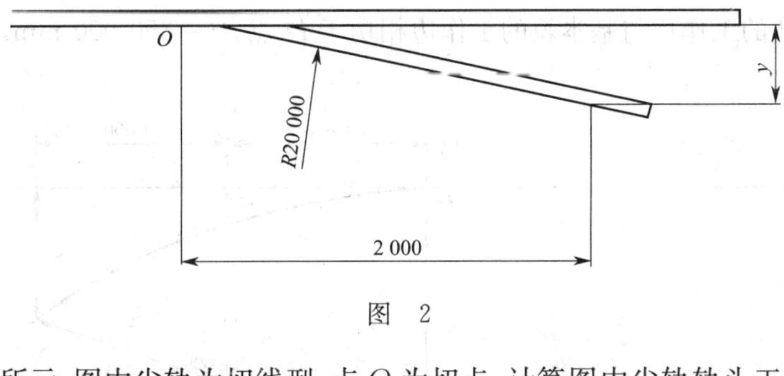

图 2

28. 如图 3 所示，图中尖轨为切线型，点 O 为切点，计算图中尖轨轨头工作边的圆曲线半径 R 等于多少？

29. 根据图 4 中给出的尺寸，支距 A、B、C 值。

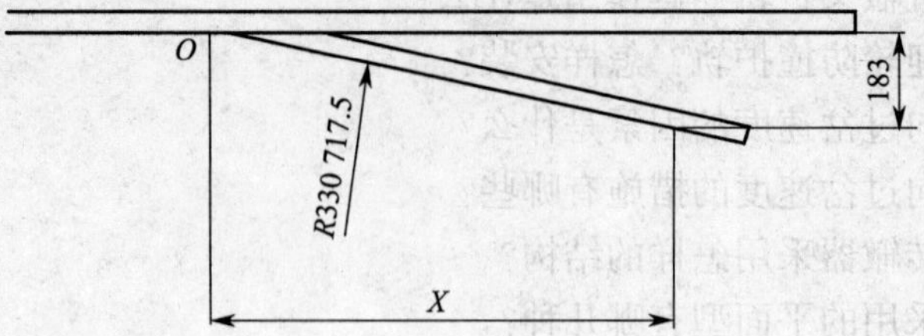

图　3

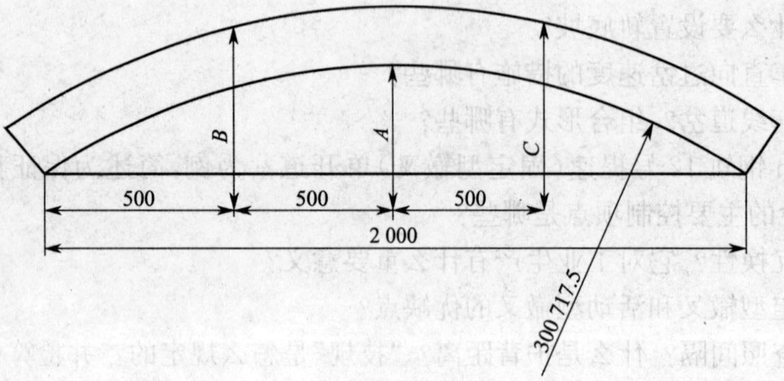

图　4

30. 所知图 5 中 $A=2, R=360\ 717.5$，求 L 的大小？

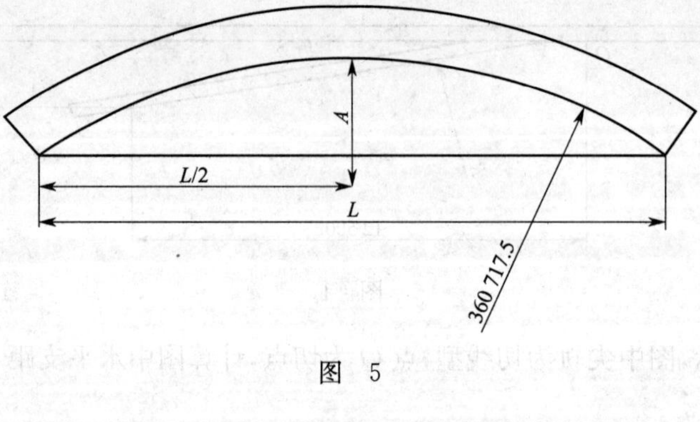

图　5

31. 曲线尖轨的工作边与基本轨的工作边相切于 D 点，$R=350\ 000$ mm，如图 6 所示，求 f_1、f_2 值。

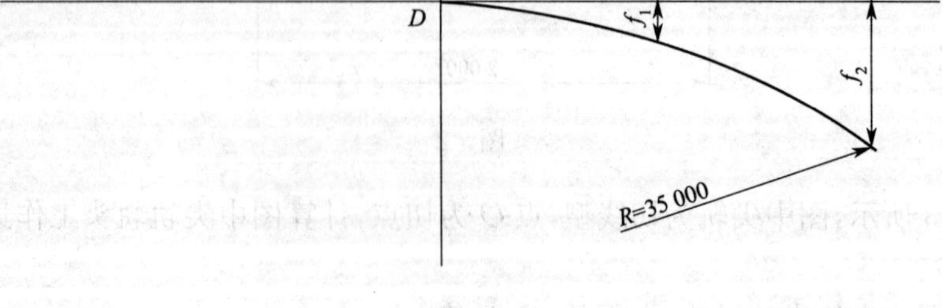

图　6

32. 已知一曲线与一直线相切于 D 点,矢度 $f=1$ m,曲线直径为 1 600 m,求矢度 f 到切点的距离。

33. 已知一圆与直线相切,矢度 $f=5$ mm,矢度到切点的距离是 100 mm,求这个圆的半径。

34. 有一割线型曲线尖轨如图 7 所示,已知曲线半径 150 717.5 mm,割距是 4 mm,求尖轨实际曲线起点处断面宽度。

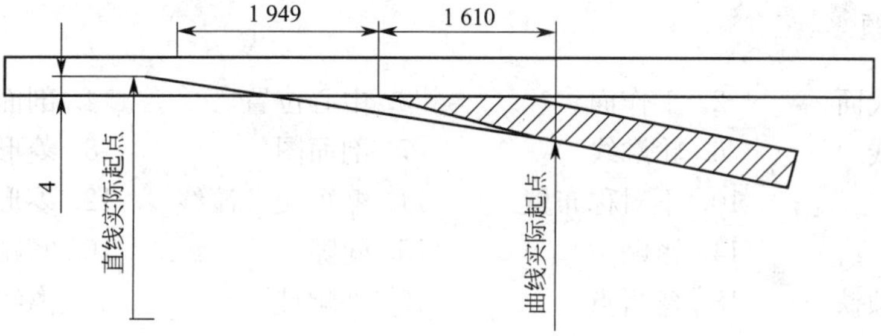

图 7

35. 有一圆与一直线相割如图 8 所示,割距是 0.5 m,直线到圆的矢度是 1.5 m,圆的半径 R 是 9 m,求矢度的割点的距离 X。

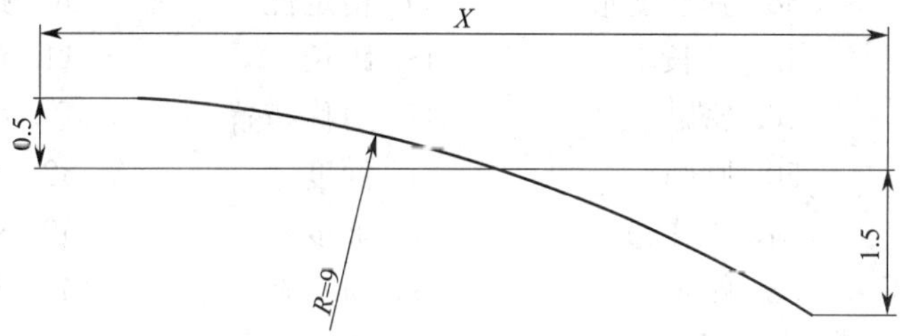

图 8

道岔制修工(初级工)答案

一、填 空 题

1. 以线代面	2. 工作面	3. 中心位置	4. 剖面图
5. 轨底线	6. 轮廓线	7. 剖面图	8. 菱形交叉
9. 对称	10. 不对称布置	11. 缩短交叉渡线	12. 菱形中轴
13. 方向	14. 密贴	15. 间隙	16. 密贴
17. 导向顶铁	18. 弯折点	19. 平顺性	20. 离线热处理
21. 在线热处理	22. 急剧变化	23. H340	24. H370
25. 波动值	26. 脱轨	27. 拉杆	28. 连接杆
29. 单开辙叉	30. 2 倍	31. 不成	32. 藏尖式
33. 转辙角	34. 冲击角	35. 贴尖式	36. 藏尖式
37. 长些	38. 弹性变形	39. 稳定性	40. 趾端
41. 跟端	42. 趾长	43. 跟长	44. 跟端
45. 跟宽	46. 密贴	47. 对称布置	48. 下颚
49. 顶面	50. 圆弧	51. 深度	52. 斜度
53. 非工作边	54. 工作边	55. 坡度	56. 补焊
57. 中频	58. 帽形	59. 轨头宽	60. 索氏体或细珠光体
61. 有害	62. 振动时效	63. 焊缝	64. 尖端
65. 咽喉	66. 开口距	67. 缝隙	68. 直线
69. 尖端	70. 全长	71. 奥氏体	72. 铸造毛刺
73. 限位器	74. 转换凸缘	75. 安装孔	76. 转换力
77. 尖端	78. 起点处	79. 第一牵引点	80. 密贴
81. 翼轨	82. 跟端	83. 轨腰	84. 宽度
85. 查照间隔	86. 护背距离	87. 轨头宽	88. 反超高
89. 全长	90. 60 kg/m	91. 轨底坡	92. 60 AT
93. 可动心轨	94. 60 AT	95. 可弯式	96. 滑动端
97. 特种端面	98. 加高	99. 弹条Ⅲ型扣件	100. 胶接
101. 预应力	102. 尖轨	103. 心轨	104. 分动
105. 尖轨	106. 心轨	107. 技术条件	108. 厂内试铺
109. 批量投产	110. 交验	111. 交验	112. 有关标准
113. 同一钢厂	114. 工作面	115. 工作面	116. 直线度
117. 直线度	118. 专用测试台	119. 扭转	120. 尖轨
121. 可动心轨	122. 尖轨	123. 可动心轨	124. 折叠

125. 压痕　126. 圆顺　127. 高度　128. 厚度
129. 轨底　130. 长心轨　131. 短心轨　132. 尖轨
133. 折叠　134. 压痕　135. 纵向　136. 圆顺
137. 变形段　138. 热影响区　139. 设计　140. 安装
141. 翼轨　142. 扶轨　143. 宽度　144. 开口距
145. 咽喉　146. ±4　147. 直线度　148. 圆顺
149. 接触　150. 岔枕　151. 切削　152. 尖端
153. 轨腰　154. 基本轨　155. 支距　156. 限位器
157. 轨腰　158. 顶面　159. 密贴　160. 顶面
161. 动程　162. 开口值　163. 第一牵引点　164. 翼轨
165. 设计

二、单项选择题

1. A　2. A　3. A　4. B　5. C　6. A　7. B　8. C　9. A
10. B　11. C　12. D　13. B　14. A　15. A　16. D　17. C　18. D
19. D　20. A　21. B　22. C　23. D　24. D　25. C　26. B　27. A
28. A　29. B　30. A　31. B　32. B　33. C　34. A　35. A　36. D
37. A　38. C　39. C　40. C　41. D　42. A　43. D　44. A　45. D
46. B　47. C　48. A　49. B　50. B　51. C　52. D　53. D　54. D
55. C　56. B　57. A　58. D　59. A　60. B　61. C　62. D　63. A
64. C　65. D　66. D　67. A　68. D　69. D　70. A　71. A　72. A
73. B　74. D　75. A　76. C　77. B　78. B　79. D　80. A　81. D
82. A　83. D　84. D　85. D　86. A　87. D　88. A　89. D　90. A
91. D　92. A　93. A　94. C　95. B　96. D　97. A　98. D　99. A
100. D　101. A　102. D　103. A　104. B　105. C　106. D　107. A　108. B
109. C　110. C　111. C　112. A　113. D　114. C　115. A　116. B　117. C
118. D　119. B　120. C　121. C　122. B　123. A　124. B　125. A　126. A
127. B　128. A　129. B　130. C　131. B　132. A　133. A　134. C　135. B
136. B　137. D　138. C　139. A　140. C　141. B　142. B　143. D　144. A
145. C　146. A　147. C　148. C　149. C　150. A　151. B　152. C　153. B
154. B　155. C　156. A　157. A　158. B　159. D　160. B　161. D　162. A
163. D　164. D　165. B

三、多项选择题

1. ABCD　2. ABC　3. ABCD　4. ABC　5. ABCDE　6. ABCDE
7. ABCD　8. ABCDE　9. ACD　10. AD　11. ABC　12. ACD
13. BD　14. ABC　15. ABC　16. ABC　17. AB　18. ABC
19. ABC　20. ABC　21. ABCD　22. ABC　23. BCD　24. ABD
25. ABC　26. ABCD　27. ABCDE　28. ABCDE　29. ABC　30. BEF

31. ABC 32. ABC 33. ACD 34. ACD 35. CDE 36. ABCD
37. ABCDE 38. ABC 39. AB 40. ABD 41. ACD 42. BCD
43. ACD 44. BCD 45. ACD 46. ACD 47. BCD 48. BCD
49. ACD 50. ABD 51. ACD 52. ABD 53. ACD 54. ABD
55. ABC 56. AB 57. ABCD 58. AD 59. ACD 60. BCD
61. BCD 62. ABCD 63. ACD 64. ABD 65. ABD 66. ACD
67. ACD 68. BCD 69. CD 70. BCD 71. BA 72. ABD
73. ABC 74. AB 75. ABCD 76. ABC 77. ABC 78. ABCD
79. ABC 80. ABD 81. CD 82. ABC 83. BCD 84. ABC
85. ABCD 86. ABCDE 87. AB 88. AB 89. ABCDE 90. ABC
91. ABCD 92. ABCD 93. ABC 94. ABC 95. ACD 96. ABD
97. ABC 98. ABCDE 99. ABCD 100. AB

四、判 断 题

1. × 2. √ 3. √ 4. × 5. × 6. × 7. √ 8. √ 9. ×
10. √ 11. × 12. √ 13. √ 14. √ 15. × 16. √ 17. × 18. √
19. × 20. √ 21. × 22. √ 23. × 24. √ 25. × 26. √ 27. √
28. √ 29. √ 30. × 31. × 32. √ 33. √ 34. √ 35. × 36. √
37. × 38. × 39. × 40. √ 41. × 42. √ 43. × 44. × 45. ×
46. √ 47. √ 48. × 49. × 50. √ 51. √ 52. × 53. × 54. ×
55. × 56. √ 57. × 58. √ 59. √ 60. √ 61. × 62. × 63. ×
64. × 65. × 66. √ 67. × 68. √ 69. √ 70. √ 71. × 72. ×
73. × 74. × 75. × 76. √ 77. √ 78. √ 79. √ 80. √ 81. ×
82. √ 83. √ 84. √ 85. × 86. √ 87. × 88. √ 89. × 90. ×
91. √ 92. × 93. × 94. √ 95. √ 96. × 97. × 98. √ 99. √
100. √ 101. √ 102. × 103. × 104. √ 105. × 106. √ 107. × 108. ×
109. × 110. × 111. √ 112. √ 113. × 114. × 115. √ 116. √ 117. √
118. √ 119. × 120. × 121. √ 122. √ 123. × 124. × 125. √ 126. √
127. × 128. √ 129. × 130. × 131. × 132. × 133. × 134. √ 135. √
136. √ 137. × 138. × 139. × 140. × 141. × 142. × 143. × 144. ×
145. √ 146. √ 147. × 148. √ 149. √ 150. × 151. × 152. × 153. √
154. × 155. × 156. × 157. √ 158. √ 159. × 160. × 161. × 162. ×
163. √ 164. × 165. ×

五、简 答 题

1. 答：(1)看标题栏，了解零件的概貌(1分)；
(2)分析图形，弄清零件的结构形状和表达方法(1分)；
(3)看尺寸标注，明确各部分的尺寸大小和相对位置关系(2分)；
(4)看技术要求，掌握质量指标(1分)。

2. 答:利用代(符)号标注或文字说明,表达出制造、检验和装配过程中应达到的一些技术上的要求(2.5 分)。如尺寸公差(0.5 分)、形状和位置公差(0.5 分)、表面粗糙度(0.5 分)、热处理(0.5 分)和表面处理要求(0.5 分)等。

3. 答:标题栏中应包括零件名称(1 分)、材料(1 分)、图号(1 分)以及图样的比例(1 分)和图样责任者签字(1 分)等内容。

4. 答:装配(2.5 分)和检验(2.5 分)所必须的数据和技术要求。

5. 答:(1)了解装配体的名称、用途、结构及工作原理(1 分)。

(2)了解各零件的连接方式及装配关系(2 分)。

(3)搞清各零件的结构形状和作用,想象出装配体中各零件的动作过程(2 分)。

6. 答:(1)技术上的先进性(1.5 分);(2)经济上的合理性(1.5 分);(3)有良好的工作条件(2 分)。

7. 答:(1)零件图的技术要求(2.5 分);(2)零件的结构工艺性分析(2.5 分)。

8. 答:用来确定工件在机床上或夹具中的位置所使用的具体表面称定位基准(3 分)。按用途可分为粗基准(1 分)和精基准(1 分)。

9. 答:装配时用来确定零件或部件在产品中的相对位置采用的基准称装配基准(5 分)。

10. 答:需检测:测量尖轨与基本轨组装后跟端支距(1.5 分)、限位器间隙(1 分)、顶铁与尖轨轨腰的间隙(1 分)、尖轨与基本轨密贴间隙(1.5 分)等尺寸。

11. 答:在工序图上用来确定本工序被加工表面位置所采用的基准称工序基准(5 分)。

12. 答:工装定位基准的选择应考虑与设计基准(2.5 分)、测量基准(2.5 分)的统一。

13. 答:工装图样应符合 JB/T 9165.4(1 分)的规定和机械制图(2 分)、技术制图(2 分)标准的有关规定。

14. 答:应注明被加工件在工装中的相关尺寸(2 分)和主要参数(2 分),以及工装总重(1 分)等。

15. 答:经批准后送蓝图发放单位进行更改,并修改底图(5 分)。

16. 答:夹具设计的过程一般可分为四个阶段(1 分);前期准备(1 分);拟定结构方案(1 分);绘制夹具总装图(1 分);绘制夹具零件图(1 分)。

17. (1)收集和掌握工件加工的技术资料(3 分);(2)对工件进行加工工艺分析(2 分)。

18. 答:包括工件工作图、毛坯图、工件加工工艺规程及具体要求(3 分)、工件加工所用机床设备及工具刃量(1 分)、加工余量及切削用量等(1 分)。

19. 答:主要包括各有关元件之间(2 分)、各元件的有关表面之间(2 分)的相互位置精度要求(1 分)。

20. 答:应注意使其满足夹具总装图的要求(5 分)。

21. 答:常用来衡量金属材料强度的指标有屈服点(σ_s)(2.5 分)和抗拉强度(σ_b)(2.5 分)等。

22. 答:工艺性是指金属材料是否易于加工成形的性能(1 分),包括铸造性(1 分)、锻压性(1 分)、可焊性(1 分)、切削加工性(1 分)等。

23. 答:淬火钢回火的目的在于消除淬火内应力(2 分),调整钢的力学性能(2 分),稳定钢件的组织和尺寸(1 分)。

24. 答:强度极低的石墨呈片状分布于基体上,造成对基体的割裂作用,同时会在石墨片的夹角处引起应力集中(5 分)。

25. 答:平直度不合格的钢轨最多允许再辊矫一次(5 分)。

26. 答:钢轨的螺栓孔应该按 45°倒角(2.5 分)进行倒棱,倒棱深度为 0.8～2.0 mm(2.5 分)。

27. 答:U71MnAT 钢轨的轨头踏面中心线硬度为 260～300 HBW(5 分)。

28. 答:60AT 全长扭转允许偏差≤全长的 1/10 000(5 分)。

29. 答:(1)看懂图样(2 分);(2)工件的清理(1 分);(3)工件涂色(1 分);(4)在工件孔中心安装中心塞块(1 分)。

30. 答:明确工件及划线的有关部分的作用和要求(5 分)。

31. 答:立体划线是同时在几个工件表面上划线(2 分),一般要在长(1 分)、宽(1 分)、高(1 分)三个方向上进行。

32. 答:找正就是利用划线工具(如划线盘、90°角尺、单脚规等)使工件上有关的毛坯件表面处于合适的位置(5 分)。

33. 答:借料就是会通过试划(1 分)和调整(1 分),使各个加工面的加工余量合理分配,互相借用,从而保证各加工表面都有足够的加工余量,而误差和缺陷可在加工后排除(3 分)。

34. 答:在生产制造中一般 T 为 200～400 mm(5 分)。

35. 答:合金钢心轨组合辙叉钢轨件轨底坡扭转角度允许偏差 1∶320(5 分)。

36. 答:纵向划痕深度不应大于 0.5 mm(5 分)。

37. 答:纵向划痕深度不应大于 0.3 mm(5 分)。

38. 答:AT 尖轨、心轨跟端成型段的轨底平面度为 0.5 mm(2.5 分),跟端成型段底面与 AT 轨轨底面的平行度为 0.5 mm(2.5 分)。

39. 答:允许速度 200 km/h 道岔 60AT 尖轨,可动心跟端成型段轨底平面度为 0.3 mm(5 分)。

40. 答:组装前应对特殊形状的钢轨(2 分)及基本轨弯折点(1 分)、尖轨失度(1 分)、尖轨跟端平顺性(1 分)进行检查。

41. 答:转辙器在组装平台上依据相应布置图和标准组装(5 分)。

42. 答:限位器间隙偏差±1.5 mm(5 分)。

43. 答:可动心轨辙叉用高强度螺栓连接,紧固扭矩应达到设计要求(5 分)。

44. 答:可动心轨辙叉的垫板间距应与相应岔枕间距相同,间距允许偏差为±5 mm(5 分)。

45. 答:最远两块铁垫板间距偏差为±5.0 mm(5 分)。

46. 答:其余部位应小于 1.0 mm(5 分)。

47. 答:其余部位允许有不大于 1.0 mm 的缝隙(5 分)。

48. 答:辙叉全长允许偏差±4 mm(5 分)。

49. 答:心轨 20 mm、50 mm 断面处轮缘槽宽度允许偏差$^{+1.5}_{0}$ mm(5 分)。

50. 答:厂内铺设应按照设计图纸铺设(2 分),铺设后对整组道岔进行外观检查(1.5 分)和各部尺寸检查(1.5 分)。

51. 答:(1)熟悉道岔布置图(1 分);(2)料具准备(1 分);(3)场地(1 分);(4)测定道岔位置、做道床(2 分)。

52. 答:其余部位轨距允许偏差为$^{+3}_{-2}$mm(5 分)。

53. 答:其余部分不应大于 1.0 mm(5 分)。

54. 答:其余部分不应大于 10 mm(5 分)。

55. 答:道岔全长允许偏差:12 号道岔±8.0 mm(5 分)。

56. 答:道岔全长允许偏差:18 号道岔±8.0 mm(5 分)。

57. 答:道岔全长允许偏差:30 号道岔±8.0 mm(5 分)。

58. 答:转辙器部分最小轮缘槽宽度大于等于 65 mm(5 分)。

59. 答:查照间隔大于等于 1 391 mm,在心轨 20～30 mm 端面范围内测量(5 分)。

60. 答:零部件由制造厂技术检验部门依据《标准轨距铁路道岔技术条件》(TB/T 412—2014)进行检验(5 分)。

61. 答:钢轨件的长度尺寸均应按轨温 20℃为基准测量(5 分)。

62. 答:各种转辙器、辙叉和护轨应进行外观(2.5 分)和组装(2.5 分)检验。尖轨、活动心轨或可动心轨单独出厂时,应与基本轨或翼轨试验组装。

63. 答:抽样方法按 GB/T 2828 的规定(5 分)。

64. 答:依据运基线路〔2005〕230 号《时速 200 公里铁路道岔技术条件(暂行)》进行检验(5 分)。

65. 答:当道岔直向容许通过速度大于 120 km/h 时,跟端支距偏差为±1 mm(5 分)。

66. 答:当道岔直向容许通过速度小于 120 km/h 时,跟端支距偏差为$^{+2}_{-1}$mm(5 分)。

67. 答:当道岔直向容许通过速度大于 120 km/h 时,弹性可弯尖轨起始固定位置支距偏差为±1 mm(5 分)。

68. 答:当道岔直向容许通过速度小于 120 km/h 时,弹性可弯尖轨起始固定位置支距偏差为$^{+2}_{-1}$mm(5 分)。

69. 答:(1)绝对坐标与增量坐标(2 分);(2)米制与英制编程(2 分);(3)小数点编程(1 分)。

70. 答:成组交货经检验合格的道岔应由制造厂出具产品合格证(5 分)。

六、综 合 题

1. 答:(1) 当毛坯工件上有不加工表面时,通过找正后再划线,可使加工表面与不加工表面之间保持尺寸均匀(4 分)。

(2)当工件上有两个以上的不加工表面时,应选择其中面积较大、较重要的或外观质量要求较高的为主要找正依据并兼顾其他较次要的不加工表面,使划线后的加工表面与不加工表面之间的尺寸,都尽量均匀和符合要求,而把无法弥补的误差反映到较次要的或不甚显目的部位上去(3 分)。

(3)当毛坯上没有不加工表面时,通过对各加工表面自身位置的找正后再划线,可使各加工表面的加工余量得到合理和均匀的分布,而不致出现过于悬殊的状况(3 分)。

2. 答:将同轨型、同号数的单式道岔、复式交分道岔和交叉渡线组合起来,称之为组合道岔(5 分)。通常适用于 9 号、12 号道岔和 5 m 或 5 m 以上间距的场所。组合道岔具有以下优点(各 1 分):

(1)减少了设计工作量,避免了重复设计,提高了站场设计效率。

(2)可以实现工厂化制造,保证道岔群各部件的质量,从而加速了站场的铺设进度。

(3)采用组合道岔可大大缩短站场长度,大大减少占地面积,大量减少土石方工程。

(4)节约站场工程总造价。

(5)便于信号集中、调度集中、计算机管理,能够提高机车车辆的通过能力,可以提高调车、解体和编组作业的效率。

3. 答:可动心轨辙叉由翼轨、心轨、叉跟尖轨、高强度螺栓组合而成,辙叉垫板设 1∶40 轨底坡,采用弹条扣压轨底,垫板下设弹性垫层,木枕采用螺纹道钉或混凝土枕采用螺旋道钉固定于轨下基础(2 分)。可动心轨采用 AT 型藏尖式弹性可弯结构,其跟端适宜夹板连接或焊接,它依靠转辙机左右扳动密贴于翼轨,因此,消除了固定型辙叉的"有害空间",保证了轨距线的连续性,大大改善了列车的过岔条件(2 分)。可动心轨辙叉视心轨的长度设双点或多点牵引,并设外锁闭装置,由以往的点密贴发展到线密贴,消灭了电务上的"危险空间",保证了列车的安全性和可靠性,大大延长了设备的使用寿命(2 分)。可动心轨辙叉结构大大优于固定型。前者的使用条件具有后者无可比拟的优越性,因此,前者的使用寿命一般是后者的 5 倍或更高,且养护费用可以减少 5%左右,采用可动心轨辙叉能获得显著的经济效益和社会效益。可动心轨辙叉适用于 12 号以上大号码道岔,适用于较高的铁路速度(2 分)。可动心轨道岔是建设高速铁路,目前必须采用的线路连接设备,也是发展跨区间无缝线路的采用方向(2 分)。

4. 答:正线工作边为直线,而侧线工作边为曲线的辙叉叫曲线辙叉(1 分)。其特征为(各 1 分):

(1)道岔导曲线半径一定时,可以缩短单开道岔的长度,辙叉号数一定时,可以增大导曲线半径;

(2)道岔侧线的曲线终点可以设在辙叉跟端以后不同位置,可使同一半径的几个不同号数的道岔相互连接,而无需在道岔间插入曲线;

(3)适用于在曲线轨道地段铺设,以改善行车条件;

(4)辙叉曲线工作边一侧,需安设曲线护轨,此护轨的轮缘槽又需要适当加宽,造成道岔的正、侧线护轨不同;

(5)辙叉(当曲线半径较小时)曲线工作边一侧,也需要适当加宽翼轨轮缘槽,当列车直向通过道岔时,车轮在翼轨的踏面减小,相应地减小了辙叉的承压面积,增加了心轨和翼轨的接触应力;

(6)制造复杂,养护维修困难;

(7)一定开向的辙叉仅能用于开向相同的单开道岔;

(8)道岔尾部设置与道岔侧线方向相反的附带曲线时,要减短辙叉跟端(道岔侧线的曲线终点)至附带曲线起点间的直线长度,因此列车沿侧线行车时条件不利;

(9)不能用于对称道岔和菱形交叉。

5. 答:(1)钢轨组合式辙叉由长心轨、短心轨、翼轨、间隔铁、辙叉垫板及其他连接零件组成(各 1 分)。

(2)钢轨组合式辙叉各部名称(正确一个得 0.5 分,最多得 5 分):

辙叉理论尖端:指辙叉心轨两工作边延长线的交点。

辙叉实际尖端:为使心轨尖端加强,在未达到理论尖端前,将心轨尖端钝化为小圆角,这个钝化后的尖端叫作辙叉心轨实际尖端。

辙叉角:指辙叉心轨两工作边(工作边是曲线时为其切线)的夹角。

辙叉号数:指以辙叉角的余切值表示的数值,$N=\cot\alpha$。

辙叉咽喉:指两翼轨工作边相距最小处。

有害空间:指从翼轨咽喉处至心轨尖端的过渡线段没有轨距线导引。

辙叉趾长:指辙叉心轨理论尖端至辙叉趾端的工作边长度。

辙叉跟长:指辙叉心轨理论尖端至辙叉跟端的工作边长度。

辙叉趾宽:指辙叉趾端两翼轨工作边间的距离。

辙叉跟宽:辙叉跟端两心轨工作边之间的距离。

翼轨槽宽:指辙叉翼轨工作边到辙叉心轨工作边之间的距离。

6. 答:(1)就轨头部分而言,其尖端连接形式有以下三种(各 2 分):

①直角形连接——长心轨为吻合短心轨,做成直角形的平面切口。

②圆弧形连接——为防止应力集中和心轨折断,长心轨的切口角棱用 10 mm 左右的圆弧代替。

③拼接式连接——长心轨与短心轨的侧面接触,用直线形拼接。

(2)长、短心轨轨底的连接形式有以下两种(各 2 分):

①切底式——将长、短两根心轨轨底都垂直竖切到底。此种连接形式可使心轨断面减少,但不坚固。

②爬坡式——长心轨轨底基本不刨切,短心轨轨底切槽做成坡式爬上长心轨。此种连接形式构造上比较合理。

轨头连接以拼接式联结为最好,轨底联结以爬坡式为最合理。所以,我国的标准设计中,凡组合式辙叉,长、短两心轨都是采用上述形式连接的。

7. 答:构造特点(各 1 分):

(1)轨头宽度不一致,承受车轮垂直荷载的可加宽 10~20 mm,如咽喉处翼轨。

但不承受车轮垂直荷载的轨头宽可采用 20~30 mm,如翼轨缓冲段和护轨等。

(2)断面高度不同。

(3)壁厚不完全一致。

(4)工作边竖壁设斜坡,其他内外壁均带有起模斜坡度。

(5)设有纵横筋。

(6)设有耳板。

(7)端部断面不同。

高锰钢整铸辙叉的优点:辙叉全部用合金钢铸成,耐磨性好,使用寿命延长(1 分);整铸辙叉稳定性好,并能保持各部轮缘槽宽度(1 分);整铸辙叉的零件少,强度高(1 分)。

8. 答:单开道岔导曲线分为圆曲线型、缓和曲线型和复曲线型三种(3 分)。

(1)圆曲线型导曲线的主要特征:

①便于铺设和养护;

②可以获得最短的道岔长度;

③能够配合直线尖轨、折线尖轨和各种圆曲线尖轨设置。

(2)缓和曲线型导曲线的主要特征:

①适用于侧线通过高速列车的道岔;

②列车沿道岔侧线行驶时，离心加速度及其增量逐渐增加，可改善旅客的舒适度；

③有设置外轨超高的可能性；

④需要的道岔长度和尖轨长度最长；

⑤只适用于配合变半径曲线尖轨设置。

(3)复曲线型导曲线的主要特征：

①便于铺设和养护；

②道岔长度较圆导曲线的道岔长；

③能够配合直线尖轨、折线尖轨、各种型式的圆曲线尖轨和复曲线尖轨设置；

④不同号码道岔可采用同一种转辙器。(以上每点 0.5 分，全答对 7 分)

9. 答：(1)导曲线超高：导曲线外轨设置超高后，两端无条件递减顺坡。设置超高时，可使用调高垫板(2.5 分)。

(2)导曲线轨底坡：导曲线一般不设轨底坡，轨底垫平垫板。但在导曲线的前面部分，为顺坡需要，分别设有 4 mm、5 mm、3.0 mm、1.5 mm 的滑床台的顺坡垫板(又称辙后垫板)。特种尖轨和整铸锰钢辙叉相配合的道岔，轨面设有 1∶40 的横坡，在尖轨跟端后部和辙叉前部设有带坡度的垫板(2.5 分)。

(3)导曲线配轨：考虑到轨道电路上的绝缘接头的位置及满足对接接头的要求，一般采用 12.5 m 或 25 m 的标准轨。使用短轨时，其长度一般不短于 6.5 m，在特殊情况下亦不得短于 4.5 m(2.5 分)。

(4)在导曲线上还设有一定数量的轨距杆、轨撑、防爬器和防爬支撑等(2.5 分)。

10. 答：护轨设于固定辙叉的两侧，用以引导车轮轮缘，使之进入适当的轮缘槽，防止与叉心碰撞。护轨的防护范围包括辙叉咽喉至叉心顶宽 50 mm 的一段长度，并要求有适当的富余(5 分)。

辙叉护轨由中间平直段、两端缓冲段和开口段组成。护轨平直段是实际起防护作用的部分，缓冲段及开口段起着将车轮平顺地引入护轨平直段的作用(5 分)。

11. 答：(1)为使机车车辆逆向侧股过岔时车轮轮缘与尖轨的撞击不发生在尖轨尖附近的脆弱小断面上，而发生在强度相对较大的尖轨冲击断面(一般为顶宽 10～20 mm)上，以期减缓尖轨被轧伤的速率而安装的防掩护轨，就是迎轮防掩护轨(5 分)。

(2)安装道岔迎轮防掩护轨的方法。迎轮防撞护轨应安装在尖轨尖前的道心内，方法如下：

①迎轮护轨及其连接零件全部采用同类刑道岔辙叉部分护轨及其连接零件(1 分)。

②迎轮护轨靠道岔方向一端应尽量靠近尖轨尖端，以求最佳的防护效果(1 分)。

③根据迎轮护轨安装位置及其间隔铁螺栓孔位置，定出道岔基本轨和引轨安装间隔铁螺栓孔位置，实施钻孔(1 分)。

④拆除安装护轨的枕木铁垫板，铺护轨垫板，拨入护轨，安装连接零件并钉道。若遇道岔基本轨前接头为绝缘接头，可换铺较长基本轨，将绝缘接头引向迎轮护轨安装位置外方(2 分)。

12. 答：道岔的直向辙叉部位存在着有害空间(1 分)。当车轮从翼轨滚向心轨时，将对心轨产生强烈的冲击(1 分)。当列车逆着直向过岔时，车轮轮缘将与辙叉上的护轨缓冲段的作用边以及辙叉咽喉至叉心尖端的翼轨缓冲段作用边相撞(1 分)。而当顺着直向过岔时，车轮则将与护轨翼轨的另一缓冲段作用边相撞(1 分)。因此直向过岔速度主要取决于撞击时的动能损失值。直向过岔速度受动能损失的影响，具体反映在以下部位。

(1)护轨缓冲段冲击角(2分)

当车轮进入护轨缓冲段时，必然与工作边产生撞击，其冲击角为β，由此造成动能损失，则影响直向过岔速度。我国现有道岔的直向和侧向护轨缓冲段冲击角，与直线尖轨冲击角基本相等。其目的是将直向和侧向护轨设计成对称形式，以便于制造、备料及左、右开道岔通用。这便存在着直股方向冲击角与过岔速度不相适应的问题。直向过岔速度过高，除旅客不舒适外，还将加速道岔部件、机车车辆走行部分的破损，甚至护轨螺栓折断，危及行车安全。

(2)翼轨冲击角(2分)

①翼轨缓冲部分冲击角。翼轨和护轨一样，在缓冲段上存在冲击角$\beta_{翼}$。为了简化设计和制造，将翼轨直向和侧向冲击角设计为相等，并采用和护轨相同的冲击角。因此，道岔在翼轨部位上的直向过岔速度，就会产生和护轨相类似的问题。

②翼轨由辙叉咽喉至理论尖端区段的冲击角$\beta_{咽}$。在道岔有害空间部分存在着冲击角β，其数值较其他几个冲击角为大。因此，它是影响和制约直向过岔速度的决定性因素。这也是固定型辙叉不可避免的欠缺。

(3)道岔结构上的几何不平顺(2分)

①直尖轨的尖轨尖端与尖轨跟端的轨距有加宽，且尖轨尖端加宽递减率较大，机车车辆通过时，因车轮的滚动半径不同，车轮的升降和蛇形运动会增大车体的摇晃。

②尖轨项面宽20～50 mm范围，是机车车辆往返于尖轨与基本轨之间的过渡段，尖轨与基本轨的高差会降低行车的平衡性。

③用普通钢轨制造的尖轨，在顶宽50 mm以后部分，一般皆高于基本轨6 mm，与对侧基本轨在很短一段上不等高，机车通过时会增大车体的振动和摇晃。

④车轮踏面为锥体，在辙叉翼与辙叉心之间来回滚动过渡时，车轮由正常高度突然下降恢复正常高度，这一垂向不平顺会增大车体的振动摇晃，在辙叉心垂直磨耗较大时影响会更大。

13. 答：(1)在设计道岔时，尽量减小各部位的冲击角(2分)。

(2)采用新型可动心轨辙叉，消除有害空间，保证行车平稳(2分)。

(3)减小尖轨尖端和跟端轨距加宽数值，严格控制直向上的轨距变化(2分)。

(4)采用整铸高锰钢辙叉，对翼轨进行堆焊加高，减少辙叉中的垂直不平顺(1分)。

(5)对尖轨、基本轨、心轨及翼轨进行淬火，增强其耐磨性(1分)。

(6)采用特种断面尖轨(如灯尖轨)代替普通钢轨制造的尖轨，消除尖轨与基本轨顶面有高差的缺点。采用弹性可弯式的跟端结构，提高尖轨与导轨的连接强度(1分)。

(7)加强道岔养护维修，及时更换磨耗超限的零配件，经常保持道岔尺寸、结构的强度与稳定性(1分)。

14. 答：(1)尖轨为弹性可弯式，60AT轨制造(1分)。在理论弹性可弯段轨底不作切削刨切。跟端采用热锻成型工艺过渡为标准钢轨断面(1分)。为解决尖轨跟端与导曲线钢轨的连接问题，将尖轨根部成型段扭转1∶40的角度(1分)。

(2)基本轨设1∶40轨底坡，尖轨设1∶40轨顶坡。滑床板的底板在基本轨底部位置铣出1∶40轨底坡(1分)。尖轨在顶面刨出1∶40规定坡(1分)。

(3)尖轨尖端微藏尖式。尖轨尖端从轨头宽2 mm处作补充刨切，尖端藏于基本轨轨线内

3 mm(1 分)。

(4)尖轨采用二点牵引的分动转换方案,转换阻力不得大于 6 kN(1 分)。

(5)尖轨跟部设限位器(1 分)。

(6)基本轨下设 5 mm 厚橡胶垫板。滑床板下的弹性垫层在木枕时为 5 mm 厚的塑料板,主要起防止垫板切割枕木的作用。在混凝土岔枕时为 10 mm 的橡胶垫板(1 分)。

(7)转辙机构与 S700K 电动转辙机及 ZY7 电液转辙机配套。采用 S700K 电动转辙机时,在第二牵引点前设密贴检查器(1 分)。

15. 答:(各 2 分)(1)直线尖轨;

(2)切线型曲线尖轨;

(3)半切线型曲线尖轨;

(4)割线型曲线尖轨;

(5)半割线型曲线尖轨。

16. 答:(1)传输各种信息,以实现列车与信号显示的自动联系(3 分);

(2)检查线路区段(包括股道、道岔区段或闭塞分区)有无车辆占用(3 分);

(3)监督钢轨的完整(反映钢轨折断情况)(4 分);

17. 答:道岔冻结就是能过采用高强螺栓和夹板加固钢轨接头,提高接头摩擦阻力的方法实现的冻结钢轨接头(即消灭轨缝)使道岔区与区间无缝线路联成一体,成为超长无缝线路(4 分)。

冻结接头的应用(各 1.5 分):

(1)受道岔长度的限制,可以焊接起来的道岔配轨一定是不等长非标轨,宜采用冻结方式。

(2)高锰钢整铸辙叉趾端与跟端不能进行焊接处理,仍需保留普通接头形式时,宜采用冻结接头。

(3)受轨道的限制不能焊接时,可采用冻结方式。

(4)出现伤损钢轨,为更换施工方便,宜采用冻结方式。

18. 答:设置轨底坡的目的是使车轮压力集中于钢轨的中轴线上,减小荷载(2 分),降低轨腰侧弯应力(2 分),避免轨头与轨腰连接处发生纵裂(2 分)。此外,车轮踏面的 1∶20 的部分能与轨顶面的中部接触,增加了轮轨间的接触面积(2 分),减小了接触应力和由此产生的塑性变形(2 分)。

19. 答:(1)采用新型的道岔结构和材料,提高道岔稳定性(2 分)。

(2)采用特种断面钢轨的尖轨,采用弹性可弯尖轨,增强尖轨跟部稳定性(2 分)。

(3)采用可动心轨辙叉,削灭有害空间,以减少影响列车过岔的不平顺因素(2 分)。

(4)加长护轨,减小护轨缓冲段冲击角;采用可动心轨辙叉时可取消直向护轨(2 分)。

(5)提高道岔制造与铺设精度,减少道岔因制造与铺设造成的几何不平顺性因素(1 分)。

(6)优化道岔结构设计,便于或少进行养护维修,提高道岔各部位轨道平顺性(1 分)。

20. 答:套线道岔是由三股钢轨并行铺设,两种不同轨距套线使用的道岔(3 分)。即将不同轨距的两组同号数单开道岔组合在一起(一般两导曲线成同心圆)即构成套线道岔(3 分)。随着共用轨位置不同及正侧线数量不同,套线道岔可以有多种组合形式:左公用轨左开道岔(1 分);左公用轨右开道岔(1 分);右公用轨左开道岔(1 分);右公用轨右开道岔(1 分)。

21. 答:(1)为保证道岔铺设后轨距、导曲线支距尺寸,应主要检测岔枕间距,道岔前端对

q 值有无超差，直股工作边无"抗线"(3 分)。

(2)为保证道岔过车的安全性，应主要检测查照间隔、护背距离、动程、辙跟支距、尖轨最小轮缘槽、护轨轮缘槽尺寸(4 分)。

(3)为保证道岔过车的平顺性，应主要检测岔枕高低，轨件与板件在岔枕上组装后有无"空吊"板超差、尖轨、基本轨密贴有无超差(3 分)。

22. 答：互换性是指在制成的同一规格零部件中，装配前不作任何挑选(2 分)；装配时，不需要任何修配和调整就能顺利装配(2 分)；装配后，保证达到原定性能的要求(2 分)。可以最大限度的采用标准件、通用件和标准部件，大大简化绘图和计算等工作，缩短设计周期，有利于计算机辅助设计和产品品种的多样化(4 分)。

23. 答：固定型辙叉的叉心和翼轨都是固定的，在结构上比其他类型的辙叉要稳固，但存在"有害空间"。为保持轮对正确的行驶方向，并使叉心免受冲击，要靠护垫板制约着另一侧车轮(5 分)。

活动型辙叉主要是可动心轨辙叉，及心轨可动的辙叉。可动心轨可以按行车的方向，分别与翼轨相贴，以消除"有害空间"，减轻车轮对翼轨和心轨的冲击，大大改善列车通过辙叉时的运行状态，保证主线方向高速行车下的平稳性和旅客舒适性(5 分)。

24. 答：心轨与护轨的查照间隔是辙叉心轨工作边至护轨工作边的距离(2 分)。护背距离是指翼轨(在钝角辙叉中为护轨)工作边至护轨(三开道岔中为翼轨)工作边之间为保证最小轮背距轮对通过的距离(2 分)。"技规"规定辙叉心轨工作边至护轨工作边的查照间隔≥1 391 mm(1 分)。翼轨工作边至护轨工作边的护背距离≤1 348 mm(1 分)。检算标准轨距单开道岔：已知护轨轮缘槽＝42 mm，翼轨轮缘槽＝46 mm 则 1 435－42＝1 393＞1 391 mm，1 435－42－46＝1 347＜1 348 mm。因此查照间隔和护背距离符合"技规"规定(4 分)。

25. 答：(1)尺寸链正计算主要用来验算设计的正确性(3 分)。

(2)尺寸链反计算应用于设计上，即根据机器的使用要求，确定各零件的基本尺寸及偏差(3 分)。

(3)尺寸链中间计算在工艺设计上应用较多，如基准的换算，工序尺寸的确定(4 分)。

26. 解：$y=R-\sqrt{R^2-x^2}=20\ 000-\sqrt{20\ 000^2-2\ 000^2}=100.25$(8 分：算式 6 分，结果 2 分)

答：圆弧支距 y 等于 100.25(2 分)(总计 10 分)

27. 解：$x=\sqrt{R^2-(R-183)^2}=\sqrt{300\ 717.5^2-(300\ 717.5-183)^2}=11\ 000$(8 分：算式 6 分，结果 2 分)

答：水平支距 x 等于 11000(2 分)(总计 10 分)

28. 解：$(R-200)^2+12\ 500^2=R^2$(5 分)

$R^2-400R+200^2+12\ 500^2=R^2$(2 分)

$R=390\ 725$(2 分)

答：尖轨轨头工作边的圆曲线半径 R 等于 390 725。(1 分)(总计 10 分)

29. 解：$A=300\ 717.5-\sqrt{300\ 717.5^2-1\ 000^2}=1.66$(3 分：算式 2 分，结果 1 分)

$B=A-(300\ 717.5-\sqrt{300\ 717.5^2-500^2})=1.66-0.42=1.24$(4 分：算式 3 分，结果 1 分)

$C=B=1.24$(2 分)

答：支距 A 值为 1.66，(B)C 值为 1.4(1 分)(总计 10 分)

30. 解：$L=\sqrt{R^2-(R-A)^2}\times2=\sqrt{360\ 717.5^2-(360\ 717.5-2)^2}\times2=2\ 402.4$(8 分：算式5 分，结果 3 分)

31. 解：$f_1=\dfrac{L^2}{2R}=\dfrac{1\ 000^2}{2\times350\ 000}=143$(4 分)

$f_2=\dfrac{L^2}{2R}=\dfrac{(10\ 000+10\ 000)a^2}{2\times350\ 000}=571$(4 分)

答：f_1 为 143 mm，f_2 为 571 mm(2 分)。

(要点：利用公式计算正确，共四个要点，每个 2 分)

32. 解：$R=\dfrac{1\ 600}{2}=800$ m(4 分)

$L=\sqrt{2Rf}=\sqrt{2\times800\times1}=40$ m(4 分)

答：矢度 f 到切点的距离是 40 m。(2 分)

(要点：题中给定是直径，应换成半径，会用公式，结果正确，每个要点 2 分)

33. 解：$f_1=\dfrac{L^2}{2R}$(6 分)

$f_2=\dfrac{L^2}{2f}=\dfrac{100^2}{2\times5}=1\ 000$ mm(2 分)

答：这个圆的半径是 1 000 mm。(2 分)

(要点：会灵活运用公式，结果正确，每个要点 3 分)

34. 解：设在曲线实际起点处尖轨断面宽度为 y，又因为是割距是 4 mm，则：

$y+4=\dfrac{(1\ 949+1\ 610)^2}{2\times150\ 717.5}$(6 分)

$y=38$(2 分)

答：曲线起点外尖轨断面宽度是 38 mm。(2 分)

(要点：关键是把割距要当矢度看待。灵活运用公式，结果正确，每个要点 3 分)

35. 解：$1.5+0.5=\dfrac{X^2}{2\times9}$(6 分)

$X=6$(2 分)

答：矢度到割点的距离 X 为 6 m。(2 分)(要点：灵活运用公式，结果正确，每个要点 3 分)

道岔制修工(中级工)习题

一、填 空 题

1. 工件的装夹包括定位和(　　)两个过程。
2. 斜度是斜面两端的(　　)与其长度之比。
3. 相似三角形的对应边成(　　)。
4. 要获得物体的投影图,必须具备光源、被投影对象和(　　)。
5. 三视图的名称,即(　　)、俯视图、左视图。
6. 主、俯视图长对正;主、左视图高平齐;(　　)、左视图宽相等。
7. 缩小比例的图形,较实物(　　)。
8. 为使加工者有一个直观的印象,便于加工、零件图常用作(　　)比例。
9. 尺寸线用细实线,终端有两种形式,(　　)或斜线,通常采用第一种形式,特殊情况下允许用第二种。
10. 六面体的六个投影面叫(　　)。
11. 主、俯、左、右、仰、后视图构成(　　)。
12. 局部视图标注为(　　)。
13. 主视图是由(　　)投影所得的视图。
14. 为了方便加工,零件图常采用 1∶1 的比例,是指图形与实物(　　)。
15. 正投影投影线互相平行且与投影面(　　)。
16. (　　)图中数字的单位是毫米时,一般不标出。
17. 金属零件的剖面线符号是与水平成 45°的(　　)。
18. 剖视图的剖切位置两端标注的箭头是用来指明(　　)的。
19. 表达零件内部形状的方法用(　　)表示。
20. 剖视图分成二类,一类移出剖面,另一类(　　)。
21. 常见的剖视图有(　　)、半剖视图和局部剖视。
22. 不对称的移出剖面必须用(　　)表示投影方向。
23. 画在剖切位置延长线上的剖面图,可不加(　　)。
24. 画在视图外面的剖面是(　　)。
25. 局部视图适用于表达零件的(　　)外形。
26. (　　)的零件视图可简单画一半。
27. 形状公差指单一的实际要素的形状所允许的(　　)。
28. 在使用游标卡尺时量爪要和工件测量面(　　),否则测量出的尺寸不准确。
29. 当游标卡尺量爪与被测工件接触后,用力要(　　),以免影响测量的准确性。
30. 游标卡尺的量爪不能当做(　　)、圆规、卡板、钩及螺丝刀使用。

31. 游标卡尺的测量精度一般有 0.1 mm、0.05 mm 和(　　)三种。

32. 钢板尺的常用规格种类有 150 mm、(　　)、500 mm、1 500 mm 四种。

33. 根据用途千分尺可分为外径千分尺,(　　),深度千分尺和齿轮千分尺。

34. 外径千分尺可以用来测量工件的厚度、(　　)和直径等。

35. (　　)千分尺可以用来测量工件的厚度、长度和直径等。

36. 百分表按其结构不同分为钟表式和(　　)两种。

37. 量具不能当做(　　)来使用,以防止其变形损坏。

38. 量具使用完后,活动部分应(　　),以防止生锈。

39. 量具在使用时,严禁用(　　)或其他物品打磨量具。

40. 量具在使用前必须用(　　)擦干净。

41. 千分尺在使用前应先校正(　　)。

42. 用千分尺在测量工件时应先转动(　　)。

43. 当千分尺的测量面接近工件时,这时应转动(　　),直到棘轮发出嗒嗒响声为止。

44. 在使用量具的过程中,应防止其受(　　)。

45. 用千分尺在测量工件时,直至测力装置的(　　)发嗒嗒响声时为止。

46. 使用千分尺时要放正,不可歪斜,以免产生(　　)。

47. 使用千分尺时不可用(　　)的边缘测量,以免产生测量误差。

48. 不能将千分尺先调整好尺寸,当作(　　)使用。

49. 千分尺不能用作测量(　　)表面。

50. 对于 25～50 mm 以上的千分尺应该用量具盒内的(　　)或块规来校正。

51. 内径千分尺可以用来测量(　　)和槽宽等尺寸。

52. 内径千分尺可分为(　　)和杆式两种。

53. 在使用百分表时,其测杆必须(　　)于被测工件表面。

54. 杠杆式百分表可以测出小孔,凹槽和(　　)等。

55. 平行度属于(　　)位置公差。

56. 对称度属于 (　　) 位置公差。

57. 同轴度的符号为(　　)。

58. 材料是人类生产和(　　)所必须的物质基础。

59. 常用金属材料可分为有色金属和(　　)金属两大类。

60. 制造道岔的钢轨含碳量一般在 0.64%～0.80%之间,这种钢轨应称为(　　)钢。

61. 制造斧、锯、挫所用金属材料,按它的含碳量分称(　　)钢。

62. 高锰钢经过水韧处理后,其内部组织失去了(　　)性。

63. 高锰钢经过冲击载荷作用后,使其硬度可以迅速提到(　　)。

64. 划线时,都应从(　　)开始。

65. 在选择划线基准时,应先分析图样,找出(　　),使划线基准与之尽量一致,这样能够直接量取划线尺寸,简化换算过程。

66. 在划线过程中,圆心找出后打(　　),以备圆规划圆弧。

67. 在划线交点以及划线上按一定间隔要打上(　　),以保证工件加工界限清楚可靠,以及质量检验。

68. 在装配和生产小批量工件时,常采用(　　)的方法。

69. 立体划线是同时在工件几个表面上划线,一般要在(　　)三个方向上进行。

70. 一个工件的立体划线往往因工序间的需要而进行(　　)。

71. 立体划线在很多情况下是以铸、锻(　　)划线。

72. 当毛坯工件上有不加工表面时,通道(　　)后再划线,可使加工表面与不加工表面之间保持尺寸均匀。

73. 当工件上有两个以上的不加工表面时,应选择其中面积较大、较重要的或外观质量要求较高的为主要(　　)依据,并兼顾其他较次要的不加工表面。使划线后的加工表面与不加工表面之间的尺寸尽量均匀和符合要求,无法弥补的误差反映到较次要的或不甚显目的部位上去。

74. 当毛坯上没有不加工表面时,通过对各加工表面自身位置的(　　)后再划线,可使各加工表面的加工余量得到合理和均匀的分布,而不致出现过于悬殊的状况。

75. 当铸、锻件毛坯在形状、尺寸和位置上的误差缺陷,用找正后的划线方法不能补救时,就要用(　　)的方法。

76. 单式异侧不对称道岔是把直线轨道分支为(　　)的两条轨道的道岔。

77. 单式同侧道岔是把直线轨道(　　)分支为两条轨道的道岔。

78. 菱形交叉由锐角辙叉、护轨、(　　)和连接部分组成。

79. 菱形中(　　)辙叉的构造与单开道岔的辙叉相同。

80. 常用的尖轨转辙器有(　　)式尖轨转辙器和间隔铁式尖轨转辙器。

81. 转辙器基本轨不仅承受来自机车车辆的垂直压力,还与(　　)共同承受来自车轮的横向推挤力。

82. 为了防止基本轨的横向移动,在其外侧设置(　　)。

83. 尖轨按平面型式分为直线型尖轨、折线型尖轨、(　　)尖轨。

84. 曲线尖轨包括切线型曲线尖轨、(　　)型曲线尖轨、割线型曲线尖轨、半割线型曲线尖轨。

85. 普通断面尖轨横向刚度弱,尖轨轨腰两侧需要安装、(　　)。

86. 普通断断尖轨轨底需要刨切轨底(　　),为减少刨切量,尖轨轨底稍高于基本轨轨底。

87. AT 尖轨不需要刨切轨底(　　),有较大的支承面,利于加工。

88. AT 尖轨断面的高宽比(　　),稳定性好。

89. 为了便于跟端连接,AT 尖轨跟部需要加工成为(　　)。

90. AT 尖轨轨底需要设较高的(　　),以保持与基本轨平齐。

91. 可动心轨可以按行车方向,分别与(　　)相贴,以消除有害空间。

92. 钝角辙叉两基本轨工作边交点称为(　　)。

93. 护轨设置在固定型辙叉中,制约(　　),以安全通过辙叉有害空间。

94. 在单式道岔,连接部分是转辙器和辙叉之间的(　　)。

95. 在复式道岔、交分道岔及其他道岔中,连接部分或是转辙器和辙叉之间、是转辙器与转辙器之间、或是(　　)之间的连接线路。

96. 间隔铁大致有双耳断面、单耳断面、(　　)断面三种。

97. 道岔中间隔铁起着(   )的作用,某些间隔铁兼起鱼尾板作用。

98. 道岔(   )是转辙器或活动心轨辙叉中与转辙设备相连接的部分。

99. 道岔(   )是转辙器中连接两根尖轨的杆件,活动心轨钝角辙叉中连接两根活动心轨的杆件。

100. 辙跟鱼尾板用于尖轨或活动心轨的(   ),与辙跟间隔铁共同配合,将尖轨、基本轨和连接部分钢轨联为一体。

101. 尖轨补强板为增强尖轨断面的(   ),在轨腰两侧嵌补的钢轨。

102.(   )是辙叉跟端心轨两工作边(工作边是曲线时,为切线)的交角。

103. 单开道岔的锐角辙叉常采用的有固定型和(   )型两种。

104.(   )型辙叉适用于过岔速度较高的单开道岔中。

105. 道岔测线是道岔中从(   )分出来的轨道。

106. 道岔中心是辙叉(   )轨道中心线(中心线是曲线时,为切线)与道岔始端轨道中心线的交点。

107. 道岔终端是离道岔始端最远的辙叉跟端(   )。

108. 辙叉心轨理论尖端是辙叉(   )延长线的交点。

109. 道岔全长是指道岔始端至道岔终端在(   )上的投影长度。

110. 道岔理论导程是指(   )理论尖端至辙叉心轨理论尖端在道岔基线上的投影长度。

111. 道岔前部理论长度是指尖轨理论尖端至(   )在道岔基线上的投影长度。

112. 道岔后部理论长度是指道岔中心至(   )理论尖端在道岔基线上的投影长度。

113. 道岔前部实际长度是指道岔始端至道岔(   )在道岔基线上的投影长度。

114. 道岔后部实际长度是指道岔中心至道岔(   )在道岔基线上的投影长度。

115. 尖轨长度是指尖轨尖端至尖轨跟端的(   )长度。

116. 尖轨尖端前基本轨长度是指尖轨实际尖端前的基本轨在(   )上的投影长度。

117. 对称道岔各部件均按辙叉角平分线对称排列,两条连接线路为同半径曲线,因此两侧线运行条件(   )。

118. 交分道岔由菱形交叉、(   )及连接曲线等部分组成。

119. 交分道岔钝角辙叉主要采用(   )型钝角辙叉。

120. 交叉渡线一般由(   )组单开道岔(或对称道岔)和一组菱形交叉组合而成。

121. 交叉渡线中有两类辙叉:(   )和钝角辙叉。

122. 钢轨件下料时钢轨原有螺栓孔需要保留时,原螺栓孔与新钻螺栓孔或轨端净距均不得小于(   )。

123. 钢轨件的锯切面应垂直于钢轨轴线,钢轨端面与钢轨轴心线的垂直度偏差不得超过(   )mm。

124. 按 TB/T 412—2014 规定,钢轨件的(   )螺栓孔应进行倒角。

125. 提速道岔钢轨件和补强板的(   )螺栓孔应进行倒角。

126. 除图纸有注明者外,钢轨的轨腰螺栓孔孔径偏差均为(   )mm。

127. 除图纸有注明者外,钢轨的轨腰螺栓孔中心位置上下偏差不超过(   )mm。

128. 钢轨轨腰各接头夹板螺栓孔中心至轨端距离偏差为(   )mm。

129. 除图纸有注明者外,钢轨轨腰两相邻螺栓孔中心距离偏差为(   )。

130. 钢轨件的切削主要包括轨头和轨底的切割,也有的钢轨件需要进行(　　)的切削。

131. 钢轨件的刨切按刨切进刀方向与钢轨横轴的关系,又可以分为(　　)刨切两类。

132. 尖轨(　　)水平刨切,实际生产中通常称为二刨。

133. 尖轨(　　)水平刨切,实际生产中通常称为三刨。

134. 尖轨(　　)刨切,实际生产中通常称为五刨。

135. 尖轨(　　)水平刨切,实际生产中通常称一刨。

136. 尖轨(　　)垂直刨切,即刨轨底爬坡,实际生产中通常称四刨。

137. 尖轨尖端断面和 5 mm 断面高度偏差应为(　　)差,目的是防止车轮撞尖,造成行车事故。

138. 尖轨轨底水平刨切只限于(　　)一侧,并且刨切面垂直于尖轨轨底。

139. 普通钢轨断面尖轨在轨底水平刨切完成后,还要进行轨底的(　　),这样才能使尖轨完全紧贴在基本轨轨底上。

140. 在尖轨各断面上,轨底垂直刨切的边缘与基本轨轨底边缘之间有一定的(　　)。

141. 尖轨轨底的垂直刨切与水平刨切长度(　　)。

142. 采用数控铣床加工尖轨,一次装夹后就可以进行轨头工作边、非工作边、轨顶的铣削,可以减少(　　)次数。

143. 藏尖式尖轨转辙器的基本轨工作面切削的斜度允许内倾不超过(　　),严禁外倾。

144. 道岔淬火的主要目的是改变钢轨表层金属的(　　)。

145. 按 TB/T 412—2014 规定,尖轨轨头非工作边切削面应与基本轨轨头密贴,允许尖端至第一拉杆部分有不大于 0.2 mm 空隙,其余部分允许有不大于(　　)的空隙。

146. 按 TB/T 412—2014 规定,固定型直线辙叉的工作边应成直线,允许有不大于(　　)的空线,但不允抗线。

147. 按 TB/T 412—2014 规定,固定型钢轨组合锐角辙叉,翼轨缓冲部分的平面度为 2 mm/m,其余各部的平面度为(　　)mm/m。

148. 按 TB/T 412—2014 规定,钢轨组合固定型钝角辙叉的槽宽(心轨前部)允许偏差为(　　)mm。

149. 按 TB/T 412—2014 规定,钢轨组合固定型钢轨钝角辙叉的交点距偏差为(　　)。

150. 用普通钢轨制造的(　　)的护轨应与基本轨组装成整体。

151. 护轨和基本轨组装后应保持二者轨底平齐,偏差不大于(　　)mm。

152. 按 TB/T 447—2004 规定,不作机加的高锰钢辙叉沿工作边全长允许偏差为(　　)mm。

153. 按 TB/T 447—2004 规定,高锰钢辙叉全长轨距线允许偏差为(　　)mm。

154. 按铁道部铁工务函〔1996〕313 号发布的《60 kg/m 钢轨提速道岔技术条件(暂行)》规定,60-12 号提速道岔顶铁与尖轨轨腰的间隙应不大于(　　)mm。

155. 单开道岔一股直线和一股(　　)组合而成。

156. 站在道岔前端,面向尖轨,侧线向左侧分支的道岔,称为(　　)。

157. 站在道岔前端,面向尖轨,侧线向右侧分支的道岔,称为(　　)。

158. (　　)道岔使用最为普遍,占各类道岔的 90%以上。

159. 接 TB/T 412—2014 规定,补强板应与轨头下颚和轨底上颚密贴,如不密贴则允许有不大于(　　)mm 的空隙。

160. 按 TB/T 412—2014 规定,补强板的始端应与尖轨或活动心轨的始端平齐,极限偏差(　　)mm。

161. 在尖轨或活动心轨轨头宽(　　)断面前,补强板不允许焊缝存在。

162. 按 TB/T 412—2014 规定,直线尖轨工作边的轨距线应成一条直线,直线度为(　　)。

163. 按 TB/T 412—2014 规定,曲线尖轨工作边的曲线应保持(　　)。

164. 直尖轨工作边尖端至轨头切削起点和轨头切削起点至跟端应保持直线,直线度均为(　　)。

165. 按 TB/T 412—2014 规定,顶铁安装在尖轨上时,与基本轨轨腰的空隙和顶铁安装在基本轨时,与尖轨轨腰的空隙均不得大于(　　)。

166. 按 TB/T 412—2014 规定,尖轨跟端处尖轨与基本轨轨底面平行度为(　　)。

167. 按 TB/T 412—2014 规定,补强板与轨头下颚和轨底上颚的间隙应小于(　　)mm。

168. 按 TB/T 412—2014 规定,顶铁与尖轨轨腰的缝隙应小于(　　)mm。

169. 按 TB/T 412—2014 规定,尖轨与基本轨组装后,尖轨跟距(弹性可弯式尖轨在间隔铁处测量)偏差为(　　)mm。

170. 按 TB/T 412—2014 规定,固定型钢轨组合辙叉长、短心轨两轨头和轨底贴合处均应密贴,如不密贴时允许有不大于(　　)的空隙,心轨端轨顶切削面应打磨圆顺。

171. 钢轨组合式辙叉是用(　　)及其他零件经加工后组成的辙叉。

172. 高锰钢整铸辙叉是用(　　)浇注成的整体辙叉。

173. 按 TB/T 412—2014 规定,固定型钢轨组合辙叉的全长允许偏差为(　　) mm。

174. 按 TB/T 412—2014 规定,固定型钢轨组合辙叉的开口距允许偏差为(　　)mm。

175. 按 TB/T 412—2014 规定,固定型钢轨组合锐角辙叉的趾端长允许偏差为(　　) mm。

176. 按 TB/T 412—2014 规定,固定型钢轨组合锐角辙叉的跟端长允许偏差为(　　)mm。

177. 按 TB/T 412—2014 规定,固定型钢轨组合锐角辙叉的槽宽(心轨前部)允许偏差为(　　)mm。

178. 按 TB/T 412—2014 规定,固定型钢轨组合锐角辙叉的咽喉槽宽允许偏差为(　　)mm。

179. 按 TB/T 412—2014 规定,钢轨组合辙叉轮缘槽的深度均不得小于(　　)mm。

180. 按 TB/T 412—2014 规定,护轨组装后的平直段轮缘槽宽度偏差为(　　)mm。

181. 按 TB/T 412—2014 规定,护轨组装后开口处轮缘槽宽度偏差为(　　)mm。

二、单项选择题

1. 所谓(　　),就是在划线时,选择工件上的某个点、线、面作为依据,用它来确定工件的各部分尺寸、几何形状和相对位置。

(A)设计基准　　(B)划线基准　　(C)以上都正确　　(D)以上都不正确

2. (　　)是同时在工件几个表面上划线,一般要在长、宽、高三个方向上进行。

(A)平面划线　(B)立体划线　(C)样板划线　(D)以上都正确

3. 一个工件的立体划线往往因工序间的需要而进行(　　)。

(A)两次　(B)多次　(C)一次　(D)以上都不正确

4. 对于毛坯工件,划线前一般都要先做好(　　)工作。

(A)下料　(B)找正　(C)借料　(D)加工

5.(　　)就是利用划线工具使工件上有关的毛坯表面处于合适的位置。

(A)下料　(B)找正　(C)借料　(D)以上都不正确

6.(　　)就是通过试划和调整,使各个加工表面的加工余量合理分配,互相借用,从而保证各个加工表面都有足够的加工余量,而误差和缺陷加工后排除。

(A)下料　(B)找正　(C)借料　(D)以上都不正确

7. 菱形交叉是由(　　)组合而成的。

(A)四个钝角辙叉　(B)四个锐角辙叉

(C)一个钝角辙叉和一个锐角辙叉　(D)两个钝角辙叉和两个锐角辙叉

8. 直角交叉两线路的轨距(　　)。

(A)可以相等　(B)可以不相等

(C)可以相等,也可以不相等　(D)以上都可以

9. 菱形交叉由锐角辙叉、(　　)和钝角辙叉组成。

(A)扶轨　(B)尖轨　(C)心轨　(D)护轨

10.(　　)横向刚度弱,尖轨轨腰两侧需要安装补强板。

(A)普通断面尖轨　(B)AT 尖轨　(C)直线尖轨　(D)曲线尖轨

11.(　　)轨底需要刨切轨底爬坡。

(A)普通断面尖轨　(B)AT 尖轨　(C)直线尖轨　(D)曲线尖轨

12.(　　)轨头完整部分高出基本轨,影响线路不平顺。

(A)普通断面尖轨　(B)AT 尖轨　(C)直线尖轨　(D)曲线尖轨

13.(　　)不需要刨切轨底爬坡,有较大的支承面。

(A)普通断面尖轨　(B)AT 尖轨　(C)直线尖轨　(D)曲线尖轨

14.(　　)断面的高宽比小,稳定性好。

(A)普通断面尖轨　(B)AT 尖轨　(C)直线尖轨　(D)曲线

15. 尖轨按平面型式分为(　　)。

(A)直线型尖轨、折线型尖轨、曲线型尖轨

(B)普通断面尖轨、AT 尖轨

(C)间隔铁式、弹性可弯式

(D)以上都不正确

16. 尖轨按钢轨断面分为(　　)。

(A)直线型尖轨、折线型尖轨、曲线型尖轨

(B)普通断面尖轨、AT 尖轨

(C)间隔铁式、弹性可弯式

(D)以上都不正确

17. 可动心轨辙叉中,可动心轨可以按行车方向,分别与(　　)相贴,以消除“有害空间”。

(A)翼轨　(B)尖轨　(C)叉跟尖轨　(D)基本轨

18. 钝角辙叉中两(　　)工作边交点称为理论中心。

(A)基本轨　(B)心轨　(C)护轨　(D)翼轨

19. 护轨与基本轨的连接关系(　　)。

(A)所有护轨都与基本轨相连接

(B)所有护轨都单独设置

(C)既有护轨与基本轨相连接，又有护轨单独设置

(D)以上都错误

20. 标准铁路轨距最大不得大于(　　) mm。

(A)1 439　(B)1 441　(C)1 456　(D)1 450

21. (　　)是辙叉跟端心轨两工作边(工作边是曲线时，为切线)的交角。

(A)辙叉角　(B)转辙角　(C)冲击角　(D)以上都不正确

22. (　　)是道岔开通侧线时，侧线尖轨跟端工作边(曲线时为切线)和主线基本轨工作边的交角。

(A)辙叉角　(B)转辙角　(C)冲击角　(D)以上都不正确

23. 所谓(　　)，就是把基本轨轨头侧面 16 mm 以下作斜切削，将尖轨实际尖端藏于基本轨轨颚之下。

(A)藏尖式尖轨　(B)贴尖式尖轨　(C)AT 尖轨　(D)普通尖轨

24. 道岔始端是指(　　)。

(A)尖轨尖端　(B)尖轨尖端前的基本轨端

(C)尖轨尖端前的基本轨端轨缝中心　(D)尖轨尖端前与基本轨连接的钢轨

25. 道岔终端是指(　　)。

(A)离道岔始端最远的辙叉跟端　(B)离道岔始端最远的辙叉跟端轨缝中心

(C)离道岔始端最远的钢轨跟端　(D)离道岔始端最远的钢轨跟端轨缝中心

26. 道岔全长是指(　　)。

(A)道岔始端至道岔终端的长度

(B)道岔始端至道岔终端在道岔基线上的投影长度

(C)基本轨前端至道岔终端的长度

(D)基本轨前端至道岔终端在道岔基线上的投影长度

27. 道岔前部理论长度是指(　　)。

(A)尖轨尖端至道岔中心的长度

(B)尖轨理论尖端至道岔中心的长度

(C)尖轨理论尖端至道岔中心在道岔基线上的投影长度

(D)尖轨实际尖端至道岔中心在道岔基线上的投影长度

28. 道岔前部实际长度是指(　　)。

(A)尖轨尖端至道岔中心的长度

(B)道岔始端至道岔中心的长度

(C)尖轨尖端至道岔中心在道岔基线上的投影长度

(D)道岔始端至道岔中心在道岔基线上的投影长度

29. 道岔后部实际长度是指(　　)。
(A)道岔中心至辙叉心轨尖端的长度
(B)辙叉心轨理论尖端至道岔终端在道岔基线上的投影长度
(C)道岔中心至道岔终端的长度
(D)道岔中心至道岔终端在道岔基线上的投影长度
30. 尖轨长度是指(　　)。
(A)尖轨尖端至尖轨跟端的工作边长度
(B)尖轨尖端至尖轨跟端的非工作边长度
(C)尖轨理论尖端至尖轨跟端的工作边长度
(D)尖轨理论尖端至尖轨跟端的工作边长度
31. 在每组复式交分道岔中,有(　　)组双转辙器。
(A)一　　(B)二　　(C)三　　(D)四
32. 我国的复式交分道岔采用(　　)转动方式。
(A)对称式　　(B)不对称式　　(C)以上都是　　(D)以上都不是
33. 复式交分道岔的钝角辙叉主要采用(　　)。
(A)固定型　　(B)高锰钢整铸式　　(C)活动心轨型　　(D)以上都不是
34. 交叉渡线一般由(　　)组单开道岔(或对称道岔)和一组菱形交叉组合而成。
(A)一　　(B)二　　(C)三　　(D)四
35. 交叉渡线的辙叉(　　)。
(A)只有锐角撇叉　　(B)只有钝角辙叉
(C)有单开辙叉、锐角辙叉、钝角辙叉　　(D)以上都不是
36. 交叉渡线中的辙叉,结构型式主要是采用(　　)。
(A)固定式辙叉　　(B)活动型辙叉
(C)可动心轨辙叉　　(D)以上都不是
37. 相同长度的50 AT钢轨与50 kg/m钢轨,其质量(　　)。
(A)大致相等　　(B)50 AT钢轨大
(C)50 kg/m钢轨大　　(D)完全相同
38. 相同长度的60 AT钢轨与60 kg/m钢轨,其质量(　　)。
(A)大致相等　　(B)60 AT钢轨大
(C)60 kg/m钢轨大　　(D)完全相同
39. 某钢轨轨头侧面有坡度,该坡度应是(　　)。
(A)1∶40　　(B)1∶20　　(C)1∶16　　(D)1∶1
40. 钢轨顶弯压痕过深的主要原因是(　　)。
(A)压力机压力过大　　(B)顶头与钢轨接触面太小
(C)新顶头,顶座棱角不圆顺　　(D)都有可能
41. 按TB/T 412—2014,应进行倒棱的螺栓孔为(　　)。
(A)基本轨、尖轨所有螺栓孔　　(B)仅基本轨、尖轨接头夹板螺栓孔
(C)钢轨件所有螺栓孔　　(D)所有钢轨件的接头夹板螺栓孔
42. 某ϕ31螺栓孔,下列实测孔径不合格的是(　　)。

(A)29.8　　(B)31.2　　(C)31.6　　(D)31.9

43. 某螺栓孔距离轨底尺寸的设计高度为 79 mm,下列实测不合格的是(　　)。

(A)77.8　　(B)80.2　　(C)80.6　　(D)以上都不合格

44. 某钢轨件两螺栓孔的中心距离设计为 550 mm,下列实测合格的是(　　)。

(A)549　　(B)550.5　　(C)551　　(D)以上都合格

45. 某钢轨件接头夹板螺栓孔距离轨端的设计长度为 216 mm,下列实测不合格的是(　　)。

(A)215　　(B)216.8　　(C)217.2　　(D)以上都不合格

46. 尖轨的二刨是指(　　)。

(A)尖轨轨头非工作边水平刨切　　(B)尖轨轨头工作边水平刨切

(C)尖轨轨头垂直刨切　　(D)尖轨非工作边轨底水平刨切

47. 尖轨的三刨是指(　　)。

(A)尖轨轨头非工作边水平刨切　　(B)尖轨轨头工作边水平刨切

(C)尖轨轨头垂直刨切　　(D)尖轨非工作边轨底水平刨切

48. AT 尖轨不需要进行(　　)。

(A)尖轨轨头非工作边水平刨切

(B)尖轨轨头工作边水平切削

(C)尖轨非工作边轨底水平切削

(D)尖轨非工作边轨底垂直切削,即切削轨底爬坡

49. 以下(　　)与尖轨的轨头水平切削和轨底的水平与垂直切削无关。

(A)可使尖轨前端呈尖形

(B)可引导车轮从基本轨过渡至尖轨,或从尖轨过渡至基本轨

(C)可使尖轨与基本轨密贴

(D)可使尖轨尖端部分不被轧伤和不过多地承受车轮垂直荷载

50. 尖轨轨顶垂直切削的目的是(　　)。

(A)可使尖轨前端呈尖形

(B)可引导车轮从基本轨过渡至尖轨,或从尖轨过渡至基本轨

(C)可使尖轨与基本轨密贴

(D)可使尖轨尖端部分不被轧伤和不过多地承受车轮垂直荷载

51. 尖轨轨底水平刨切(　　)。

(A)只限于工作边一侧　　(B)只限于非工作边一侧

(C)不限于工作边、非工作边　　(D)只限于跟部

52. 尖轨轨底的垂直切削长度与(　　)相等。

(A)尖轨轨头非工作边水平切削　　(B)尖轨轨头工作边水平切削

(C)尖轨轨头垂直切削,即轨顶切削　　(D)尖轨非工作边轨底水平切削

53. 铺设道岔中两根钢轨用鱼尾板连接后,出现左右错牙现象的主要原因是(　　)。

(A)鱼尾螺栓不合适　　(B)紧固力过大

(C)两钢轨的鱼尾空间误差较大　　(D)其他原因

54. 按 TB/T 412—2014 规定,固定型组合辙叉组装时,直线辙叉的工作边应成直线,(　　)。

(A)允许有不大于 2 mm 的空线,但不允许抗线

(B)允许有不大于 2 mm 的抗线,但不允许空线

(C)允许有不大于 1 mm 的空线或抗线

(D)允许有不大于 2 mm 的空线或抗线

55. 按 TB/T 412—2014 规定,固定型组合辙叉组装时,辙叉各部轨底面应平齐,(　　)。

(A)翼轨缓冲部分的平面度为 1 mm/m,其余各部的平面度为 3 mm/m

(B)翼轨缓冲部分的平面度为 2 mm/m,其余各部的平面度为 1 mm/m

(C)各部的平面度为 2 mm/m

(D)各部的平面度为 3 mm/m

56. 按 TB/T 412—2014 规定,固定型钝角组合辙叉组装时,辙叉各部轨底面应平齐,(　　)。

(A)护轨缓冲部分的平面度为 1 mm/m,其余部分纵横向为 3 mm/m

(B)护轨缓冲部分的平面度为 2 mm/m,其余部分纵横向为 1 mm/m

(C)各部的平面度为 2 mm/m

(D)各部的平面度为 3 mm/m

57. 某固定型锐角组合辙叉的咽喉槽宽设计为 83 mm,按 TB/T 412—2014 规定,下列组装后的实测数据中不合格的是(　　)。

(A)81　　(B)84　　(C)85　　(D)以上都不合格

58. 某固定型锐角组合辙叉,心轨前部槽宽设计为 46 m,按 TB/T 412—2014 规定,下列组装后的实测数据中不合格的是(　　)。

(A)45.5　　(B)46.5　　(C)47.5　　(D)以上都不合格

59. 某固定型锐角组合辙叉的趾跟端开口距分别设计为 201 mm 和 208 mm,按 TB/T 412—2014 规定,下列组装后的实测数据中合格的是(　　)。

(A)趾端开口距 199 mm、跟端开口距 208 mm

(B)趾端开口距 201 mm、跟端开口距 206 mm

(C)趾端开口距 203 mm、跟端开口距 208 mm

(D)以上都合格

60. 某固定型锐角组合辙叉的趾端长设计为 1 220 mm,按 TB/T 412—2014 规定,下列组装后的实测数据中合格的是(　　)。

(A)1 217　　(B)1 220　　(C)1 223　　(D)以上都合格

61. 某固定型锐角组台辙叉的跟端长设计为 1 321 mm,按 TB/T 412—2014 规定,下列组装后的实测数据中合格的是(　　)。

(A)1 318　　(B)1 322　　(C)1 324　　(D)以上都不合格

62. 某固定型锐角组合辙叉的全长设计为 2 541 mm,按 TB/T 412—2014 规定,下列组装后的实测数据中合格的是(　　)。

(A)2 336　　(B)2 542　　(C)2 546　　(D)以上都合格

63. 某固定型钝角组合辙叉的交点距设计为 47 mm,按 TB/T 412—2014 规定,下列组装后的实测数据中不合格的是(　　)。

(A)46　　(B)47.5　　(C)48　　(D)以上都不合格

64. 某固定型钝角组合辙叉，心轨前部槽宽设计为 46 mm，按 TB/T 412—2014 规定，下列组装后的实测数据中不合格的是(　　)。

(A)45　　(B)47.5　　(C)48　　(D)以上都不合格

65. 某固定型钝角组合辙叉的开口距分别设计为 500 mm，按 TB/T 412—2014 规定，下列组装后的实测数据中合格的是(　　)。

(A)趾端开口距 499 mm　　(B)趾端开口距 500 mm

(C)趾端开口距 502 mm　　(D)以上都合格

66. 某固定型钝角组合辙叉的全长设计为 4 654 mm，按 TB/T 412—2014 规定，下列组装后的实测数据中不合格的是(　　)。

(A)4 649　　(B)4 645　　(C)4 659　　(D)以上都不合格

67. 按 TB/T 412—2014 规定，活动心轨和扶轨组装后工作边应成直线，(　　)。

(A)允许有不大予 2 mm 的空线，但不允许抗线

(B)允许有不大于 2 mm 的抗线，但不允许空线

(C)允许有不大于 1 mm 的空线或抗线

(D)允许有不大于 2 mm 的空线或抗线

68. 用数控铣床加工尖轨轨头时，用轨腰定位可能发生(　　)。

(A)尖轨断面偏大　　(B)尖轨断面偏小

(C)尖轨断面产生偏中误差　　(D)以上都不是

69. 用数控铣床加工尖轨时，个别产品出现偏中误差可能是由于(　　)。

(A)编程问题　　(B)工件装卡问题

(C)数控系统不可靠　　(D)以上都不是

70. 92 型道岔尖轨(　　)。

(1)全部是普通尖轨　　(B)全部是 AT 尖轨

(C)主要是 AT 尖轨，少量是普通尖轨　　(D)主要是普通尖轨，少量是 AT 尖轨

71. 92 型道岔护轨(　　)。

(1)全部都是分开式　　(B)全部都是不分开式

(C)主要是分开式，少量是不分开式　　(D)主要是不分开式，少量是分开式

72. 92 型道岔，要求钢轨件(　　)。

(1)全部淬火　　(B)只有基本轨、尖轨淬火

(C)只有导轨不淬火　　(D)全不淬火

73. 尖轨属于道岔中(　　)部分。

(A)转辙器　　(B)钝角辙叉　　(C)锐角辙叉　　(D)连接部分

74. 导轨属于道岔中(　　)部分。

(A)转辙器　　(B)钝角辙叉　　(C)锐角辙叉　　(D)连接部分

75. 翼轨属于道岔中(　　)部分。

(A)转辙器　　(B)辙叉　　(C)双转辙器　　(D)连接部分

76. 可动心轨属于道岔中(　　)部分。

(A)转辙器　　(B)钝角辙叉　　(C)锐角辙叉　　(D)连接部分

77. 活动心轨属于道岔中(　　)部分。

(A)转辙器　(B)钝角辙叉　(C)锐角辙叉　(D)连接部分

78. 每组交叉渡线道岔中有(　　)组转辙器。

(A)1　(B)2　(C)4　(D)8

79. 每组交叉渡线道岔中有(　　)根尖轨。

(A)1　(B)2　(C)4　(D)8

80. 每组复式交分道岔中有(　　)根尖轨。

(A)1　(B)2　(C)4　(D)8

81. 每组复式交分道岔中有(　　)根活动心轨。

(A)1　(B)2　(C)4　(D)8

82. 转辙器中接触尖轨的钢轨件是(　　)。

(A)基本轨　(B)导轨　(C)护导轨　(D)翼轨

83. 道岔中靠近护轨的钢轨件是(　　)。

(A)基本轨　(B)导轨　(C)护导轨　(D)翼轨

84. 下列钢轨件中轨头两侧面都作工作边的是(　　)。

(A)基本轨　(B)导轨　(C)护导轨　(D)翼轨

85. 下列道岔中有活动心轨的是(　　)。

(A)单开道岔　(B)三开道岔　(C)交叉渡线　(D)复式交分道岔

86. 下列道岔中有中间基本轨的是(　　)。

(A)单开道岔　(B)三开道岔　(C)交叉渡线　(D)复式交分道岔

87. 比例为 2∶1 的图形,图形较实物(　　)。

(A)小　(B)大　(C)相同　(D)大或小

88. 左视图是由(　　)投影所得的视图。

(A)前向后　(B)左向右　(C)右向左　(D)后向前

89. 比例是指图样中要素的线性尺寸与(　　)机件相应要素的线性尺寸之比。

(A)理论　(B)实际　(C)实践　(D)毛坯

90. 带圈的粗糙度符号表示用(　　)方法获得的表面。

(A)不去除材料　(B)任何　(C)去除材料　(D)镀涂表面

91. 在装配图上是用剖面线倾斜方相反或方向一致,间隔(　　)来区分表达相邻的两个零件的。

(A)不等　(B)相等　(C)任意　(D)距离

92. 外形尺寸提供了零件所有的(　　),给运输包装箱提供数据。

(A)定位尺寸　(B)装配尺寸　(C)定形尺寸　(D)空间尺寸

93. 允许的尺寸变动量称尺寸(　　)。

(A)误差　(B)偏差　(C)公差　(D)公差带

94. 国标规定,对于一定的基本尺寸,其标准公差共有(　　)个公差等级。

(A)18　(B)20　(C)26　(D)28

95. 用以确定公差带大小的任一公差称为(　　)。

(A)尺寸公差　(B)基本偏差　(C)标准公差　(D)基本公差

96. 在厂内铺谩道岔,安装所有垫板轨距块、弹条、T 形螺栓,同时摆护轨,调整轮缘槽,其槽宽为(　　)。

(A)40 mm　(B)41 mm　(C)42 mm　(D)43 mm

97. 在厂内铺设道岔，使用螺纹道钉前，应先用木钻在木枕上钻(　　)的孔。

(A)ϕ14 mm　(B)ϕ16 mm　(C)ϕ18 mm　(D)ϕ20 mm

98. 在厂内铺设道岔，拧紧道钉，紧固力以(　　)为宜。

(A)压上弹簧垫圈　(B)压住弹簧垫圈　(C)压紧弹簧垫圈　(D)压平弹簧垫圈

99. 在厂内铺设道岔，调直并固定直线上股时，拨正道岔(　　)。

(A)直线　(B)方向　(C)直线方向　(D)曲线方向

100. 标准公差最低一级含义为(　　)。

(A)精度最高，公差值最小　(B)精度最高，公差值最大

(C)精度最低，公差值最小　(D)精度最低，公差值最大

101. 国家标准规定，孔和轴的每一基本尺寸段有(　　)个基本偏差。

(A)18　(B)20　(C)28　(D)30

102. 基本偏差一般为靠近(　　)线的那个偏差。

(A)基本　(B)基准　(C)零　(D)定位

103. 基本尺寸(　　)，相互结合的孔和轴的公差之间关系称为配合。

(A)相同　(B)不同　(C)相反　(D)任意

104. 基本尺寸相同，相互结合的孔和轴的(　　)之间的关系称为配合。

(A)偏差　(B)误差　(C)公差带　(D)公差

105. 孔和轴的配合分为(　　)种类型。

(A)两　(B)三　(C)四　(D)五

106. 国标对孔与轴(　　)之间的相互关系，规定了两种基准制。

(A)公差　(B)误差　(C)公差带　(D)偏差

107. 基孔制中的孔为基准孔，其基本偏差规定为 H，(　　)为零。

(A)上偏差　(B)下偏差　(C)基本偏差　(D)误差

108. 基轴制中的轴为基准轴，其基本偏差规定为 h，(　　)为零。

(A)上偏差　(B)下偏差　(C)基本偏差　(D)误差

109. 形状公差分为(　　)项。

(A)四　(B)六　(C)八　(D)十

110. 位置公差分为(　　)项。

(A)四　(B)六　(C)八　(D)十

111. 在位置公差中，平行度属于(　　)位置公差。

(A)定向　(B)定位　(C)跳动　(D)定向和定位

112. 在位置公差中，同轴度属于(　　)位置公差。

(A)定向　(B)定位　(C)跳动　(D)定向和定位

113. 在位置公差中，对称度属于(　　)位置公差。

(A)定向　(B)定位　(C)跳动　(D)定向和定位

114. 符号“⌯”表示(　　)。

(A)直线度 (B)圆度 (C)平面度 (D)圆柱度

115. 表面粗糙度的波距为( )。

(A)1 mm 以下 (B)1～10mm 之间 (C)10 mm 以上 (D)0.1 mm 以下

116. 表面波度的波距为( )。

(A)1 mm 以下 (B)1～10mm 之间 (C)10 mm 以上 (D)0.1 mm 以下

117. 波距在 10 mm 以上,而无明显周期性变化的波距属于( )误差的范围。

(A)位置 (B)形状 (C)平行度 (D)几何

118. 一般情况下表面粗糙度评定参数,优先选用( )评定参数。

(A)Ra (B)Ry (C)Rz (D)Ra 或 Ry

119. 微观不平度十点高度的代号为( )。

(A)Ra (B)Ry (C)Rz (D)Rf

120. 斜面的斜度是两端的( )与其长度之比。

(A)小端高度 (B)高度和 (C)大端高度 (D)高度差

121. 道岔本身( ),是产生道岔病害的因素之一。

(A)结构上的缺陷 (B)设计上的缺陷 (C)组装上的缺陷 (D)生产上的缺陷

122. 道岔( ),是产生道岔病害的因素之一。

(A)铺设位置不符合规定 (B)铺设位置和各部尺寸不符合规定

(C)各部尺寸不符合规定 (D)不符合规定

123. 道岔在列车车辆的动力冲击作用下发生的( ),是产生道岔病害的因素之一。

(A)尺寸变形 (B)结构变形

(C)尺寸和结构变形 (D)变形

124. 道岔( ),是产生道岔病害的因素之一。

(A)养护不当 (B)养护维修不当

(C)自然侵害 (D)养护维修不当与自然侵害

125. 道岔本身结构上的缺陷,可分为( )两种。

(A)难以避免的弱点和可以通过改造消除的缺陷

(B)暂时难以避免的弱点和可以通过改造消除的缺陷

(C)不可避免的弱点和可以通过改造消除的缺陷

(D)不可避免或暂时难以避免的弱点和可以通过改造消除的缺陷

126. 随着各种新型道岔的问世,很多( )上的缺陷已逐步得到克服和解决。

(A)结构 (B)生产 (C)设计 (D)组装

127."75"型及"75"型以前的各型道岔普遍使用( )。

(A)曲线型尖轨 (B)直线型尖轨

(C)曲线型基本轨 (D)直线型基本轨

128. 直线型尖轨转辙角较大,车轮从基本轨过渡到尖轨时,列车急骤改变运行方向,车辆冲击尖轨,对轨道产生较大的( ),属于道岔结构缺陷。

(A)纵向冲击力 (B)横向冲击力

(C)纵向和横向冲击力 (D)冲击力

129. 当车轮通过尖轨时,尖轨容易发生( ),属于道岔结构缺陷。

(A)跳动 (B)横移 (C)跳动、横移 (D)跳动、横移和爬行

130. 道岔导曲线半径小,且无超高,因此(　　),属于道岔结构缺陷。

(A)轨距难以保持 (B)轨距、水平难以保持

(C)水平、方向难以保持 (D)轨距、水平、方向难以保持

131. 从尖轨尖端起到导曲线终点止,(　　)变化迅速,属于道岔结构缺陷。

(A)轨距 (B)轨距、方向

(C)轨距、方向和高度 (D)轨距、方向和尺寸

132. (　　)存在轨线中断的有害空间,属于道岔结构缺陷。

(A)辙叉 (B)固定型辙叉 (C)组装型辙叉 (D)整铸型辙叉

133. (　　)道岔从转辙器到辙叉间,连接零件较多,容易发生松弛失效,属于道岔结构缺陷。

(A)松弛失效 (B)松弛 (C)失效 (D)松动

134. 切轨底基本轨的(　　)容易折断,属于转辙器结构缺陷。

(A)轨底处 (B)轨底切口处 (C)切口处 (D)轨底表面处

135. (　　)无桥型垫板,尖轨跳动,轨距不易保持,属于转辙器结构缺陷。

(A)尖轨尖端 (B)尖轨终端 (C)尖轨跟端 (D)尖轨

136. (　　)降低值过小,实际尖端过宽,容易被轧伤,属于转辙器结构缺陷。

(A)尖轨尖端 (B)尖轨终端 (C)尖轨跟端 (D)尖轨

137. (　　),转辙角过大,侧向过岔速度受限制,属于转辙器结构缺陷。

(A)基本轨长度过短 (B)护轨长度过短

(C)曲尖轨长度过短 (D)直尖轨长度过短

138. 钢轨组合辙叉(　　),属于辙叉结构缺陷。

(A)长心轨尖端未淬火 (B)长心轨未淬火

(C)短心轨尖端未淬火 (D)长心轨未淬火

139. 翼轨上未堆焊加高,车轮到辙叉心突然下降,(　　)属于辙叉结构缺陷。

(A)轧伤长心轨尖端 (B)轧伤心轨尖端

(C)轧伤短心轨尖端 (D)轧伤心轨

140. 辙叉各部分(　　),如翼轨轮缘槽过宽或过窄,属于辙叉结构缺陷。

(A)间隔不适当 (B)尺寸不适当

(C)间隔尺寸不适当 (D)不适当

141. (　　)采用切轨底式结构,容易折断,属于辙叉结构缺陷。

(A)翼轨 (B)心轨 (C)翼轨与心轨 (D)基本心轨

142. (　　),长心轨切割过多,强度减弱,容易折断,属于辙叉结构缺陷。

(A)长心轨位置太靠前 (B)短心轨位置太靠前

(C)长心轨与短心轨接触位置太靠前 (D)长心轨与短心轨位置太靠前

143. 翼轨的(　　),引起严重磨耗,导致轮背冲击咽喉,影响速度提高,属于辙叉结构缺陷。

(A)咽喉尺寸过小,弯折点设置位置不当 (B)咽喉尺寸过小

(C)弯折点设置位置不当 (D)咽喉尺寸设置位置不当

144. 护轨及翼轨开口尺寸过小,缓冲段冲击角过大,甚至没有缓和段,车轮通过时对(　　)冲击力过大,属于辙叉及护轨结构缺陷。

(A)护轨　(B)护轨及翼轨　(C)翼轨　(D)护轨及尖轨

145. 连接曲线设超高时,(　　)属于连接曲线设备缺陷。

(A)顺坡不够　(B)距离不够　(C)顺坡距离不够　(D)顺坡尺寸不够

146. 连接曲线未按(　　),属于连接曲线设备缺陷。

(A)方向不圆顺,过车摇晃　(B)规格位置设置

(C)规格位置设置,方向不圆顺　(D)规格位置设置,方向不圆顺,过车摇晃

147. 翼轨轮缘槽过宽时,减少了车轮踏面与翼轨的接触面积,使翼轨(　　),属于辙叉缺陷。

(A)迅速磨耗,同时车轮过早地离开翼轨,加重了心轨尖的负担

(B)迅速磨耗,同时车轮过早地离开翼轨

(C)迅速磨耗

(D)磨耗

148. 翼轨轮缘槽过窄时,某些轮对通过辙叉时(　　)。

(A)发生撞击

(B)发生撞击,增加阻力

(C)发生撞击,增加阻力,消耗动能

(D)发生撞击,增加阻力,消耗动能,影响速度

149. 列车通过导曲线时,(　　)致使道钉浮离,配件松动,钢轨发生小反是导曲线轨距扩大产生的原因。

(A)横向推力以及车轮冲击钢轨　(B)产生离心力

(C)产生离心力、横向推力　(D)产生离心力、横向推力以及车轮冲击钢轨

150. 在导曲线外侧设轨撑,(　　)或连续设置,是导曲线轨距扩大的预防整治措施。

(A)可隔一根枕木　(B)可隔二根枕木　(C)可隔三根枕木　(D)可隔四根枕木

151. 在导曲线外股接头处安装(　　),是导曲线轨距扩大的预防整治措施。

(A)轨撑垫板　(B)桥型垫板　(C)普通垫板　(D)护轨垫板

152. 整治(　　),消除假轨距,是导曲线轨距扩大的预防整治措施。

(A)钢轨离缝　(B)垫板离缝　(C)轨撑离缝　(D)扣件离缝

153. 混凝土岔枕要消除扣件挡肩和轨底边的离缝,使其达到足够的扭力矩(　　),是导曲线轨距扩大的预防整治措施。

(A)扣件挡肩的离缝　(B)轨底边的离缝

(C)扣件挡肩和轨底边的离缝　(D)扣件和轨底边的离缝

154. 因导曲线外轨不设超高,导曲线上股钢轨长期受较大的(　　),致使导曲线反超高,是导曲线钢轨偏面磨耗产生的原因。

(A)离心力作用　(B)车轮的内接力作用

(C)离心力作用和车轮的内接力作用　(D)离心力作用和车轮的楔形内接力作用

155. 在导曲线上股铺设倾斜度为(　　)的铁垫板,是导曲线钢轨偏面磨耗的预防整治措施。

(A)1/10 (B)1/20 (C)1/30 (D)1/40

156. 导曲线根据需要设置(　　)的超高，并在导曲线范围内按不大于2‰顺坡，是导曲线钢轨偏面磨耗的预防整治措施。

(A)2 mm (B)4 mm (C)6 mm (D)8 mm

157. 保持连接部分(　　)，是导曲线钢轨偏面磨耗的预防整治措施。

(A)尖轨无接头相错 (B)基本轨无接头相错

(C)护轨无接头相错 (D)钢轨无接头相错

158. (　　)，导致导曲线前后部分支距不良，方向不好。

(A)尖轨跟距和辙叉前后开口尺寸不合标准

(B)尖轨跟距尺寸不合标准

(C)辙叉前后开口尺寸不合标准

(D)尖轨跟距和辙叉尺寸不合标准

159. 支距点位箦不对，(　　)造成导曲线不圆顺。

(A)支距尺寸不标准 (B)支距尺寸不标准和作业不细

(C)作业不细 (D)支距不标准和作业不细

160. 当列车通过导曲线时，由于(　　)导致导曲线不圆顺。

(A)由于列车车轮的冲击 (B)维修不当

(C)由于列车车轮的冲击和维修不当 (D)由于列车的冲击和维修不当

161. 导曲线不圆顺的预防整治措施：做好正确支距点位置和(　　)。

(A)尖端支距 (B)终端支距 (C)前端支距 (D)跟端支距

162. 导曲线不圆顺的预防整治措施：保持支距尺寸并使(　　)。

(A)递减率合乎要求 (B)支距合乎要求

(C)轨距合乎要求 (D)水平合乎要求

163. 导曲线不圆顺的预防整治措施：在做支距的同时，做到(　　)，消灭鹅头。

(A)测量圆顺 (B)目测圆顺 (C)测量合格 (D)目测合格

164. 导曲线不圆顺的预防整治措施：个别方向不良处所，通过(　　)解决。

(A)拨道 (B)改正轨距

(C)拨道和改正轨距 (D)起道和改正轨距

165. 连接部分钢轨不等高产生的原因：连接部分两个方向的行车密度不同，钢轨受力不等，造成(　　)。

(A)岔枕的机械磨损 (B)同一根岔枕的机械磨损

(C)岔枕的机械磨损不一致 (D)同一根岔枕的机械磨损不一致

166. 连接部分钢轨不等高产生的原因：岔枕中部两个方向走车的钢轨受力不同，加上导曲线(　　)，易使中部岔枕下挠，造成吊板。

(A)上股钢轨的压力和推力 (B)上股钢轨的压力

(C)上股钢轨的推力 (D)钢轨的压力和推力

167. 连接部分钢轨不等高产生的原因是(　　)，也会造成导曲线上股钢轨吊板。

(A)曲股钢轨通过列车次数少

(B)曲股钢轨通过列车次数少，直股钢轨通过列车次数多

(C)直股钢轨通过列车次数多

(D)直股钢轨通过列车次数少，曲股钢轨通过列车次数多

168. 连接部分钢轨不等高产生的原因是导曲线(　　)，又不设置超高，列车通过时产生偏载。

(A)轨距小　(B)轨距大　(C)半径小　(D)半径大

169. 连接部分钢轨不等高的预防整治措施：通过坚实的捣固，做好连接部分的(　　)。

(A)前后高低　(B)水平　(C)高低和水平　(D)前后高低和水平

170. 连接部分钢轨不等高的预防整治措施：根据导曲线部分岔枕的质量和顶面的磨损腐朽程度，确定整治方案，比较新的岔枕采取均匀捣固，一般应尽量使(　　)。

(A)一股钢轨达到同一水平　(B)二股钢轨达到同一水平

(C)三股钢轨达到同一水平　(D)四股钢轨达到同一水平

171. 连接部分钢轨不等高的预防整治措施：使用年久并出现弯曲变形的岔枕，可反转使用，要在加强捣固同时，考虑恢复(　　)。

(A)岔枕的水平　(B)钢轨的水平　(C)岔枕的距离　(D)钢轨的距离

172. 连接部分钢轨不等高的预防整治措施：用木垫板(　　)相邻的岔枕。

(A)垫起　(B)垫平　(C)垫高　(D)垫稳

173. 为保证岔枕间隔符合规定，辙叉前岔枕的扭转，其位置以直向里股钢轨为准，外侧向后扭转一定距离(　　)。

(A)内侧向后扭转　(B)内侧向前扭转

(C)外侧向后扭转　(D)外侧向前扭转

174. 岔枕间隔不合规定产生的原因：在更换与铺设道岔时，(　　)，未按规定要求进行扭转，或扭转量不足。

(A)对辙叉后岔枕　(B)对尖轨前岔枕

(C)对辙叉前岔枕　(D)对尖轨后岔枕

175. 岔枕间隔不合规定产生的原因：更换岔枕时，摆放位置不符合要求(　　)。

(A)捣固夯实作业不良

(B)在养护维修中未能调整

(C)作业不良，在养护维修中未能调整

(D)捣固夯实作业不良，在养护维修中未能调整

176. 岔枕间隔不合规定产生的原因：由于防爬锁定不好，(　　)，造成爬行后岔枕间隔有所改变。

(A)道钉作用不良　(B)弹条作用不良

(C)防爬器作用不良　(D)扣件作用不良

三、多项选择题

1. 在装配图上表达相邻的两个零件的方式有(　　)。

(A)剖面线倾斜方向相反　(B)剖面线倾斜方向相同

(C)剖面线间隔相同　(D)剖面线间隔不等

2. 以下不属于标准公差的最低一级是(　　)。

(A)IT18　(B)IT20　(C)IT01　(D)IT02

3. 以下游标卡尺精度中不属于较为普遍使用的是(　　)。

(A)0.1 mm　(B)0.02 mm　(C)0.05 mm　(D)0.01 mm

4. 游标卡尺的测量精度主要是利用主尺与副尺刻线间的距离之(　　)来确定的。

(A)差　(B)和　(C)商　(D)积

5. 以下属于一般的划线精度能达到的是(　　)。

(A)0.2 mm　(B)0.3 mm　(C)0.4 mm　(D)0.5 mm

6. 三视图是指(　　)。

(A)右视图　(B)主视图　(C)俯视图　(D)左视图

7. 道岔最基本的组成部分是(　　)。

(A)转辙器　(B)锐角辙叉

(C)钝角辙叉,护轨　(D)连接部分

8. 转辙器中经过切削的可动钢轨名称,不正确的是(　　)。

(A)尖轨　(B)导轨　(C)心轨　(D)基本轨

9. 以下选项中指尖轨工作边的延长线与基本轨工作边的交点,不正确的是(　　)。

(A)尖轨理论尖端　(B)尖轨实际尖端　(C)尖轨跟端

10. 以下选项中是尖轨削尖的最前端,不正确的是(　　)。

(A)尖轨理论尖端　(B)尖轨实际尖端　(C)尖轨跟端

11. 以下选项中是尖轨与导轨连接的一端,不正确的是(　　)。

(A)尖轨理论尖端　(B)尖轨实际尖端　(C)尖轨跟端

12. 以下不属于轨线平面交叉的设备的是(　　)。

(A)转辙器　(B)辙叉　(C)交叉渡线　(D)双转辙器

13. 锐角辙叉两翼轨工作边相距最近处称为什么,不正确的是(　　)。

(A)理论中心　(B)有害空间　(C)开口段　(D)辙叉咽喉

14. 以下不属于标准铁路轨距的是(　　)mm。

(A)1 445　(B)1 435　(C)1 345　(D)1 354

15. 以下不属于最为普遍使用的是(　　)。

(A)单开道岔　(B)对称道岔　(C)交叉渡线　(D)复式交分道岔

16. 以下不是 43 kg/m 钢轨高度的是(　　)mm。

(A)128　(B)140　(C)152　(D)176

17. 以下不是 50 kg/m 钢轨高度的是(　　)mm。

(A)128　(B)140　(C)152　(D)176

18. 以下不是 60 kg/m 钢轨高度的是(　　)mm。

(A)128　(B)140　(C)152　(D)176

19. 以下不是 50 AT 钢轨高度的是(　　)mm。

(A)128　(B)140　(C)152　(D)176

20. 以下不是 60 AT 钢轨高度的是(　　)mm。

(A)128　(B)140　(C)152　(D)176

21. 以下不是 43 kg/m 钢轨轨头宽度的是(　　)mm。

(A)70　(B)71　(C)73　(D)35

22. 以下不是 50 kg/m 钢轨轨头宽度的是(　　)mm。

(A)70　(B)71　(C)73　(D)35

23. 以下不是 60 kg/m 钢轨轨头宽度(轨顶面以下 16 mm 处)的是(　　)。

(A)70　(B)71　(C)73　(D)35

24. 以下不是 50 AT 钢轨轨头宽度的是(　　)。

(A)70　(B)71　(C)73　(D)35

25. 以下不是 60 AT 钢轨轨头宽度(轨顶面以下 16 mm 处)的是(　　)。

(A)70　(B)71　(C)73　(D)35

26. AT 轨中的"A"含义不正确的是(　　)。

(A)特种断面轨　(B)高型轨　(C)铁道用轨　(D)矮型轨

27. AT 轨中的"T"含义不正确的是(　　)。

(A)特种断面轨　(B)高型轨　(C)铁道用轨　(D)矮型轨

28. 以下表示 AT 轨含义不正确的是(　　)。

(A)高型特种断面　(B)矮型普通断面

(C)高型普通断面　(D)矮型特种断面

29. 以下制造道岔钢轨件的轨头宽度的测量点不正确的是(　　)。

(A)基本轨轨顶面以下 23 mm 处　(B)尖轨轨顶面以下 23 mm 处

(C)尖轨轨顶面以下 16 mm 处　(D)基本轨轨顶面以下 16 mm 处

30. 锯切钢轨件时,钢轨端面与钢轨轴心线的垂直度偏差不正确的是(　　)。

(A)0.1 mm　(B)0.5 mm　(C)1 mm　(D)2 mm

31. 锯切钢轨端面与钢轨轴心线垂直度偏差超差的主要原因不包括(　　)。

(A)钢轨装卡不正　(B)锯片不合格　(C)锯床压紧力不够

32. 某活动心轨设计长度为 4 200 mm,按 TB/T 412—2014 规定,下列成品实际长度中合格的是(　　)。

(A)4 200 mm　(B)4 202.9 mm　(C)4 198.5 mm

33. 某尖轨设计长度为 11 300 mm,按 TB/T 412—2014 规定,下列成品实际长度中不合格的是(　　)。

(A)11 302 mm　(B)11 298 mm　(C)11 303.5 mm

34. 某基本轨设计长度为 11 200 mm,按 TB/T 412—2014 规定,下列成品实际长度中合格的是(　　)。

(A)11 202.5 mm　(B)11 203.1 mm　(C)11 197.5 mm

35. 某基本轨设计长度为 17 500 mm,按 TB/T 412—2014 规定,下列成品实际长度中合格的是(　　)。

(A)17 503 mm　(B)17 498 mm　(C)17 493 mm

36. 钢轨件的顶弯,检测时使用(　　)。

(A)平尺　(B)样板　(C)粉线

37. 顶弯产生的压痕深度允许的是(　　)。

(A)0.1 mm　(B)0.5 mm　(C)1 mm　(D)1.5 mm

38. 按 TB/T 412—2014 规定，顶铁安装在尖轨上时，与基本轨轨腰的空隙和顶铁安装在基本轨时，与尖轨轨腰的空隙允许的是(　　)mm。

(A)0.5　(B)1　(C)0.8　(D)2

39. 某护轨的轮缘槽宽设计为 46 mm，按 TB/T 412—2014 规定，下列组装后的实测数据中合格的是(　　)mm。

(A)45　(B)46　(C)47

40. 菱形交叉由(　　)组成。

(A)锐角辙叉　(B)钝角辙叉　(C)心轨　(D)护轨

41. 以下菱形交叉中的构造与单开道岔的辙叉，不同的是(　　)。

(A)锐角辙叉　(B)钝角辙叉　(C)固定型辙叉　(D)钢轨组合辙叉

42. 以下钢轨作为尖轨，轨腰两侧不需要安装补强板的是(　　)。

(A)普通断面尖轨　(B)AT 尖轨　(C)直线尖轨　(D)曲线尖轨

43. 以下钢轨作为尖轨，轨头完整部分不高出基本轨的是(　　)。

(A)普通断面尖轨　(B)AT 尖轨　(C)直线尖轨　(D)曲线尖轨

44. 尖轨按平面型式分为(　　)。

(A)直线型尖轨　(B)折线型尖轨　(C)曲线型尖轨

45. 尖轨按钢轨断面分为(　　)。

(A)直线型尖轨　(B)普通断面尖轨　(C)AT 尖轨

46. 护轨与基本轨的连接关系(　　)。

(A)所有护轨都与基本轨相连接

(B)所有护轨都单独设置

(C)以上都错误

47. 在每组复式交分道岔中，双转辙器组数不正确的是(　　)。

(A)一　(B)二　(C)三　(D)四

48. 交叉渡线一般由(　　)组单开道岔(或对称道岔)和(　　)组菱形交叉组合而成。

(A)一　(B)二　(C)三　(D)四

49. 交叉渡线中的辙叉有(　　)。

(A)锐角辙叉　(B)钝角辙叉　(C)单开辙叉　(D)以上都不是

50. 以下不属于交叉渡线中的辙叉主要结构型式的是(　　)。

(A)固定型辙叉　(B)活动型辙叉　(C)可动心轨辙叉

51. 某钢轨轨头侧面有坡度，该坡度不应是(　　)。

(A)1∶40　(B)1∶20　(C)1∶16　(D)1∶10

52. 钢轨顶弯压痕过深的原因是(　　)。

(A)压力机压力过大

(B)顶头与钢轨接触面太小

(C)新顶头，顶座棱角不圆顺

53. 按 TB/T 412—2014，应进行倒棱的螺栓孔为(　　)。

(A)基本轨螺栓孔　(B)尖轨螺栓孔

(C)钢轨件所有的螺栓孔　(D)所有钢轨件的接头夹板螺栓孔

54. 某 ϕ31 螺栓孔,下列实测孔径合格的是(　　)mm。

(A)29.8　(B)31.2　(C)31.6　(D)31.9

55. TB/T 447—2004 规定,多部位机加工高锰钢辙叉,趾、跟端对工作边及轨顶面的垂直度不允许(　　)。

(A)≤1 mm　(B)≤1.5 mm　(C)≤2 mm　(D)≤3 mm

56. 尖轨不属于道岔中(　　)部分。

(A)转辙器　(B)钝角辙叉　(C)锐角辙叉　(D)连接部分

57. 导轨不属于道岔中(　　)部分。

(A)转辙器　(B)钝角辙叉　(C)锐角辙叉　(D)连接部分

58. 翼轨不属于道岔中(　　)部分。

(A)转辙器　(B)辙叉　(C)双转辙器　(D)连接部分

59. 可动心轨不属于道岔中(　　)部分。

(A)转辙器　(B)钝角辙叉　(C)锐角辙叉　(D)连接部分

60. 活动心轨不属于道岔中(　　)部分。

(A)转辙器　(B)钝角辙叉　(C)锐角辙叉　(D)连接部分

61. 转辙器中不接触尖轨的钢轨件是(　　)。

(A)基本轨　(B)导轨　(C)护导轨　(D)翼轨

62. 下列钢轨件中轨头两侧面不都作工作边的是(　　)。

(A)基本轨　(B)导轨　(C)护导轨　(D)心轨

63. 下列道岔中没有活动心轨的是(　　)。

(A)单开道岔　(B)三开道岔　(C)交叉渡线　(D)复式交分道岔

64. 下列道岔中没有中间基本轨的是(　　)。

(A)单开道岔　(B)三开道岔　(C)交叉渡线　(D)复式交分道岔

65. 下列设备中,属于道岔范围的是(　　)。

(A)交叉渡线　(B)钢轨伸缩调节器　(C)渡线　(D)菱形交叉

66. 下列设备中,属于道岔范围的是(　　)。

(A)直角交叉　(B)菱形交叉　(C)渡线　(D)铁鞋脱落器

67. 下列设备中,属于道岔范围的是(　　)。

(A)交叉渡线　(B)脱轨道岔　(C)渡线　(D)菱形交叉

68. 尖轨跟部结构型式分为(　　)。

(A)直线型尖轨　(B)普通断面尖轨　(C)间隔铁式　(D)弹性可弯式

69. 下列锐角辙叉中,不可以消除“有害空间”的是(　　)。

(A)固定型锐角辙叉　(B)可动心轨锐角辙叉

(C)高锰钢整铸式锐角辙叉　(D)钢轨组合辙叉

70. 下列钝角辙叉中,不可以消除“有害空间”的是(　　)。

(A)固定型钝角辙叉　(B)活动心轨式钝角辙叉

(C)高锰钢整铸式钝角辙叉

71. 60-12 提速道岔(铁联线 001～004)尖轨设计长度为 13 880 mm,下列成品实际长度中不合格的是(　　)。

(A)13 880.5 mm (B)13 881 mm (C)13 877 mm (D)13 882 mm

72. 60-12 提速道岔(铁联线 001～004)长心轨设计长度为 10 796 mm,下列成品实际长度中合格的是( )。

(A)10 793 mm (B)10 794 mm (C)10 795 mm (D)10 797 mm

73. 60-12 提速道岔(铁联线 001～004)叉跟尖轨设计长度为 4 530 mm,下列成品实际长度中不合格的是( )。

(A)4 532.5 mm (B)4 527.5 mm (C)4 531.5 mm (D)4 533 mm

74. 60-12 提速道岔(铁联线 001～004)基本轨设计长度为 16 792 mm,下列成品实际长度中合格的是( )。

(A)16 787 mm (B)16 796 mm (C)16 797 mm (D)16 798 mm

75. 60-12 提速道岔(铁联线 001～004)某导轨设计长度为 6 619 mm,下列成品实际长度中合格的是( )。

(A)6 615 mm (B)6 617 mm (C)6 621 mm (D)6 619 mm

76. 60-12 提速道岔(铁联线 001～004)导轨设计长度为 19 792 mm,下列成品实际长度中合格的是( )。

(A)19 786.5 mm (B)19 792.5 mm (C)19 797.5 mm (D)19 794 mm

77. 转辙器基本轨下颚的斜度不正确的是( )。

(A)1∶3 (B)1∶3.27

(C)1∶4 (D)与尖轨非工作边斜度一致

78. 下列尺寸为尖轨尖端掉尖尺寸,不允许补焊修整的是( )。

(A)长 10 mm、深度 5 mm (B)长 20 mm、深度 4 mm

(C)长 5 mm、深度 10 mm (D)长 20 mm、深度 10 mm

79. 下列尺寸为活动心轨尖端掉尖尺寸,允许补焊修整的是( )。

(A)长 15 mm、深度 5 mm (B)长 15 mm、深度 4 mm

(C)长 10 mm、深度 5 mm (D)长 5 mm、深度 10 mm

80. 淬火钢轨件不得有( )等有害缺陷。

(A)烧伤 (B)裂纹

(C)深度大于 1 mm 的伤痕 (D)深度大于 0.5 mm 的伤痕

81. 按中华人民共和国铁道部铁工务函〔1996〕313 号发布的《60 kg/m 钢轨提速道岔技术条件(暂行)》,60—12 号提速道岔可动心轨实际尖端至直股翼轨前端距离允许偏差不正确的是( )mm。

(A)±2 (B)±3 (C)0～+4 (D)－4～0

82. 按铁道部铁工务函〔1996〕313 号发布的《60 kg/m 钢轨提速道岔技术条件(暂行)》规定,提速道岔可动心轨辙叉咽喉偏差不正确的是( )mm。

(A)±0.5 (B)±1 (C)±1.5 (D)±2

83. 按铁道部铁工务函〔1996〕313 号发布的《60 kg/m 钢轨提速道岔技术条件(暂行)》规定,提速道岔可动心轨辙叉趾、跟端开口距偏差不正确的是( )mm。

(A)±0.5 (B)±1 (C)±1.5 (D)±2

84. 按铁道部铁工务函〔1996〕313 号发布的《60 kg/m 钢轨提速道岔技术条件(暂行)》规

定,提速道岔直股可动心轨工作边应成直线,允许有以下空隙的是(　　)mm。

(A)0.5　　(B)1　　(C)1.5　　(D)2

85. 按铁道部铁工务函〔1996〕313号发布的《60 kg/m 钢轨提速道岔技术条件(暂行)》规定,提速道岔可动心轨尖端前后各1 m范围内不许抗线,其他部分的抗线允许有的是(　　)mm。

(A)0.5　　(B)1　　(C)1.5　　(D)2

86. 按TB/T 447—2004规定,高锰钢辙叉试样经水韧处理后的金相组织不正确的是(　　)。

(A)索氏体　　(B)马氏体　　(C)贝氏体　　(D)奥氏体

87. 按TB/T 447—2004规定,不作机加工及三部位机加工的高锰钢辙叉,不允许存在的缺陷是(　　)。

(A)距轨顶面深度>10、距工作边距离>12、缺陷宽度小于轨面宽的二分之一、缺陷连续长度<350

(B)距轨顶面深度>16、距工作边距离>12、缺陷宽度小于轨面宽的二分之一、缺陷连续长度<250

(C)距轨顶面深度>13、距工作边距离>12、缺陷宽度小于轨面宽的三分之二、缺陷连续长度<250

(D)距轨顶面深度>13、距工作边距离>12、缺陷宽度小于轨面宽的二分之一、缺陷连续长度<250

88. 按TB/T 447—2004规定,多部位机加工的高锰钢辙叉,不允许存在的缺陷是(　　)。

(A)距轨顶面深度>13、距工作边距离>12、缺陷宽度小于轨面宽的二分之一、缺陷连续长度<150。

(B)距轨顶面深度>16、距工作边距离>12、缺陷宽度小于轨面宽的二分之一、缺陷连续长度<150

(C)距轨顶面深度>16、距工作边距离>12、缺陷宽度小于轨面宽的二分之一、缺陷连续长度<250

(D)距轨顶面深度>16、距工作边距离>12、缺陷宽度小于轨面宽的二分之一、缺陷连续长度<250

89. 按铁道部铁工务函〔1996〕313号发布的《60 kg/m 钢轨提速道岔技术条件(暂行)》规定,60—12号提速道岔尖轨轨头切削部分应与基本轨密贴,不允许有(　　)的缝隙。

(A)2 mm

(B)3 mm

(C)尖端至第一牵引点区段0.2 mm,其余部分有不大于1 mm

(D)尖端至第一牵引点区段1 mm,其余部分有不大于0.2 mm

90. 按铁道部铁工务函〔1996〕313号发布的《60 kg/m 钢轨提速道岔技术条件(暂行)》规定,60-12号提速道岔可动心轨在轨头切削部分应分别与两翼轨密贴,以下缝隙允许的有(　　)mm。

(A)0.5　　(B)1.0　　(C)1.5　　(D)2.0

91. 按铁道部铁工务函〔1996〕313号发布的《60 kg/m 钢轨提速道岔技术条件(暂行)》规定，60-12号提速道岔查照间隔允许的有(　　)mm。

(A)1 390　(B)1 391　(C)1 392　(D)1 393

92. 按铁道部铁工务函〔1996〕313号发布的《60 kg/m 钢轨提速道岔技术条件(暂行)》规定，60-12号提速道岔护背距离允许的有(　　)mm。

(A)1 346　(B)1 347　(C)1 348　(D)1 349

93. 按铁道部铁工务函〔1996〕313号发布的《60 kg/m 钢轨提速道岔技术条件(暂行)》规定，60-12号提速道岔查照间隔及护背距离在心轨轨头宽(　　)mm 断面范围内丈量。

(A)10　(B)20　(C)30　(D)50

94. 道岔尖轨掉尖在(　　)工序不容易发生。

(A)淬火　(B)振动时效　(C)刨轨顶纵坡　(D)组装

95. 以下允许作为标准铁路轨距的有(　　)mm。

(A)1 439　(B)1 441　(C)1 456　(D)1 460

96. 60 kg/m 提速道岔尖轨及可动心轨轨头宽≤10 mm 断面的淬火硬度允许为(　　)。

(A)HB250　(B)HB298　(C)HB330　(D)HB260

97. 作局部淬火的钢轨件，其过渡段的长度可以是(　　)。

(A)60 mm　(B)70 mm　(C)80 mm　(D)90 mm

98. 按 TB/T 447—2004 规定，高锰钢辙叉必须进行水韧处理，以下温度不正确的是(　　)。

(A)500 ℃　(B)800 ℃　(C)850 ℃　(D)1 050 ℃

99. 按 TB/T 447—2004 规定，高锰钢辙叉水韧处理后的试样硬度可以为(　　)HB。

(A)170　(B)229　(C)260　(D)298

100. 按 TB/T 447—2004 规定，辙叉实物硬度可以为(　　)HB。

(A)160　(B)229　(C)260　(D)298

101. 实际生产中尖轨铣削中的一刨、二刨、三刨、五刨分别指(　　)刨切。

(A)轨头工作边　(B)轨头垂直　(C)非工作边轨底　(D)轨头非工作边

102. 游标卡尺的测量精度一般有(　　)。

(A)0.1 mm　(B)0.02 mm　(C)0.05 mm　(D)0.01 mm

103. 现代工程材料可分为(　　)大类。

(A)金属材料　(B)陶瓷材料　(C)高分子材料　(D)复合材料

104. 基本尺寸相同，相互结合的孔和轴公差带之间的关系称为配合，共分为(　　)种类型。

(A)间隙配合　(B)过盈配合　(C)过渡配合　(D)公差配合

105. 道岔根据用途和平面形状，道岔有(　　)种。

(A)普通单开道岔　(B)单式对称道岔(或双开道岔)

(C)三开道岔　(D)交叉渡线　(E)交分道岔

106. 道岔最基本的组成部分(　　)。

(A)转辙器　(B)锐角辙叉　(C)钝角辙叉

(D)护轨　(E)连接部分

107. 护轨的作用有(　　)。

(A)起安全保证作用　　(B)起减轻钢轨磨耗作用

(C)起导向作用　　(D)起加强结构作用

108. 道岔尖轨常采用的平面型式有(　　)。

(A)直线尖轨　　(B)切线型曲线尖轨

(C)半切线型曲线尖轨　　(D)割线型曲线尖轨

(E)半割线型曲线尖轨

109. 可动心轨辙叉由(　　)零件组成。

(A)心轨　　(B)基本轨　　(C)翼轨　　(D)叉跟尖轨

110. (　　)不是列车行驶中车轮撞击钢轨的角度。

(A)辙叉角　　(B)转辙角　　(C)冲击角　　(D)以上都不是

111. 划线有(　　)。

(A)尺规画线　　(B)平面划线　　(C)立体划线　　(D)几何划线

112. 借料就是通过(　　),使各个加工表面的加工余量合理分配,互相借用,从而保证各个加工表面都有足够的加工余量,而误差和缺陷加工后排除。

(A)尺寸　　(B)试划　　(C)摆正　　(D)调整

113. 组装尖轨、基本轨,出现的问题主要是(　　)。

(A)掉尖　　(B)密贴不严　　(C)断面超差　　(D)跟段支距超差

114. 所谓设计基准,就是在划线时,选择工件上的某个(　　)作为依据,用它来确定工件的各部分尺寸、几何形状和相对位置。

(A)点　　(B)线　　(C)面　　(D)边

115. 钢轨由(　　)部分组成。

(A)轨头　　(B)轨腰　　(C)轨底　　(D)下颚

116. 菱形交叉由(　　)组成。

(A)锐角辙叉　　(B)钝角辙叉　　(C)护轨　　(D)尖轨

117. 尖轨按钢轨断面分为(　　)。

(A)普通断面尖轨　　(B)AT 尖轨　　(C)间隔铁式　　(D)弹性可弯式

118. 锐角辙叉按平面型式分为(　　)辙叉。

(A)曲线型　　(B)可动型　　(C)直线型　　(D)拼装式

119. 下列设备中,属于道岔范围的是(　　)。

(A)交叉渡线　　(B)钢轨伸缩调节器

(C)渡线　　(D)菱形交叉

120. 尖轨轨头非工作边水平切削,应检查(　　)。

(A)轨头切削深度　　(B)轨头切削斜度

(C)各断面切削宽度　　(D)各断面高度

121. 60—12 提速道岔(铁联线 001～004)中,(　　)不允许加热顶弯。

(A)基本轨　　(B)尖轨

(C)可动心轨辙叉翼轨　　(D)心轨

122. 按 TB/T 447—2004 规定,多部位机加工的高锰钢辙叉,下列缺陷可以不做修理是(　　)。

(A)辙叉理论尖端前 200 mm 至心轨轨头宽 50 mm 段外,与车轮接触面的部位有深度不大于 2 mm,长度不大于 5 mm 的缺陷(砂眼、夹杂、气孔等)

(B)砂眼、夹杂、气孔等缺陷在轨底深度不大于 3 mm,长度不大于 20 mm,宽度不大于 10 mm

(C)轨顶、工作边、夹板槽存在深度不大于 1 mm 的局部黑皮

(D)叉心工作边尺寸超正常

123. 按 TB/T 447—2004 规定,辙叉机加工前及不作机加工的高锰钢辙叉,磨修焊补后,必须再次水韧处理的是(　　)。

(A)砂眼、夹杂、气孔等缺陷深度在 2～10 mm,长度不大于 50 mm,宽度不大于该处尺寸的二分之一时

(B)砂眼、夹杂、气孔等缺陷深度大于 10 mm,长度不大于 100 mm,宽度不大于该处尺寸的三分之二时

(C)轨底处的气孔、砂眼、凹坑等缺陷深度不大于 15 mm,长度不大于 200 mm,宽度不大于该处尺寸的二分之一时

(D)裂纹长度大于 50 mm 而小于 200 mm 时

124. 新钢轨是根据钢轨低部组织缺陷存在严重程度及分布情况来分类的,分为(　　)。

(A)一级品　(B)二级品　(C)三级品　(D)工业品

125. 铸铁的特点(　　)。

(A)良好的铸造性　(B)耐磨性　(C)切削加工性　(D)导电性

126. 道岔号数有(　　)。

(A)3　(B)9　(C)12　(D)18

127. 客运专线道岔制造特点(　　)。

(A)高加工精度　(B)严格的技术标准　(C)专业的加工设备

(D)专门的工艺、工装　(E)厂内逐组组装,包括岔枕及电务转换设备

128. 按钢轨类型分,目前我国常用的单开道岔有(　　)钢轨道岔。

(A)43 kg/m　(B)50 kg/m　(C)60 kg/m

(D)75 kg/m　(E)UIC33

129. 三视图是指(　　)。

(A)左视图　(B)主视图　(C)俯视图　(D)后视图

130. 尖轨转辙器主要是有(　　)组成。

(A)导轨　(B)尖轨　(C)心轨

(D)护轨　(E)各种连接零件　(F)基本轨

131. 通常护轨由(　　)组成。

(A)平直段　(B)缓冲段　(C)开口段　(D)成型段

132. 心轨按构造材质、辙叉角大小分为(　　)。

(A)固定型和可动型　(B)钢轨组合式和高锰钢铸造式

(C)锐角辙叉和钝角辙叉　(D)合金钢型和非合金钢型

133. 基本轨与尖轨不密贴,原因是(　　)。

(A)钢轨内侧有毛刺 (B)尖轨断面高度超差
(C)尖轨轨腰螺栓凸出 (D)顶铁与轨腰相抗

134. 尖轨按平面型式分类有三种,分别是(　　)。
(A)直线型 (B)间隔铁式 (C)折线型 (D)曲线型

135. 转辙器跟端可采用(　　)三种设计方案。
(A)拉连杆 (B)设传力结构 (C)不设传力结构
(D)间隔铁 (E)限位器

136. 铁路道岔设备包括(　　)等。
(A)道岔 (B)交叉
(C)道岔与交叉的组 (D)其他轨道设备

137. 轨撑按其设置部位及作用可分为(　　)。
(A)普通轨撑 (B)辙跟轨撑 (C)钝角辙叉轨撑
(D)防爬轨撑 (E)防跳轨撑

138. 轨撑的作用(　　)。
(A)防止钢轨倾覆 (B)加强钢轨的稳定性、保持轨距
(C)防止钢轨的爬行 (D)调整道岔水平

139. 尖轨的尖端有(　　)结构型式。
(A)贴尖式 (B)藏尖式 (C)无尖式

140. 润滑剂可分为(　　)三大类。
(A)润滑油 (B)润滑脂 (C)齿轮油 (D)固体润滑剂

141.(　　)属于常用道岔范围。
(A)交叉渡线 (B)脱轨道岔 (C)渡线 (D)菱形交叉

142. 不是尖轨跟端固定,利用尖轨弹性改变位置的转辙器是(　　)。
(A)可弯式尖轨转辙器 (B)间隔铁式尖轨转辙器
(C)双转辙器 (D)钢轨伸缩调节器

143. 下列锐角辙叉中,不可以消除"有害空间"的是(　　)。
(A)固定型锐角辙叉 (B)可动心轨锐角辙叉
(C)高锰钢整铸式锐角辙叉 (D)钢轨组合辙叉

144.(　　)不是检测钢轨密贴和台板"空吊"的量具。
(A)塞尺 (B)卷尺 (C)直尺 (D)游标卡尺

145. 在位置公差中,对称度不属于(　　)位置公差。
(A)定向 (B)定位 (C)跳动 (D)定向和定位

146. 道岔钢轨件的淬火层硬度不正确的是(　　)。
(A)HB260～330 (B)HB290～370 (C)HB370～380 (D)HRC45

147. 钢轨硬化层金相组织不应为(　　)。
(A)索氏体 (B)马氏体 (C)贝氏体 (D)铁素体

148. 液压系统的功率大小与系统的(　　)大小无关。
(A)压力和流量 (B)压强和面积 (C)压力和体积 (D)负载和直径

149. 尖轨按平面型式分类有三种,正确的是(　　)。

(A)直线型　(B)间隔铁式　(C)折线型　(D)曲线型

150. 以下关于切削液润滑作用说法不正确的是(　　)。

(A)增大切削过程中摩擦　(B)增大切削阻力

(C)提高表面质量　(D)降低刀具耐用度

151. 下列说法不正确的是(　　)。

(A)铣削加工适于加工各种阶台、外圆、齿轮等

(B)铣削加工适于加工各种平面、键槽及螺旋槽等

(C)铣削加工只适于加工各种平面,而不能加工旋槽面

(D)铣削加工可加工离合器,但不能加工齿轮

152. 我国直线轨道的轨底坡标准不正确的是(　　)。

(A)1/20　(B)1/30　(C)1/40　(D)1/60

153. 我国正线铁路采用的道床边坡不正确的是(　　)。

(A)1∶1.5　(B)1∶1.75　(C)1∶2.0　(D)1∶2.25

154. 我国道岔号码说法不正确的是(　　)。

(A)转辙角的余切　(B)转辙角的正切

(C)辙叉角的余切　(D)辙叉角的正切

155. 台虎钳有(　　)两种。

(A)固定式　(B)移动式　(C)直线式　(D)回转式

156. 装配图中的同一零件的剖面线应(　　)。

(A)斜向一致　(B)间隔相等　(C)比例协调

157. 一组视图用以说明机器或部件的(　　)等内容。

(A)工作原理　(B)结构特点　(C)相对位置　(D)装配连接关系

158. 制造道岔不在钢轨要求范围内的是(　　)。

(A)一级品　(B)二级品　(C)三级品　(D)工业轨

159. 车轮踏面为锥形,列车在正常运行时,与钢轨接触的车轮踏面斜度不应为(　　)。

(A)1∶40　(B)1∶20　(C)1∶10　(D)1∶60

160. 下列(　　)属于常用道岔范围。

(A)直角交叉　(B)渡线　(C)菱形交叉　(D)脱轨道岔

161.(　　)轨底不需要刨切轨底爬坡。

(A)普通断面尖轨　(B)AT 尖轨　(C)直线尖轨　(D)曲线尖轨

162. 切削液的作用主要有(　　)。

(A)润滑作用　(B)冷却作用　(C)清洗作用　(D)防锈作用

163.(　　)的主要作用不是减少后刀面与切削表面之间的摩擦。

(A)前角　(B)后角　(C)主偏角　(D)副偏角

164. 以下关于切削液润滑作用说法,不正确的是(　　)。

(A)增大切削过程中摩擦　(B)增大切削阻力

(C)提高表面质量　(D)降低刀具耐用度

165. 轨道爬行的主要原因不是由于(　　)。

(A)钢轨接头的冲击　(B)轨道方向不良

(C)轨道波浪型挠曲　　　　　　　　　　(D)列车制动

四、判 断 题

1. 所谓设计基准，就是在划线时，选择工件上的某个点、线、面作为依据，用它来确定工件的各部分尺寸、几何形状和相对位置。(　　)

2. 划线时，都应从划线基准开始。(　　)

3. 在选择划线基准时，应先分析图样，找出设计基准。使划线基准与设计基准尽量一致，这样能够直接量取划线尺寸，简化换算过程。(　　)

4. 划线工只需掌握划线知识外，不必具备加工工艺知识。(　　)

5. 立体划线是同时在工件几个表面上划线，一般要在长、宽、高三个方向上进行。(　　)

6. 一个工件的立体划线往往一次即可。(　　)

7. 对铸、锻毛坯件立体划线，当形位偏差不大时，可以通过划线的找正和借料的方法来补救。(　　)

8. 当铸、锻件毛坯在形状、尺寸和位置上的误差缺陷，用找正后的划线方法不能补救时，工件就要报废。(　　)

9. 菱形交叉是由四个钝角辙叉组合而成的。(　　)

10. 菱形交叉是由四个锐角辙叉组合而成的。(　　)

11. 直角交叉是指两条直线轨道以直角相交的交叉，其交叉角为直角。(　　)

12. 直线与曲线交叉是指相交的两条轨道，一条为直线，另一条为曲线的交叉。(　　)

13. 曲线与曲线交叉是指相交的两条轨道都为曲线的交叉。(　　)

14. 三开道岔属于线路连接与交叉设备的组合。(　　)

15. 基本轨不仅承受来自机车车辆的垂直压力，还与尖轨共同承受来自车轮的横向推力。(　　)

16. 为了保持一定的轨距，主线基本轨工作边为折线或曲线型。(　　)

17. 为防止基本轨的横向移动，在其外侧设置轨撑。(　　)

18. 尖轨按平面型式分为直线型尖轨、折线型尖轨、曲线型尖轨。(　　)

19. AT 尖轨断面的高度比小，稳定性好。(　　)

20. 锐角辙叉心轨两工作边交叉所成的交角小于直角。(　　)

21. 可动心轨可以按行车方向，分别与基本轨相贴，以消除"有害空间"减轻车轮对基本轨和心轨的冲击，大大改善了列车通过辙叉时的运行状态，保证主线方向高速行车下的平稳性和旅客舒适性。(　　)

22. 锐角辙叉按构造形式分为钢轨组合式、高锰钢整铸式。(　　)

23. 钝角辙叉两心轨工作边交叉所成的交角大于直角。(　　)

24. 钝角辙叉两心轨工作边交点称为理论中心。(　　)

25. 固定型辙叉轨线存在"有害空间"。(　　)

26. 活动型钝角辙叉主要是可动心轨辙叉。(　　)

27. 活动心轨式钝角辙叉翼轨固定不动，两心轨绕根部旋转，以保证在列车运行的该条线路上没有"有害空间"。(　　)

28. 护轨设置在固定型锐角辙叉及钝角辙叉中，制约车轮走向以安全通过辙叉"有害空

间"。同时,护轨还起着减少钢轨件磨损等作用。( )

29. 在单式道岔中,连接部分是转辙器和辙叉之间的连接线路。( )

30. 在复式道岔,交分道岔及其他道岔中,则连接部分或是转辙器和辙叉之间、或是转辙器和转辙器之间、或是辙叉和辙叉之间的连接线路。( )

31. 在道岔导曲线两股钢轨外侧成对的设置一定数量的轨撑或轨距拉杆,可防止导曲线钢轨在车轮动荷作用下的外倾及轨距扩大。( )

32. 小号码道岔导曲线下股(或上、下股)钢轨内侧设置护轨,可以减轻车轮对曲线上股钢轨的磨耗。( )

33. 在道岔导曲线内设置一定数量的防爬器及防爬支撑,可减少道岔钢轨的爬行。( )

34. 护轨可以起安全保证,减轻钢轨磨耗、导向,起加强结构稳定作用。( )

35. 护轨总是与基本轨的组装在一起。( )

36. 间隔铁是夹在两根钢轨之间为保持其固定间隔的零件。( )

37. 道岔中间隔铁起着保持钢轨间距的作用(某些间隔铁兼起鱼尾板作用)。( )

38. 尖轨补强板能增强尖轨断面的刚度。( )

39. 标准铁路轨距的偏差为$^{+6}_{-2}$ mm。( )

40. 窄轨铁路以发展1 000 mm轨距为主。( )

41. 辙叉角是辙叉尖端心轨两工作边(工作边是曲线时,为切线)的交角。( )

42. 直线辙叉的辙叉号数以辙叉心两工作边交角的余切来表示。( )

43. 曲线辙叉的辙叉号数以两心轨工作边在辙叉尖端处的切线交角的余切来表示。( )

44. 双开道岔使用最为普遍。( )

45. 曲线尖轨主要有切线型曲线尖轨、半切线型曲线尖轨、割线型曲线尖轨,半割线型曲线尖轨。( )

46. 直线尖轨工作边一侧为一条直线,曲线尖轨非工作边一侧为一条曲线。( )

47. 单开道岔中的尖轨,常用直线型与折线型。( )

48. 所谓藏尖式尖轨,就是把基本轨轨头侧面下部作斜切削,将尖轨理论尖端藏于基本轨轨颚之下。( )

49. 道岔全长是指道岔始端至道岔终端的长度。( )

50. 道岔前部理论长度是指尖轨尖端至道岔中心在道岔基线上的投影长度。( )

51. 在交分道岔钝角辙叉中一般采用同号数的单开道岔的辙叉。( )

52. 交分道岔钝角辙叉主要采用固定型钝角辙叉。( )

53. 交叉渡线一般由两组单开道岔(或对称道岔)和一组菱形交叉组合而成。( )

54. 道岔中的钢轨件,轨头只有一个侧面为工作边。( )

55. 提速道岔钢件轨和补强板所有螺栓孔必须倒角。( )

56. 道岔钢轨件轨腰螺栓孔孔径偏差,除图纸有注明者外,均为±1 mm。( )

57. 道岔钢轨件件轨腰螺栓孔中心位置上下偏差不超过1 mm。( )

58. 道岔钢轨件轨腰各接头夹板螺栓孔中心至轨端距离偏差为±1 mm。( )

59. 道岔钢轨件轨腰两相邻螺栓孔中心距离偏差为±1.5 mm。( )

60. 钢轨调直时不能只用平尺,还得借助粉线检查钢轨是否平直。( )

61. 转辙器基本轨下颚切削,在基本轨顶面以下 16 mm 出进行,破坏了基本轨的工作边。( )

62. 通常所说的“二刨”是指尖轨轨头非工作边水平刨切。( )

63. 通常所说的“三刨”是指尖轨轨头工作边水平刨切。( )

64. 通常所说的“五刨”是指尖轨轨顶从坡,即尖轨轨头垂直刨切。( )

65. 通常所说的“一刨”是指尖轨非工作边轨底水平刨切。( )

66. 通常所说的“四刨”是指刨轨底爬坡,即尖轨非工作边轨底垂直刨切。( )

67. 尖轨非工作边轨底水平刨切,仅限于普通断面尖轨,AT 尖轨不需要进行此项刨切。( )

68. 尖轨轨头的水平刨切和轨底的水平与垂直刨切,可使尖轨前端呈尖形,并与基本轨密贴,以便能引导车轮从基本轨过渡至尖轨,或从尖轨过渡至基本轨。( )

69. 进行尖轨轨顶的垂直刨切的目的是,使尖轨轨面较基本轨低一些,以保证尖轨尖端部分不被扎伤和不过多的承受车轮垂直荷载。( )

70. 尖轨轨头非工作边水平刨切的深度低于基本轨轨头侧面下边缘。( )

71. 尖轨轨头非工作边水平刨切线的坡度为 1∶3。( )

72. 尖轨尖端断面和 5 mm 断面高度偏差应为负差,目的是防止车轮撞尖,造成行车事故。( )

73. 尖轨轨底水平刨切只限于非工作边一侧。( )

74. 尖轨轨底垂直刨切起点的位置,与轨底水平刨切的起点位置一致。( )

75. 尖轨轨头非工作边水平刨切的深度允许有±1 mm 的偏差。( )

76. 尖轨轨头工作边水平刨切的深度允许±2 mm 的偏差。( )

77. 活动心轨轨头非工作边水平刨切的深度允许有±1 mm 的偏差。( )

78. 活动心轨轨头工作边水平刨切深度允许有$^{+1}_{0}$ mm 的偏差。( )

79. 按 TB/T 412—2014 规定,尖轨的尖端及 5 mm 断面的轨头宽度允许有$^{0}_{-0.5}$ mm 的偏差。( )

80. 藏尖式尖轨转辙器的基本轨工作面切削的斜度允许外倾不超过 1∶40,严禁内倾。( )

81. 道岔钢轨件进行淬火可以改变钢轨表层金属的金相组织,提高硬度,从而增强钢轨的耐磨性,延长使用寿命。( )

82. 按 TB/T 412—2014 规定,固定型钢轨组合辙叉长、短心轨两轨头和轨底贴合处允许有不大于 0.5 mm 的空隙。( )

83. 按 TB/T 412—2014 规定,固定型钢轨组合辙叉的工作边允许有不大于 2 mm 的抗线。( )

84. 按 TB/T 412—2014 规定,固定型钢轨组合锐角辙叉,翼轨各部的平面度为 1 mm/m。( )

85. 按 TB/T 412—2014 规定,钢轨组合固定型钝角辙叉的槽宽(心轨前部)允许有$^{+0.5}_{0}$ mm 的偏差。( )

86. 按 TB/T 412—2014 规定,钢轨组合固定型钝角辙叉的交点距允许有$^{1}_{-0.5}$ mm 的偏

差。(　　)

87. 按 TB/T 412—2014 规定,钢轨组合固定型钝角辙叉,护轨缓冲部分的平面度为 3 mm/m,其余部分纵横向为 1 mm/m。(　　)

88. 按 TB/T 412—2014 规定,活动心轨组装后工作边应成直线,允许有不大于 2 mm 的抗线。(　　)

89. 不分开式护轨和基本轨组装后应保持二者轨底平齐,偏差不大于±1 mm。(　　)

90. 按 TB/T 412—2014 规定,高锰钢辙叉全长轨距线允许偏差为$_{-2}^{\ 0}$ mm。(　　)

91. 按 TB/T 412—2014 规定,高锰钢辙叉轨腰厚度允许偏差为±2 mm。(　　)

92. 按 TB/T 412—2014 规定,高锰钢辙叉轨墙厚度允许偏差为$_{-3}^{+5}$ mm。(　　)

93. 液压机床的工作缸内混入空气,工作时不仅会发生噪声,而且还可能造成工作台的低速爬行。(　　)

94. 砂轮机主轴的径向跳动对磨削精度和工作的安全影响不太大。(　　)

95. 液压系统所有的油液,其黏度越小越好。(　　)

96. 工件的装卡过程主要是夹紧。(　　)

97. 压缩空气具有能量,工厂常用来作为气压夹具的能力。(　　)

98. 可动心辙叉产品质量,在很大程度上将决定装配程序和装配方法。(　　)

99. 斜度 1∶5 表示在 5 mm 内两端的高差相差 1 mm。(　　)

100. 两个相似三角形的对应边相等。(　　)

101. 两个相似三角形的对应角相等。(　　)

102. $\phi12f7$ 表示基本尺寸为由 $\phi12$ mm,公差等级为 7 级,基本偏差为 f 的轴。(　　)

103. 配合代号由孔与轴的公差带代号组合而成。(　　)

104. 配合代号的分子代表轴的公差带代号。(　　)

105. 形状误差是指被测实际要素相对其理想要素的变动量。(　　)

106. 形状公差指单一实际要素的形状相对基准所被允许的变动量。(　　)

107. 位置误差指关联实际要素相对其理想要素的变动量。(　　)

108. 位置公差指关联实际要素相对基准所被允许的变动量。(　　)

109. 形位公差分为形状公差和位置公差。(　　)

110. 形状公差有 8 项。(　　)

111. 位置公差有 6 项。(　　)

112. 倾斜度属于定向位置公差。(　　)

113. 平行度属于定位位置公差。(　　)

114. 平面度表示符号"□"。(　　)

115. 公差原则是指独立原则和相关原则。(　　)

116. 相关原则包括最大实体原则和包容原则。(　　)

117. 独立原则是指图样上给定的形位公差与尺寸公差有关。(　　)

118. 包容原则要求实际要素处位于具有理想形状的包容面内。(　　)

119. 最大实际原则使形位公差获得补偿的一种公差原则。(　　)

120. 在道岔生产中,一般常用砂轮机型号为 M3060A。(　　)

121. M3060A 砂轮机"30"代表砂轮直径为 300 mm。(　　)

122. M3060A 砂轮机主要用于各种小件及有关刀具的磨削。( )
123. M3060A 砂轮机电动机功率为 3.5 kW。( )
124. 砂轮启动后,马上就可以进行磨削。( )
125. 磨削时,工作者应站在砂轮的对面。( )
126. 磨削时,对砂轮要施加较大压力。( )
127. 当砂轮出现严重跳动时,应及时修整。( )
128. 工作台与砂轮的间隙必须大于 30 mm。( )
129. 两砂轮的磨损量大致相同,其直径差不得大于 25%。( )
130. 砂轮的旋转方向应使磨屑向上方飞离砂轮。( )
131. 工件对砂轮接触必须在砂轮的中心线的水平线上。( )
132. 四柱专用液压机可实现手动单一动作。( )
133. 要想看懂零件图,就必须首先明确各种图线的含义和用途。( )
134. 零件图中的比例可以标注图中任意的位置上。( )
135. 投影线互相平行且与投影面垂直时,物体在投影面上所得的投影叫正投影。( )
136. 机械制图规定机件向投影面投影所得的图形称视图。( )
137. 主视图、俯视图,长对正并且宽相等。( )
138. 图中阿拉伯数字的单位是毫米,一般不写出,它是零件实际长度的计量单位。( )
139. 了解技术要求只了解尺寸公差就可以,加工出质量好的产品。( )
140. 看图时不必机械照搬,而要前后联系,互相补充,突出重点进行分析。( )
141. 在装配图上,当需要表达某些零件时,可用双点划线画出。( )
142. 在装配图中可用视图、剖视图一起表达某个零件的结构形状。( )
143. 零件的圆角、倒角,应在装配图中表示。( )
144. 在道岔铺设图中"—1—"符号表示钢轨的绝缘接头。( )
145. 为保证产品质量,应按功能需要规定表面粗糙度。( )
146. 常用金属材料可分为有色金属和无色金属两大类。( )
147. 铸铁、铸钢、铸铝、铸铜合金是黑色金属。( )
148. 含碳量小于 0.2%的铁碳合金称为钢。( )
149. 整体式高锰钢辙叉是铸钢件。( )
150. 铸钢件工艺简单,强度高,塑性好,所以它被广泛应用。( )
151. 制造道岔用的钢轨就是铸钢件中的一种。( )
152. 高锰钢辙叉是用转炉冶炼的,所以它的材料叫转炉钢。( )
153. 一般的认为钢中含碳量高,它的强度也高。( )
154. 低碳钢能退火和淬火。( )
155. 中碳钢可以淬火和退火。( )
156. 高碳钢可以淬火和退火。( )
157. 高碳钢强度高,可焊接性能强。( )
158. 白口铸铁因断口呈白色而得名。( )
159. 因为钢轨具有塑性,所以在顶弯的弯折点也是具有圆曲线的。( )

160. TB/T 412—2014 规定，成组交货经检验合格的道岔应由制造厂出具产品合格证。（　　）

161. TB/T 412—2014 规定，道岔产品出厂应带有明显标志。（　　）

162. TB/T 412—2014 规定，产品名称采用不致脱落的方法固定于基本轨无安装关系的轨腰处。（　　）

163. TB/T 412—2014 规定，产品标志的内容应包括：规格型号。（　　）

164. TB/T 412—2014 规定，基本轨在轨腰或轨端标出道岔型号。（　　）

165. TB/T 412—2014 规定，尖轨在轨腰或轨端标出道岔型号、长度、厂标或厂名。（　　）

166. TB/T 412—2014 规定，配轨在轨腰或轨端标出道岔型号、长度。（　　）

167. TB/T 412—2014 规定，基本轨应标出左开或右开、直或曲的标识。（　　）

168. TB/T 412—2014 规定，尖轨应标出左开或右开、直或曲的标识。（　　）

169. TB/T 412—2014 规定，垫板应按图纸规定位置标出清晰的规格。（　　）

170. TB/T 412—2014 规定，铸件上应按图纸规定，铸出清晰的标记。（　　）

171. TB/T 412—2014 规定，弹片的后部上表面应打印“上”和长度的标记。（　　）

172. TB/T 412—2014 规定，尖轨一基本轨组装件的包装采用夹具将尖轨固定于基本轨上。（　　）

173. TB/T 412—2014 规定，长度小于等于 7.7 m 尖轨装卡夹具点为 4 处。（　　）

174. TB/T 412—2014 规定，长度大于 7.7 m 的尖轨装卡夹具点不应少于 2 处。（　　）

175. TB/T 412—2014 规定，尖轨、基本轨组装件的包装，装卡夹具点一般在尖轨尖端附近、尖轨断面 55 mm、尖轨断面 70 mm 处等。（　　）

176. TB/T 412—2014 规定，金属件（钢轨件或钢轨组装件除外）采用包装箱包装。（　　）

177. TB/T 412—2014 规定，金属件装箱时工件应按类别、外形从大至小整齐码放。（　　）

178. TB/T 412—2014 规定，紧固件、扣件等其他小零件应分类装袋。（　　）

179. 道岔设备较一般线路结构复杂，弱点较多，因而容易产生病害。（　　）

180. 高低和方向采用轨道几何状态测量仪或弦线检测。（　　）

181. 为了保持道岔的轨距、间隔、方向、水平、高低及各部尺寸等的良好状态，必须掌握规律，分析造成病害的原因。（　　）

五、简 答 题

1. 什么叫设计基准？
2. 什么叫划线基准？
3. 划线时一般需要选择几个划线基准？
4. 什么是划线时的找正？
5. 什么是划线时的借料？
6. 构成菱形交叉的辙叉有哪几个？
7. 写出三种线路轨道特殊设备？

8. 常用的尖轨转辙器有哪两种?
9. 轨距的定义是什么?
10. 基本轨外侧设置轨撑的目的?
11. 常用的无损检测方法有哪些?
12. 与普通断面尖轨相比,AT 尖轨有哪些特点?
13. 固定型钢轨组合式钝角辙叉由哪些零件组成?
14. 为什么要设置护轨?
15. 什么是间隔铁?
16. 间隔铁的端面形状有哪些?
17. 间隔铁的作用?
18. 什么是道岔拉杆?
19. 什么是道岔连接杆?
20. 顶铁设置在哪里? 作用是什么?
21. 间隔铁设置在哪里? 作用是什么?
22. 轨腰补强板设置在哪里? 作用是什么?
23. 什么是辙叉角?
24. 什么是藏尖式尖轨?
25. 藏尖式尖轨的作用是什么?
26. 什么是道岔中心?
27. 什么是道岔始端?
28. 什么是道岔终端?
29. 什么是辙叉心轨理论尖端?
30. 什么是辙叉心轨尖端?
31. 什么是道岔基线?
32. 什么是道岔全长?
33. 什么是道岔前部理论长度?
34. 什么是道岔后部理论长度?
35. 什么是道岔前部实际长度?
36. 什么是道岔后部实际长度?
37. 什么是尖轨长度?
38. 什么是尖轨尖端前基本轨长度?
39. 交叉道岔由哪些部分组成?
40. 交叉渡线道岔一般哪些部分组合而成?
41. 简答中频热处理加热原理?
42. 简答尖轨为贴尖式时,基本轨的主要工艺过程?
43. 简答尖轨为藏尖式时,基本轨的主要工艺过程?
44. 简答普通断面直线尖轨的主要工艺过程?
45. 简答普通断面曲线尖轨的主要王艺过程?
46. 简述 AT 直线尖轨的主要工艺过程?

47. 简述 AT 曲线尖轨的主要工艺过程？

48. 投影的定义是什么？

49. 什么叫正投影？

50. R 分别表示什么？

51. 三视图的投影规律是什么？

52. 什么是剖视图？

53. 读零件图时应按哪些步骤进行？

54. 简述读剖视图可概括哪几句话？

55. 什么叫形状公差？什么叫位置公差？他们的作用什么？

56. 我国的安全生产方针是什么？

57. 表面粗糙度的定义是什么？

58. 什么叫安全生产？

59. 零件图上的尺寸说明什么？

60. 现代工程材料可分为哪四大类？

61. 按钢中所含硫、磷杂质可把钢分成哪四种优质钢？

62. 高锰钢除具有高强度和良好的韧性外，最特殊的性能是什么？举例说明这种性质的用途。

63. 什么是互换性？它对工业生有什么重要意义？

64. 什么基本尺寸？

65. 什么是上偏差、下偏差和公差？公差和偏差的根本区别是什么？

66. 什么是配合？配合有哪些种类？各有哪些特点？

67. 什么是基孔制？什么是基轴制？

68. 在形位公差中，直线度公差与垂直度公差有什么区别？

69. 什么叫公差？

70. 什么叫形状公差？

71. 什么叫位置误差？

72. 形位公差的公差带是由哪几个因素确定的？

六、综 合 题

1. 简述平面划线步骤？

2. 某钢轨(7.8 g/cm^3)断面面积为 49.5 cm^2，长度为 7 700 mm，计算其重量是多少 kg？

3. 某钢轨(7.8 g/cm^3)断面面积为 57.0 cm^2，长度为 6 600 mm，计算其重量是多少 kg？

4. 某钢轨(7.8 g/cm^3)断面面积为 65.8 cm^2，长度为 8 000 mm，计算其重量是多少 kg？

5. 某钢轨(7.8 g/cm^3)断面面积为 77.45 cm^2，长度为 1 000 mm，计算其重量是多少 kg？

6. 某钢轨(7.8 g/cm^3)断面面积为 95.037 cm^2，长度为 9 000 mm，计算其重量是多少 kg？

7. 某钢轨(7.8 g/cm^3)断面面积为 88.29 cm^2，长度为 6 250 mm，计算其重量是多少 kg？

8. 某钢轨(7.8 g/cm^3)断面面积为 104.746 cm^2，长度为 9 000 mm，计算其重量是多少 kg？

9. 某钢轨(7.8 g/cm^3)断面面积为 57 cm^2,判断其钢轨类型?

10. 某钢轨(7.8 g/cm^3)断面面积为 65.8 cm^2,判断其钢轨类型?

11. 某钢轨(7.8 g/cm^3)断面面积为 77.45 cm^2,长度为 6 250 mm,判断其钢轨类型?

12. 将一圆周(半径为 r)进行五等分,简要写出画图步骤。

13. 将一圆周(半径为 r)进行六等分,简要写出画图步骤。

14. 在直径为 100 mm 的圆周上作 12 等分,计算弦长 L 的尺寸?

15. 10 根长度为 15 000 mm 的钢轨重量约为 6.44 t,确定其钢轨类型?

16. 6 根长度为 25 000 mm 的钢轨重量约为 6.7 t,确定其钢轨类型?

17. 5 根长度为 15 000 mm 的钢轨重量约为 3.79 t,确定其钢轨类型?

18. 5 根长度为 7 700 mm 的钢轨重量约为 2.66 t,确定其钢轨类型(已知:50 AT 轨为 69.13 kg/m,60 AT 轨为 82.016 kg/m)。

19. 5 根长度为 7 700 mm 的钢轨重量约为 3.16 t,确定其钢轨类型(已知:50 AT 轨为 69.13 kg/m,60 AT 轨为 82.016 kg/m)。

20. 如图 1 所示,图中尖轨为切线型,点 O 切点,计算图中圆弧支矩 y 等于多少?

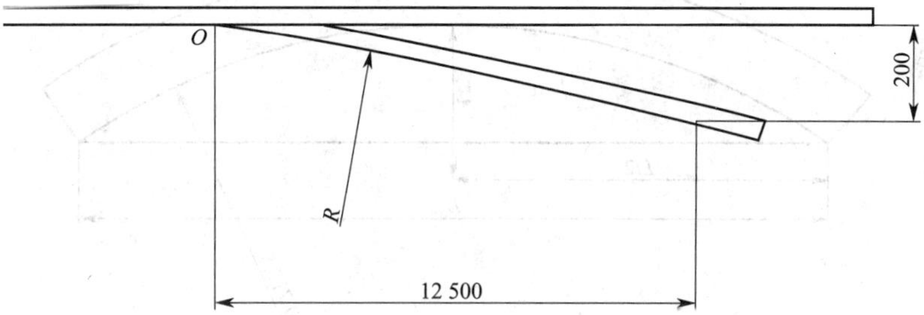

图 1

21. 如图 2 所示,图中尖轨为切线型,点 O 为切点,计算图中水平支距 X 等于多少?

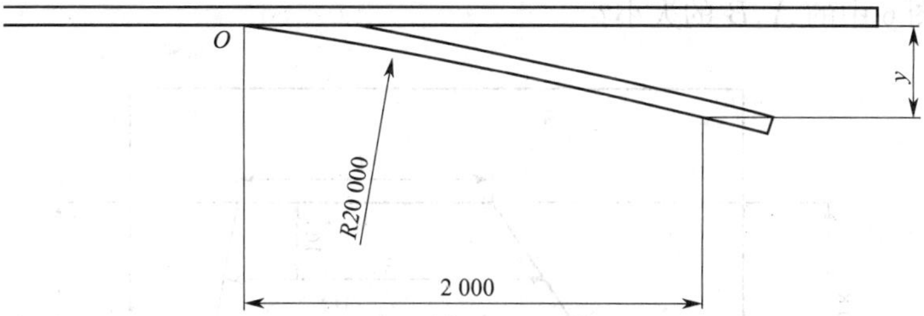

图 2

22. 如图 3 所示,图中尖轨为切线型,点 O 为切点,计算图中尖轨轨头工作边的圆曲线半径 R 等于多少?

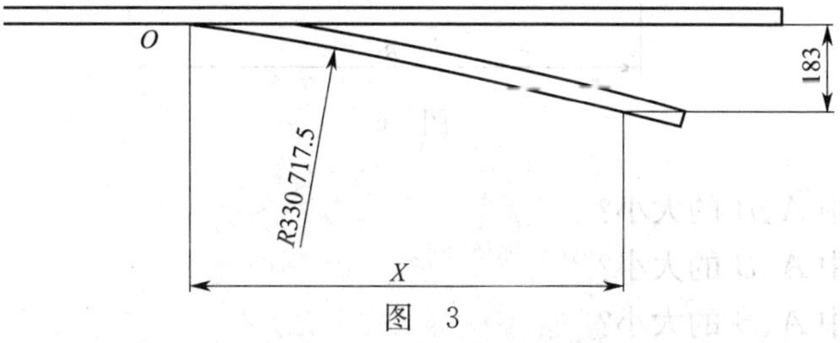

图 3

23. 根据图 4 中给出的尺寸，支距 A、B、C 值。

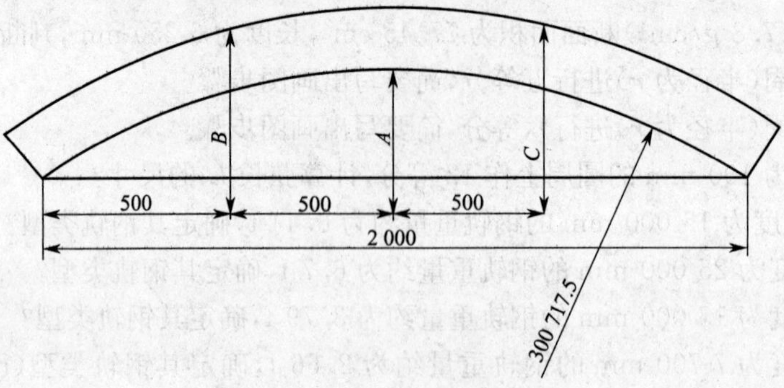

图 4

24. 已知图 5 中 $A=2$，$R=360\ 717.5$，求 L 的大小？

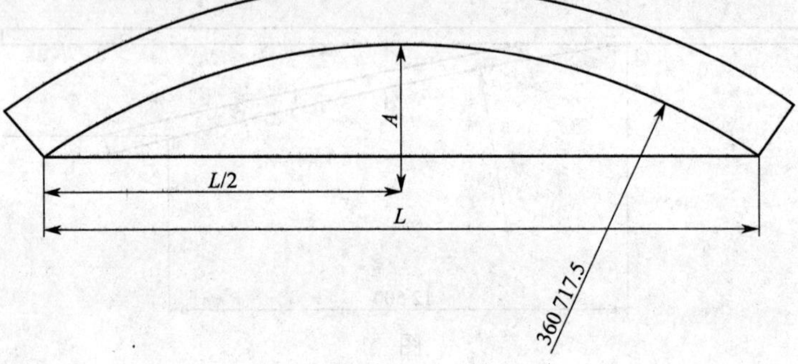

图 5

25. 计算图 6 中的 A、B 的大小？

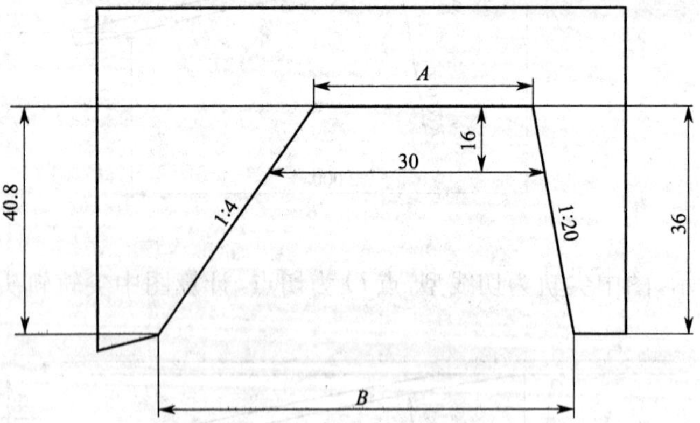

图 6

26. 计算图 7 中 A、B 的大小？

27. 计算图 8 中 A、B 的大小？

28. 计算图 9 中 A、B 的大小？

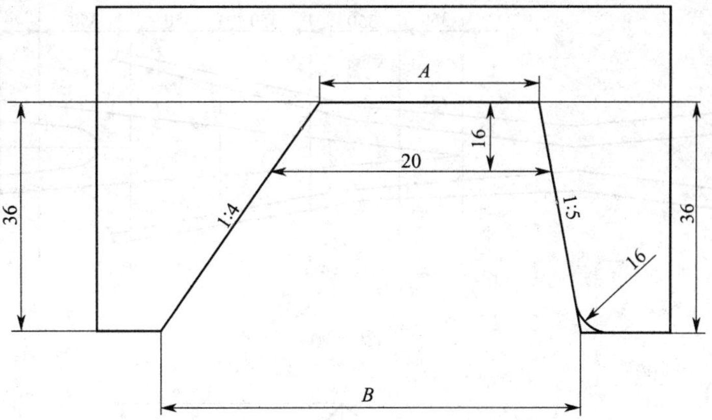

图 7

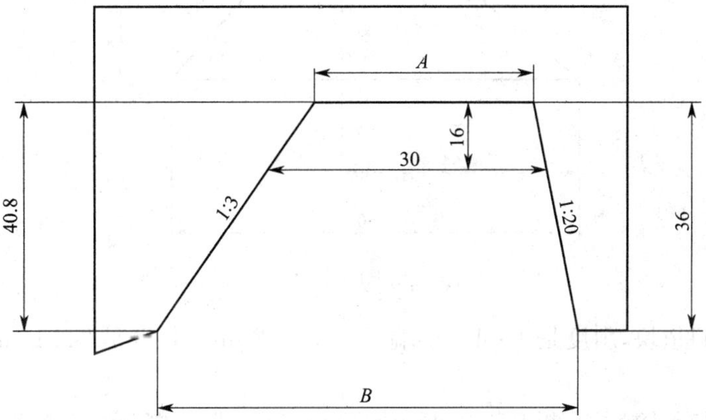

图 8

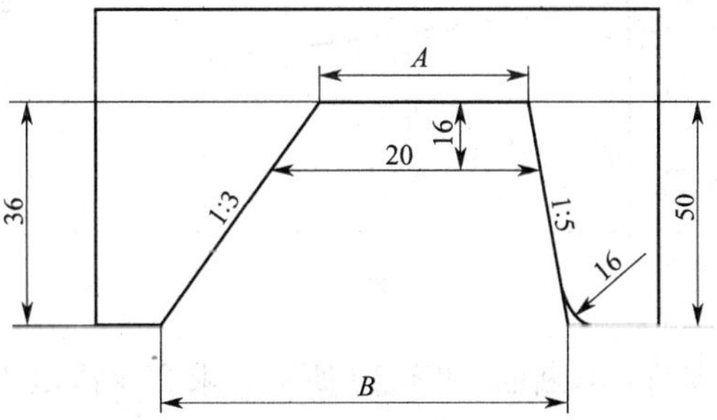

图 9

29. 已知辙叉为 9 号,尺寸以 mm 计,岔枕均垂直于辙叉中心线,岔枕中心线间距如图 10 所示,可近似计算岔跟开口宽度为多少? 并将结果标注在示意图上。

30. 什么是查照间隔? 什么是护背距离? "技规"是怎么规定的? 并检算标准轨距单开道岔护轨轮缘槽和翼轨轮缘槽分别等于 42 mm 和 46 是否符合"技规"的规定?

31. 有一个三角形的零件如图 11 所示,求其 A 面的斜度?(单位:mm)

32. 有一个楔键的尺寸如图 11 所示,求其斜度?(单位:mm)

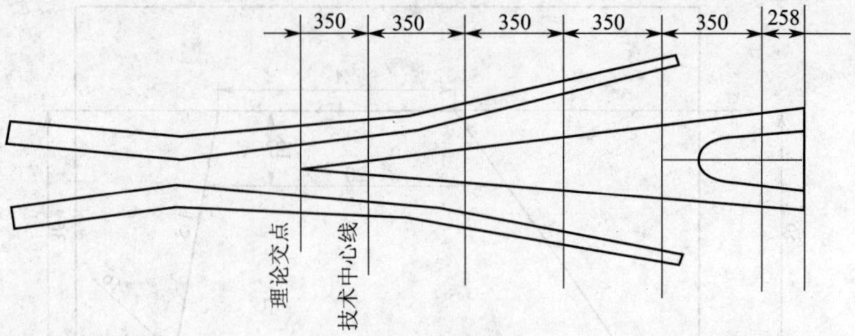

图 10

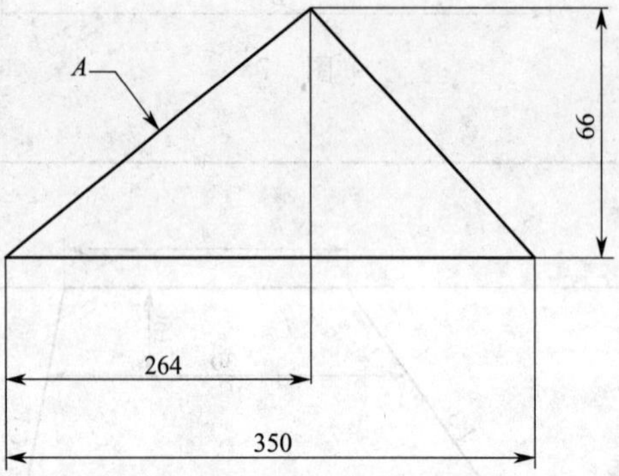

图 11

33. 有一个斜垫块，斜度是 1∶40，小端尺寸 h＝12 mm，长度是 240 mm，为了备料试求其大端的尺寸？

34. 已知一直线尖轨的 5 断面和 10 断面如图 12 所示，求 30 断面的位置 X 的值。(单位:mm)

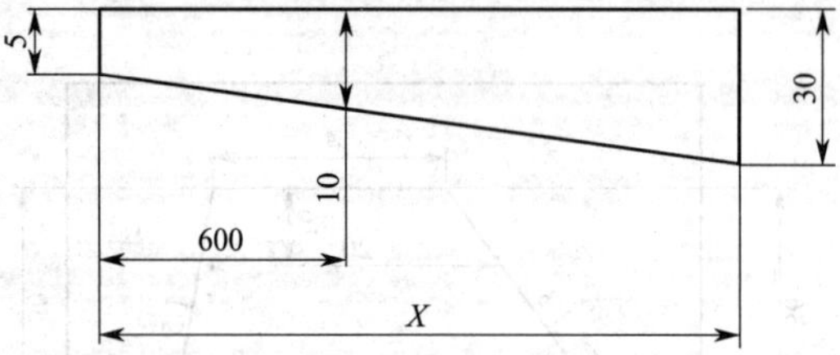

图 12

35. 已知直线尖轨的 50 和 40 断面，如图 13 所示。求 20 断面的位置 X 的值。(单位:mm)

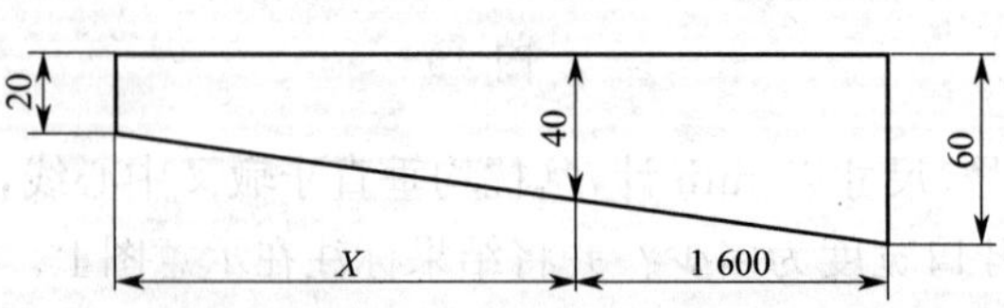

图 13

36. 有半割线型曲线尖轨，割距是 4 mm，割点到尖轨跟端距离是 6 949 mm，曲线半径是 150 717.5 mm，求尖轨的跟距。

37. 补全主视图 14 中所缺的图形。

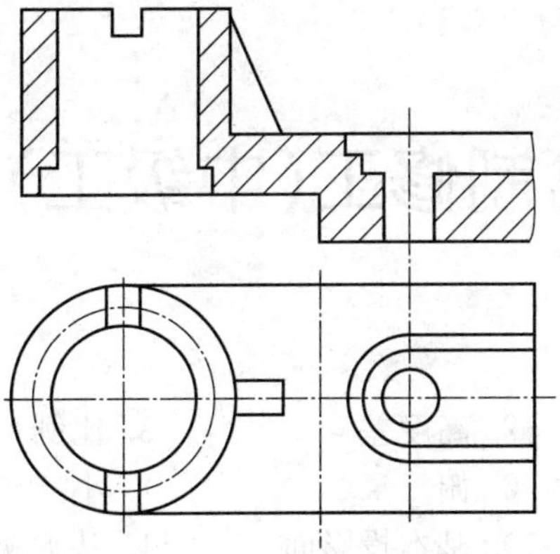

图 14

38. 补全俯视图 15 中所缺的线。

39. 对照立体(图 16)画出三视图。

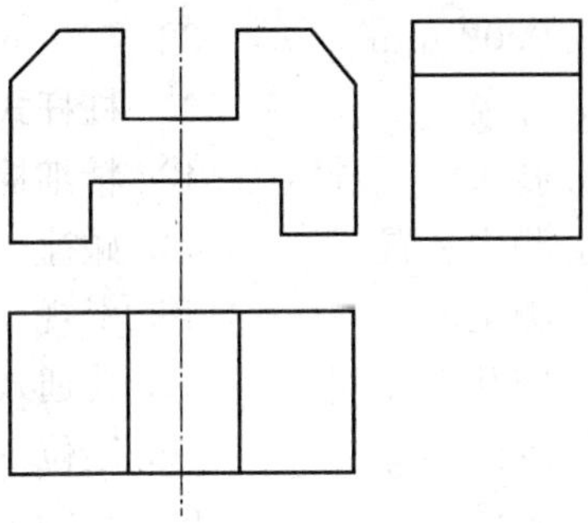

图 15

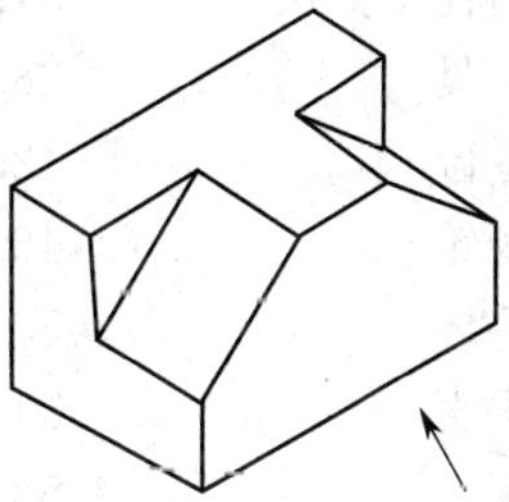

图 16

40. 已知 60 kg/m 道岔产品中用角钢,此角钢为等边角钢,请根据主视图(图 17)画出角钢剖面图并标注高宽角钢厚度、孔高尺寸。

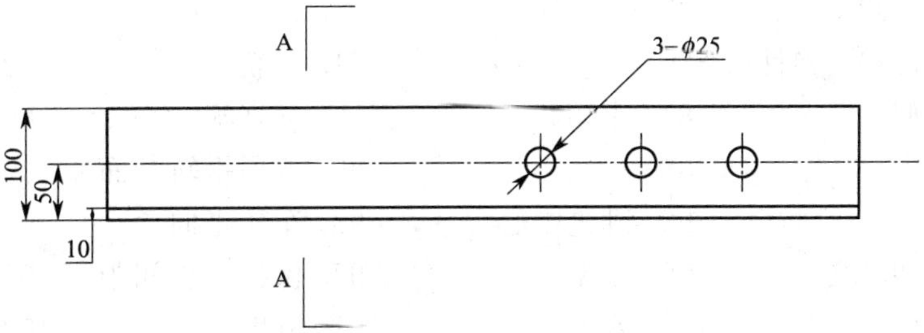

图 17

41. 尺寸链计算主要解决什么问题?

道岔制修工(中级工)答案

一、填 空 题

1. 夹紧	2. 高度差	3. 比例	4. 投影面
5. 主视图	6. 俯	7. 小	8. 1∶1
9. 箭头	10. 基本投影面	11. 基本视图	12. ×向
13. 由前向后	14. 一样大	15. 垂直	16. 零件
17. 细实线	18. 投影方向	19. 剖视图	20. 重合剖面
21. 全剖视图	22. 箭头	23. 标注	24. 移出剖面
25. 局部	26. 对称图形	27. 变动量	28. 垂直
29. 适当	30. 划针	31. 0.02 mm	32. 300 mm
33. 内径千分尺	34. 长度	35. 外径	36. 杠杆式
37. 工具	38. 涂油润滑	39. 砂布	40. 精细棉纱
41. 零位	42. 微分筒	43. 测力装置	44. 碰撞
45. 棘轮	46. 测量误差	47. 测量面	48. 卡规
49. 毛坯	50. 标准量棒	51. 内孔直径	52. 普通式
53. 垂直	54. 端面跳动	55. 定向	56. 定位
57. ◎	58. 生活	59. 黑色	60. 高碳
61. 高碳	62. 磁	63. HB450～HB550	64. 划线基准
65. 设计基准	66. 样冲眼	67. 样冲眼	68. 配划线
69. 长、宽、高	70. 多次	71. 毛坯件	72. 找正
73. 找正	74. 找正	75. 借料	76. 左右不对称
77. 在同一侧	78. 钝角辙叉	79. 锐角	
80. 可弯(或答:弹性可弯)		81. 尖轨	82. 轨撑
83. 曲线型	84. 半切线	85. 补强板	86. 爬坡
87. 爬坡	88. 小	89. 普通钢轨断面	90. 滑床台板
91. 翼轨	92. 理论中心	93. 车轮走向	94. 连接线路
95. 辙叉和辙叉	96. 楔型	97. 保持钢轨间距	98. 拉杆
99. 连接杆	100. 跟部	101. 刚度	102. 辙叉角
103. 可动心轨	104. 可动心轨	105. 道岔主线	106. 跟
107. 轨缝中心	108. 心轨两工作边	109. 道岔基线	110. 尖轨
111. 道岔中心	112. 辙叉心轨	113. 中心	114. 终端
115. 工作边	116. 道岔基线	117. 相同	118. 双转辙器
119. 活动心轨	120. 四	121. 锐角辙叉	122. 孔径的二倍

123. 1　124. 接头夹板　125. 所有　126. 0～1.0
127. 1.5　128. ±1　129. ±1　130. 轨腰
131. 垂直和水平　132. 轨头非工作边　133. 轨头工作边
134. 轨头垂直(或答:轨顶纵坡)　135. 非工作边轨底　136. 非工作边轨底
137. 负　138. 非工作边　139. 垂直刨切　140. 空隙
141. 相等　142. 装夹　143. 1∶40　144. 金相组织
145. 1 mm　146. 2 mm　147. 1　148. $^{+1}_{-0.5}$
149. $^{+1}_{-0.5}$　150. 不分开式　151. ±1　152. ±6
153. $^{0}_{-2}$　154. 1.5　155. 侧线　156. 左开道岔
157. 右开道岔　158. 单开　159. 1　160. ±1
161. 50 mm　162. 1.5　163. 圆顺　164. 2 mm
165. 1 mm　166. 1 mm　167. 1　168. 1
169. ±2　170. 1 mm　171. 钢轨　172. 高锰钢
173. ±4　174. ±2　175. ±2　176. ±2
177. $^{+1}_{-0.5}$　178. $^{+3}_{-1}$　179. 47　180. $^{+1}_{-0.5}$
181. ±2

二、单项选择题

1.B	2.B	3.B	4.B	5.B	6.C	7.D	8.D	9.D
10.A	11.A	12.A	13.B	14.B	15.A	16.B	17.A	18.A
19.C	20.C	21.A	22.B	23.A	24.C	25.B	26.B	27.C
28.D	29.D	30.A	31.B	32.B	33.C	34.D	35.C	36.A
37.B	38.B	39.B	40.B	41.D	42.A	43.C	44.D	45.C
46.A	47.B	48.D	49.D	50.D	51.B	52.D	53.C	54.A
55.B	56.B	57.A	58.C	59.D	60.B	61.B	62.B	63.A
64.D	65.D	66.B	67.A	68.C	69.B	70.B	71.A	72.A
73.A	74.D	75.B	76.C	77.B	78.C	79.D	80.D	81.C
82.A	83.C	84.D	85.D	86.D	87.B	88.B	89.B	90.C
91.A	92.D	93.C	94.B	95.C	96.C	97.B	98.D	99.C
100.D	101.C	102.C	103.A	104.D	105.B	106.C	107.B	108.A
109.B	110.C	111.A	112.B	113.B	114.C	115.A	116.B	117.B
118.A	119.C	120.D	121.A	122.B	123.C	124.D	125.D	126.A
127.B	128.C	129.D	130.D	131.C	132.B	133.A	134.B	135.C
136.C	137.D	138.A	139.B	140.C	141.C	142.C	143.A	144.B
145.C	146.D	147.A	148.D	149.D	150.A	151.B	152.C	153.C
154.D	155.B	156.C	157.D	158.A	159.B	160.C	161.D	162.A
163.B	164.C	165.D	166.A	167.B	168.C	169.D	170.D	171.A
172.B	173.C	174.C	175.D	176.D				

三、多项选择题

1. AD	2. BCD	3. ACD	4. BCD	5. BCD	6. BCD
7. ABCD	8. BCD	9. BC	10. AC	11. AB	12. ACD
13. ABC	14. ACD	15. BCD	16. ACD	17. ABD	18. ABC
19. BCD	20. ABD	21. BCD	22. BCD	23. ACD	24. BCD
25. ACD	26. ABC	27. BCD	28. ABC	29. ABC	30. ABD
31. BC	32. AC	33. AC	34. AC	35. AB	36. ABC
37. ABC	38. ABC	39. BC	40. ABD	41. BCD	42. BCD
43. BCD	44. ABC	45. BC	46. AB	47. ACD	48. DA
49. ABC	50. BC	51. ACD	52. ABC	53. ABCD	54. BCD
55. BCD	56. BCD	57. ABC	58. ACD	59. ABD	60. ACD
61. BCD	62. ABC	63. ABC	64. ABC	65. ACD	66. ABC
67. ACD	68. CD	69. ACD	70. AC	71. ABD	72. ABC
73. ABD	74. ACD	75. BCD	76. BD	77. ABC	78. BCD
79. ABC	80. ABC	81. ABD	82. ABD	83. ABC	84. ABC
85. ABCD	86. ABC	87. ABC	88. ACD	89. ABD	90. ABC
91. BCD	92. ABC	93. BC	94. ABD	95. ABC	96. BCD
97. CD	98. ABC	99. AB	100. BCD	101. ABCD	102. ABC
103. ABCD	104. ABC	105. ABCDE	106. ABCDE	107. ABCD	108. ABCDE
109. ACD	110. AD	111. AB	112. BD	113. BD	114. ABC
115. ABC	116. ABC	117. AB	118. AC	119. ABC	120. ABC
121. ABCD	122. ABC	123. BCD	124. ABD	125. ABC	126. ABCD
127. ABCDE	128. ABCDE	129. ABC	130. BEF	131. ABC	132. ABC
133. ACD	134. ACD	135. CDE	136. ABCD	137. ABCDE	138. ABC
139. AB	140. ABD	141. ACD	142. BCD	143. ACD	144. BCD
145. ACD	146. ACD	147. BCD	148. BCD	149. ACD	150. ABD
151. ACD	152. ABD	153. ACD	154. ABD	155. ABC	156. AB
157. ABCD	158. BCD	159. ACD	160. BCD	161. BCD	162. ABCD
163. ACD	164. ABD	165. ABD			

四、判 断 题

1. ×	2. √	3. √	4. ×	5. √	6. ×	7. √	8. ×	9. ×
10. ×	11. √	12. √	13. √	14. ×	15. √	16. ×	17. √	18. √
19. √	20. √	21. ×	22. ×	23. ×	24. ×	25. √	26. ×	27. √
28. √	29. √	30. √	31. √	32. √	33. √	34. √	35. ×	36. √
37. √	38. √	39. √	40. ×	41. ×	42. √	43. ×	44. ×	45. √
46. ×	47. ×	48. ×	49. ×	50. ×	51. ×	52. ×	53. ×	54. ×
55. √	56. ×	57. ×	58. √	59. ×	60. √	61. ×	62. √	63. √

64.√	65.√	66.√	67.×	68.√	69.√	70.√	71.×	72.√
73.√	74.√	75.×	76.×	77.×	78.×	79.×	80.×	81.√
82.×	83.×	84.×	85.×	86.√	87.×	88.×	89.√	90.√
91.√	92.√	93.√	94.√	95.√	96.×	97.×	98.×	99.√
100.√	101.√	102.×	103.√	104.√	105.√	106.×	107.√	108.×
109.√	110.×	111.√	112.×	113.×	114.√	115.×	116.√	117.√
118.√	119.×	120.√	121.√	122.√	123.×	124.√	125.×	126.×
127.×	128.×	129.√	130.×	131.√	132.×	133.√	134.√	135.√
136.×	137.×	138.√	139.×	140.√	141.×	142.√	143.×	144.×
145.×	146.√	147.√	148.×	149.×	150.×	151.√	152.√	153.×
154.×	155.√	156.×	157.√	158.√	159.×	160.√	161.√	162.×
163.×	164.×	165.√	166.×	167.√	168.√	169.×	170.√	171.√
172.√	173.×	174.×	175.×	176.√	177.×	178.×	179.√	180.√
181.√								

五、简 答 题

1. 答:在零件图上用来确定(2 分)其他点、线、面位置的基准(3 分),称为设计基准。

2. 答:所谓划线基准,就是在划线时(1 分),选择工件上的某个点、线、面作为依据(2 分),用它来确定工件的各部分尺寸、几何形状的相对位置(2 分)。

3. 答:划线时在零件的每一个方向都需要选择一个基准(3 分)。因此,平面划线时一般要选择两个划线基准(1 分),而立体划线时一般需要选择三个划线基准(1 分)。

4. 答:找正就是利用划线工具(3 分)(如划针盘、角尺、单脚规等)使工件上有关的毛坯表面处于合适的位置(2 分)。

5. 答:借料就是通过试划(1 分)和调整(1 分),使各个加工表面的加工余量合理分配(1 分),互相借用(1 分),从而保证各个加工表面都有足够的加工余量,而误差和缺陷加工后得到排除(1 分)。

6. 答:菱形交叉是由两个钝角辙叉(2.5 分)和两个锐角辙叉(2.5 分)组合而成的。

7. 答:线路轨道的特殊设备,有钢轨伸缩调节器(或称温度调节器)、铁鞋脱落器(或称脱鞋器)、脱轨设备等。(总计 5 分,答错一种扣 2 分,扣完为止)

8. 答:常用的尖轨转辙器有可弯式尖轨转辙器(2.5 分)和间隔铁式尖轨转辙器(2.5 分)。

9. 轨距是钢轨顶面下规定范围内两股钢轨作用边之间的最小距离。(5 分)

10. 答:防止钢轨倾覆(1 分)、加强钢轨的稳定性(1 分)、起保持轨距的作用(1 分)。与轨腰紧固后还能防止钢轨的爬行(2 分)。

11. 答:磁粉检测、超声波检测、渗透检测、射线检测、涡流检测。(5 分)

12. 答:与普通断面尖轨相比,AT 尖轨有以下特点:

(1)这种尖轨不需要刨切轨底爬坡,有较大的支承面,利于加工(2 分);

(2)尖轨断面的高宽比小,稳定性好(1 分);

(3)为了便于跟端联结,根部需要加工成为普通钢轨断面(1 分);

(4)轨底需要设滑床台,以保持与基本轨平齐(1 分)。

13. 答:有基本轨、心轨、护轨、间隔铁、垫板及其他零件组成。(总计 5 分,答错一种扣 1 分,扣完为止)

14. 答:护轨的作用如下:(1)起安全保证作用(2 分);(2)起减轻钢轨磨耗作用(1 分);(3)起导向作用(1 分);(4)起加强结构作用(1 分)。

15. 答:间隔铁是夹在两根钢轨之间为保持其固定间隔的零件(5 分)。

16. 答:间隔铁的断面形状大致有双耳断面、单耳断面、楔形断面三种(总计 5 分,答错一种扣 2 分,扣完为止)

17. 答:道岔中、间隔铁起着保持钢轨间距作用(某些间隔铁兼起鱼尾板作用)(5 分)。

18. 答:道岔拉杆是转辙器或可动心轨辙叉中与转辙设备相连接的部分(5 分)。

19 答:道岔连接杆是转辙器中连接两根尖轨的杆件,活动心轨钝角辙叉中连接两根活动心轨的杆件(5 分)。

20. 答:设于轨头水平刨切之后的尖轨(2 分),(或)基本轨轨腰上,起着保持尖轨支距的作用,并能使基本轨与尖轨共同承受水平力(3 分)。

21. 答:用于尖轨(或活动心轨)的跟端(2 分),与辙跟间隔铁共同配合(1 分),将尖轨、基本轨和连接部分钢轨连为一体(1 分)。

22. 答:嵌补在轨腰两侧(2 分),增强尖轨(普通断面尖轨)断面的刚度(3 分)。

23. 答:辙叉角是辙叉跟端心轨两工作边(工作边是曲线时,为切线)的交角(5 分)。

24. 答:所谓藏尖式尖轨,就是把基本轨轨头测面下部作斜切削(2 分),将尖轨实际尖端藏于基本轨轨颚之下(3 分)。

25. 答:藏尖式尖轨可保证尖轨实际尖端免受磨耗轮缘的撞击(5 分)。

26. 答:道岔中心是指辙叉跟端轨道中心线(中心线是曲线时,为切线)(2 分)与道岔始端轨道中心线(2 分)的交点(1 分)。

27. 答:道岔始端是指尖轨尖端前的基本轨端轨缝中心(5 分)。

28. 答:道岔终端是指离道岔始端最远的辙叉跟端轨缝中心(5 分)。

29. 答:辙叉心理论尖端是指辙叉心轨两工作边延长线的交点(5 分)。

30. 答:辙叉心尖端是指辙叉心轨的实际尖端(5 分)。

31. 答:道岔基线是指单开道岔主线中心线(2 分),对称道岔指对称轴线(1 分),其他道岔中指作为基准的直线(2 分)。

32. 答:道岔全长是指道岔始端至道岔终端在道岔基线上的投影长度(5 分)。

33. 答:道岔前部理论长度是指尖轨理论尖端(2 分)至道岔中心在道岔基线上(2 分)的投影长度(1 分)。

34. 答:道岔后部理论长度是指道岔中心(2 分)至辙叉心轨理论尖端在道岔基线上(2 分)的投影长度(1 分)。

35. 答:道岔前部实际长度是指道岔始端(2 分)至道岔中心在道岔基线上(2 分)的投影长度(1 分)。

36. 答:道岔后部实际长度是指道岔中心(2 分)至道岔终端在道岔基线上(2 分)的投影长度(1 分)。

37. 答:尖轨长度是指尖轨尖端(2 分)至尖轨跟端(2 分)的工作边长度(1 分)。

38. 答:尖轨尖端前基本轨长度是指尖轨尖端前的基本轨(2 分)在道岔基线上(2 分)的投

影长度(1分)。

39. 答:交分道岔由菱形交叉(2分)、双转辙器(2分)及边接曲线(1分)等部分组成。

40. 答:交叉渡线一般由四组单开道岔(或对称道岔)(3分)和一组菱形交叉(2分)组合而成。

41. 答:中频热处理是利用感应器线圈在中频(1～10 kz)交流电作用下,在线圈内外产生交变磁场,将工件放入感应器线圈内,工件就会产生与感应器电流频率相等、方向相反的感应电流,这个电流自成回路称"涡流"(2分)。它能使电能变成热能,使工件迅速变热(1分)。涡流,主要集中在表面称"集肤效应",利用这个原理可以使工件表面层快速加热到淬火温度,再利用冷却装置使工件表面快速冷却,使工件表面层淬硬。(2分)。

42. 答:尖轨为贴尖式时基本轨的主要工艺过程为:(1)下料;(2)锯切;(3)钻孔;(4)道头孔倒角;(5)淬火;(6)调顶;(7)组装等。(总计5分,缺少一项扣1分,扣完为止)

43. 答:尖轨为藏尖式时基本轨的主要工艺过程为:(1)下料;(2)锯切;(3)钻孔;(4)道头孔倒角;(5)切削下颚;(6)淬火;(7)调顶;(8)组装等。(总计5分,缺少一项扣0.5分,工序颠倒一项扣1分,扣完为止)

44. 答:普通断面直线尖轨的主要工艺过程为:(1)下料;(2)锯切;(3)钻孔;(4)道头孔倒角;(5)组装补强板;(6)顶弯;(7)轨头非工作边水平刨切;(8)轨头工作边水平刨切;(9)尖轨轨头垂直刨切;(10)淬火;(11)时效;(12)调直;(13)非工作边轨底水平刨切;(14)非工作边轨底垂直刨切;(15)调直;(16)零件组装(装顶铁、接头铁、磨尖、涂油等);(17)跟端组装等。(总计5分,缺少一项扣0.5分,扣完为止)

45. 答:普通断面曲线尖轨的主要工艺过程为:(1)下料;(2)锯切;(3)钻孔;(4)道头孔倒角;(5)组装补强板;(6)顶弯;(7)轨头非工作边水平刨切;(8)轨头工作边水平刨切;(9)尖轨轨头垂直刨切;(10)淬火;(11)时效;(12)调顶(曲线部分保持圆顺);(13)非工作边轨底水平刨切;(14)非工作边轨底垂直刨切;(15)调试;(16)零件组装(装顶铁、接头铁、磨尖、涂油等);(17)跟端组装等。(总计5分,缺少一项扣0.5分,扣完为止)

46. 答:AT直线尖轨的主要工艺过程为:(1)跟端加工;(2)调直;(3)下料;(4)锯切;(5)钻孔;(6)道头孔倒角;(7)顶弯;(8)轨头非工作边水平切削;(9)轨头工作边水平切削;(10)尖轨轨头垂直切削;(11)淬火;(12)时效;(13)调直;(14)非工作边轨底水平切削;(15)调试;(16)零件组装(装接头铁、磨尖、涂油等);(17)跟端组装等。(以上缺少4项扣1分,扣完4分为止。采用专用数控铣床时:上述工序(8)、(9)、(10)改为"轨头铣削"(1分)。总计5分)

47. 答:AT曲线尖轨的主要工艺过程为:(1)后跟加工;(2)调直;(3)直料;(4)锯切;(5)钻孔;(6)道头孔倒角;(7)划线;(8)顶弯;(9)轨头非工作边水平切削;(10)顶弯;(11)轨头工作边水平切削;(12)尖轨轨头垂直切削;(13)淬火;(14)时效;(15)调顶;(16)非工作边轨底水平切削;(17)调试;(18)零件组装(装接头铁、磨尖、涂油等);(19)跟端组装等。(以上缺少4项扣1分,扣完4分为止。采用专用数控铣床时为:上述工序(7)、(8)、(9)、(10)、(11)、(12)改为"轨头铣削"(1分)。(总计5分)

48. 答:物体在光线照射下,在投影面产生影子的现象叫投影(5分)。

49. 答:投影线互相平行且与投影面垂直时,物体在投影面上所得的投影称为正投影(5分)。

50. 答:R、D分别表示圆(或圆弧)(2分)半径(1.5分)、直径(1.5分)。

51. 答:主视、俯视长对正(2 分);主视、左视高平齐(2 分);俯视、左视宽相等(1 分)。

52. 答:假想用剖切面将零件剖开(2 分),移动观察者和剖切面之间的部分(2 分),将余下部分向投影面投影(1 分),所得的视图称剖视图。

53. 答:(1)看标题栏;(2)分析视图;(3)分析形体;(4)识读零件尺寸;(5)了解技术要求。(总计 5 分,缺少一项扣 1 分,扣完为止)

54. 答:抓主视看大致(1 分),沿符号找位置(1 分)。剖面线辨虚实(1 分),对线条形状识(1 分)。外形,视图定,内形,看剖视。部分,想形状,综合,整体识(1 分)。

55. 答:形状公差指单一实际要素的形状所允许的变动全量(2 分)。位置公差指关联实际要素的位置对基准所允许的变动全量(2 分)。其作用是保证零件表面形状和位置的准确性(1 分)。

56. 答:安全第一,预防为主(5 分)。

57. 答:零件加工完成后(2 分),表面上具有的较小间距(1 分)和峰谷(1 分)所组成的微观几何形状不平的程序(1 分),称表面粗糙度。

58. 答:为使生产过程在符合安全要求的物质条件和工作程序下进行,以防止人身伤亡(1 分)和设备事故(1 分)及各种灾害的发生(1 分),保障劳动者的安全健康(1 分)和生产作业的正常进行(1 分)而采取的各种措施。

59. 答:零件图上的尺寸是说明零件的几何形状大小(1 分)、局部结构(1 分)的相对位置(1 分)和加工要求(1 分)的重要数据(1 分)。

60. 答:现代工程材料分为金属材料(1 分)、陶瓷材料(1 分)、高分子材料(1 分)和复合材料(2 分)四大类。

61. 答:这四种优质钢是:普通优质钢(1 分)、优质钢(1 分)、高级优质钢(2 分)、特级优质钢(1 分)。

62. 高锰钢最特殊的性能是在冲击负荷能迅速产生加工硬化(2 分)现象。使这种材料具有良好的耐磨性能(2 分),例如道岔的高锰钢辙叉就是充分利用了这种性能(1 分)。

63. 答:互换性能指在制成的同一规格零部件中(1 分),装配前,不作任何挑选装配时(1 分),不需要任何修配(1 分)和调整就能顺利装配(1 分),装配后保证达到原定性能的要求(1 分)。

64. 答:基本尺寸是设计时(1 分),根据使用要求(1 分),通过强度(1 分)、刚度计算(1 分)或结构等方面(1 分)的考虑所给定的尺寸。

65. 答:上偏差是最大极限尺寸减去基本尺寸所得的代数差,即:上偏差=最大极限尺寸－基本尺寸(1 分)。

下偏差是最小极限尺寸减去基本尺寸所得的代数差,即:下偏差=最小极限尺寸－基本尺寸(1 分)。

公差是尺寸公差的简称,是允许尺寸的变动量。就数值而言,公差=最大极限尺寸－最小极限尺寸=上偏差－下偏差(2 分)。

显而易见,公差永远是正值,而偏差则可为正、负或零值,这是两者的根本区别(1 分)。

66. 答:基本尺寸相同,相互结合的孔与轴公差带之间的关系为配合。配合有三类:

(1)间隙配合,是具有间隙(包括最小间隙等于零)的配合,此时,孔的公差带在轴的公差带之上,在间隙配合中,孔的实际尺寸总是大于轴的实际尺寸(1.5 分)。

(2)过盈配合,是具有过盈(包括最小过盈等于零)的配合。此时孔的公差带在轴的公差带之下,在过盈配合中,孔的实际尺寸总是小于轴的实际尺寸(1.5 分)。

(3)过渡配合,是可能具有间隙或过盈的配合,此时,孔和轴的公差带相互交叠,在过渡配合中,孔的实际尺寸有时大于轴的实际尺寸,有时小于轴实际尺寸(2 分)。

67. 答:孔的公差带位置(基本偏差)固定不变。只改变轴的公差带位置,就可得到各种不同性质的配合,这种基本偏差为一定的孔公差带,与不同基本偏差的轴公差带形成各种不同性质配合的各种制度,叫做基孔制。国标规定基孔制的孔为基准孔,基准孔的下偏差为零,其基本偏差值为 H(2.5 分)。轴的公差带位置(基本偏差)固定不变,只改变孔的公差带位置,也能得到各种不同性质的配合,这种基本偏差为一定的轴公差带,与不同基本偏差的孔公差带,形成各种不同性质配合的一种制度,叫做基轴制。国标规定基轴制的轴为基准轴,基准轴上的偏差为零,其基本偏差代号为 h(2.5 分)。

68. 答:实际直线对理想直线所允许的变动全量,称为直线度公差,它用于限制零件上直线的不直程度,这些直线包括圆柱体和圆锥体的母线,回转体的棱线,轴线以及平面上任一直线(2.5 分)。被测要素对基准在垂直方向上所允许的变动全量,称为垂直度公差。它用于限制零件上被测要素对基准不垂直的程度(2.5 分)。

69. 答:尺寸公差是指允许的尺寸变动量,简称公差(5 分)。

70. 答:形状公差是指单一实际要求的形状相对基准所被允许的变动全量(5 分)。

71. 答:位置误差是指关联实际要求相对其理想要素的变动量(5 分)。

72. 答:形位公差的公差带是由公差带大小(1 分)、公差带形状(1 分)、公差带方向(1 分)和公差带位置(2 分)四个要素确定的。

六、综 合 题

1. 答:(1)看清图样(1 分),详细了解工件上需要划线的部位(1 分);明确工件及其划线的有关部分的作用和要求(1 分);了解有关加工工艺(1 分)。

(2)选定划线基准(1 分)。

(3)初步检查毛坯的误差情况(1 分).

(4)正确安放工件和选用工件(1 分)。

(5)划线(1 分)。

(6)详细检查划线的准确性以及是否有漏划的线条(1 分)。

(7)在线条上冲眼(1 分)。(总计 10 分)

2. 解:设该钢轨重量为 G:

$G=49.5\times770\times7.8=297\ 297$ g≈297 kg(8 分:算式 5 分,结果 3 分)

答:其重量为 297 kg。(2 分)(总计 10 分)

3. 解:设该钢轨重量为 G:

$G=57.0\times660\times7.8=293\ 436$ g≈293 kg(8 分:算式 5 分,结果 3 分)

答:其重量为 293 kg。(2 分)(总计 10 分)

4. 解:设该钢轨重量为 G:

$G=65.8\times800\times7.8=410\ 592$ g≈411 kg(8 分:算式 5 分,结果 3 分)

答:其重量为 411 kg。(2 分)(总计 10 分)

5. 解:设该钢轨重量为 G:

$G=77.45\times 1\,000\times 7.8=60\,4110$ g≈604 kg(8 分:算式 5 分,结果 3 分)

答:其重量为 604 kg。(2 分)(总计 10 分)

6. 解:设该钢轨重量为 G:

$G=95.037\times 900\times 7.8=667\,159.74$ g≈667 kg(8 分:算式 5 分,结果 3 分)

答:其重量为 667 kg。(2 分)(总计 10 分)

7. 解:设该钢轨重量为 G:

$G=88.29\times 625\times 7.8=430\,413.75$ g≈430 kg(8 分:算式 5 分,结果 3 分)

答:其重量为 430 kg。(2 分)(总计 10 分)

8. 解:设该钢轨重量为 G:

$G=104.746\times 900\times 7.8=735\,316.92$ g≈735 kg(8 分:算式 5 分,结果 3 分)

答:其重量为 735 kg。(2 分)(总计 10 分)

9. 解:设该钢轨每米重量为 n:

$n=57\times 100\times 7.8=44\,460$ g≈44.46 kg(6 分:算式 4 分,结果 2 分)

根据其每米质量为 44.46≈43 kg/m 可知它是 43 kg/m 钢轨(3 分)

答:该钢轨为 43 kg/m 钢轨。(1 分)(总计 10 分)

10. 解:设该钢轨每米重量为 n:

$n=65.8\times 100\times 7.8=51\,324$ g≈51.324 kg(6 分:算式 4 分,结果 2 分)

根据其每米质量 51.324≈50 kg/m 可知道它是 50 kg/m 钢轨(3 分)

答:该钢轨为 50 kg/m 钢轨。(1 分)(总计 10 分)

11. 解:设该钢轨每米重量为 n:

$n=77.45\times 100\times 7.8=60\,411$ g≈60.411 kg(6 分:算式 4 分,结果 2 分)

根据其每米质量 60.411≈60 kg/m 可知道它是 60 kg/m 钢轨(3 分)

答:该钢轨为 60 kg/m 钢轨。(1 分)(总计 10 分)

12. 解:(总计 10 分,其画图 6 分)

(1)作出两互相垂直的直径 AB、CD(0.5)

(2)在 B 点以半径 r 做弧,交圆周于 K、L 两点(0.5 分)

(3)连接 K、L,与直径 AB 相交得 E 点(0.5 分)

(4)以 E 点为中心,CE 为半径,划圆弧与直线 AB 交与 F 点(0.5 分)

(5)以 C 点为中心,CF 为半径,划圆弧交圆周上 G 点(0.5 分)

(6)以 CG 弧长($CG=CF$)依次在圆周上划等分点 I、J、H;(1 分)

(7)点 C、G、I、J、H 就是圆周上的五等分点。(0.5 分)

13. 解:(总计 10 分,其中画图 6 分)

(1)先划出直径 AB(1 分)

(2)分别以 A、B 点为中心,r 为半径,划圆弧交于圆周上 C、D、E、F 点(2 分)

(3)点 A、D、F、B、E、C 就是圆周上六等分点。(1 分)

14. 解:$a=360°/12=30°$(1 分)

$L=D\sin\frac{\alpha}{2}=100\times\sin\frac{\alpha}{2}=100\times 0.258\,8=25.88$ (8 分,算式 5 分,结果 3 分)

答:弦长 L 的尺寸为 25.88 mm。(1 分)(总计 10 分)

15. 解:设它的每米质量为 n:

$$n=\frac{3400}{12.5\times10}=51.12$$ (8 分,算式 5 分,结果 3 分)

根据其每米质量为 51.52≈50 kg/m 可知它是 50 kg/m 钢轨。

答:它是 50 kg/m 钢轨。(2 分)(总计 10 分)

16. 解:设它的每米质量为 n:

$$n=\frac{6700}{25\times6}=44.67$$ (6 分:算式 4 分,结果 2 分)

根据其每米质量为 44.67≈43 kg/m 可知它是 43 kg/m 钢轨(3 分)

答:它是 43 kg/m 钢轨。(1 分)(总计 10 分)

17. 解:设它的,每米质量为 n:

$$n=\frac{3\ 790}{12.5\times5}=60.64\ \text{kg/m}$$ (6 分:算式 4 分,结果 2 分)

根据其每米质量为 60.64≈60 kg/m 可知它是 60 kg/m 钢轨。(3 分)

答:它是 60 kg/m 钢轨。(1 分)(总计 10 分)

18. 解:设它的每米质量为 n:

$$n=\frac{2660}{7.7\times5}=69.1\ \text{kg/m}$$ (6 分:算式 4 分,结果 2 分)

根据其每米质量为 69.1 kg/m 可知它是 50AT 钢轨。(3 分)

答:它是 50AT 钢轨。(1 分)(总计 10 分)

19. 解:设它的每米质量为 n:

$$n=\frac{3\ 160}{7.7\times5}=82.07\ \text{kg/m}$$ (6 分,算式 4 分,结果 2 分)

根据其每米质量为 82.07 kg/m 可知它是 60AT 钢轨。(3 分)

答:它是 60AT 钢轨。(1 分)(总计 10 分)

20. 解:

$Y=R-\sqrt{R^2-X^2}=20\ 000-\sqrt{20\ 000^2-2\ 000^2}=100.25$ (8 分:算式 6 分,结果 2 分)

答:圆弧支距 y 等于 100.25(2 分)(总计 10 分)

21. 解:$X=\sqrt{R^2-(R-183)^2}=\sqrt{300\ 717.5^2-(300\ 717.5-183)^2}=11\ 000$(8 分:算式 6 分,结果 2 分)

答:水平支距 X 等于 11 000。(2 分)(总计 10 分)

22. 解:$(R-200)^2+12\ 500^2-R^2$

$R^2-400\text{R}+200^2+12\ 500^2=R^2$

$R=390\ 725$(9 分:等式 7 分,结果 2 分)

答:尖轨轨头工作边的圆曲线半径 R 等于 390 725。(1 分)(总计 10 分)

23. 解:$A=300\ 717.5-\sqrt{300\ 717.5^2-1\ 000^2}=1.66$ (3 分:算式 2 分,结果 1 分)

$B=A-(300\ 717.5-\sqrt{300\ 717.5^2-500^2})=1.66-0.42=1.24$（4 分：算式 3 分，结果1 分）

$C=B=1.24$（2 分）

答：支距 A 值为 1.66，B、C 值为 1.4（1 分）（总计 10 分）

24. 解：$L=\sqrt{R^2-(R-A)^2}\times 2=\sqrt{360\ 717.5^2-(360\ 717.5-2)^2}\times 2=2\ 402.4$（8 分：算式5 分，结果 3 分）

答：图中 L 的大小为 2 402.4。（2 分）

25. 解：$A=30-\frac{16}{3}-\frac{16}{20}=23.9$（4 分：算式 3 分，结果 1 分）

$B=\frac{40.8}{3}+\mathrm{A}+\frac{36}{20}=39.3$（4 分：算式 3 分，结果 1 分）

答：图中 A 的大小为 23.9，B 的大小为 40。（2 分）（总计 10 分）

26. 解：$A=30-\frac{16}{4}-\frac{16}{20}=25.2$（4 分：算式 3 分，结果 1 分）

$B=\frac{40.8}{3}+A+\frac{36}{20}=37.2$（4 分：算式 3 分，结果 1 分）

答：图中 A 的大小为 25.2，B 的大小为 37.2。（2 分）（总计 10 分）

27. 解：$A=30-\frac{16}{3}-\frac{16}{5}=11.5$（4 分：算式 3 分，结果 1 分）

$B=\frac{36}{3}+\mathrm{A}+\frac{50}{5}=33.5$（4 分：算式 3 分，结果 1 分）

答：图中 A 的大小为 11.5，B 的大小为 33.5。（2 分）（总计 10 分）

28. 解：$A=30-\frac{16}{4}-\frac{16}{5}=12.8$（4 分：算式 3 分，结果 1 分）

$B=\frac{36}{4}+\mathrm{A}+\frac{50}{5}=31.8$（4 分：算式 3 分，结果 1 分）

答：图中 A 的大小为 12.8，B 的大小为 31.8。（2 分）（总计 10 分）

29. 解：岔跟水平距＝350＋4×540＋256＝2 766（3 分）

因为系 9 号辙叉，且岔枕中心线均垂直辙叉中心线（2 分）

所以岔跟宽度＝2 766/9＝307 mm（3 分）

答：岔跟宽度为 307 mm。（2 分）（总计 10 分）

30. 答：心轨与护轨的查照间隔是辙叉心轨工作边至护轨工作边的距离（2 分）。护背距离是指翼轨（在钝角辙叉中为护轨）工作边至护轨（三开道岔中为翼轨）工作边之间为保证最小轮背距轮对通过的距离（2 分）。"技规"规定辙叉心轨工作边至护轨工作边的查照间隔≥1 391 mm（1 分）。翼轨工作边至护轨工作边的护背距离≤1 348 mm（1 分）。

检算标准轨距单开道岔：已知护轨轮缘槽＝42 mm，翼轨轮缘槽＝46 mm 则：

1 435－42＝1 393＞1 391 mm，1 435－42－46＝1 347＜1 348 mm

因此查照间隔和护背距离符合"技规"规定。（4 分）（总计 10 分）

31. 解:$M=\frac{H-h}{L}$(4 分)

因为 $h=0, L=264, H=66$,(1 分)

$M=\frac{66-0}{264}=\frac{1}{4}$(4 分)

答:A 面的斜度是 1∶4。(1 分)(总计 10 分)

(要点:要知道公式小道数值 $h=0$,长度知道选用 $L=264$,算数正确。每个要点 2 分)

32. 解:$M=\frac{H-h}{L}$(4 分)

$H=9.5, h=6, L=70$(1 分)

$M=\frac{9.5-6}{70}=\frac{1}{20}$(4 分)

答:斜度是 1∶20。(1 分)(总计 10 分)

33. 解:设其大端尺寸为:

$M=\frac{H-h}{L}$(4 分)

$M=1:40, H=X, h=12, L=240$,(1 分)

$\frac{1}{40}=\frac{X-12}{240}$(2 分)

$X=18$(2 分)

答:其大端尺寸为 18 mm。(1 分)(总计 10 分)

34. 解:$\frac{600}{10-5}=\frac{X-600}{30-10}$(5 分)

$X=3\ 000$ (4 分)

答:30 断面的位置 X 的值为 3 000 mm。(1 分)(总计 10 分)

35. 解:$\frac{X}{40-20}=\frac{1\ 600}{50-40}$(5 分)

$X=3\ 200$(4 分)

答:20 断面的位置 X 的值为 3 200 mm。(1 分)(总计 10 分)

36. 解:$(R-Y_u-f_1)^2+(X+A)^2=R^2$(5 分)

$(180\ 717.5-200-10)^2+(600+A_0)^2=180\ 717.5^2$(2 分)

$A_0=2\ 710$(分)

答:图中 A_0 等于 2 710。(1 分)

37. 答补全主视图图线如图 18 所示。

答案要求:(1)补全图线,共计三条,少(或错)画一条扣 3 分。

(2)目的读懂视图的能力。

38. 答:补全俯视图如图 19 所示。

答案要求:(1)补全俯视图的图线,共计 4 条,少(或错)画一条扣 2.5 分。

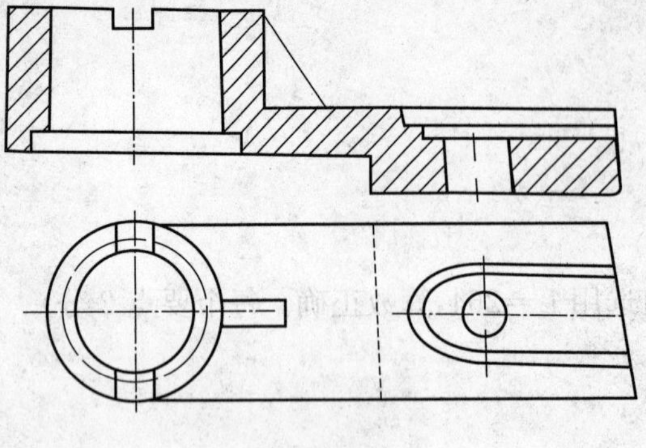

图 18

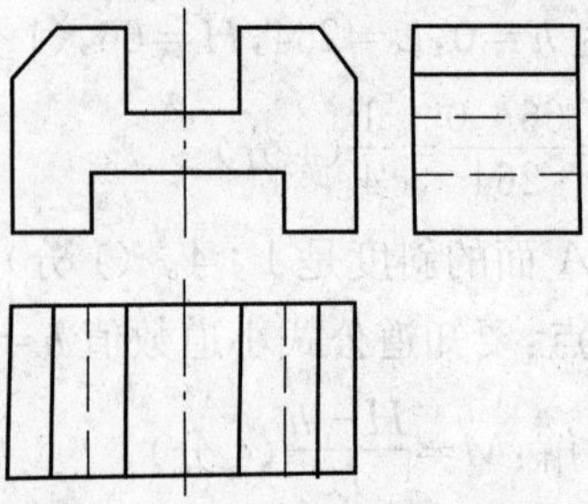

图 19

(2)目的,培养读图能力。

39. 答:三视图如图 20 所示。

答案要求:(1)画出三个视图,应符合投影规律,每个视图 3 分。

(2)画错(或少线)每少一条线扣 0.5 分。

(3)目的,培养实践与理论结合能力。

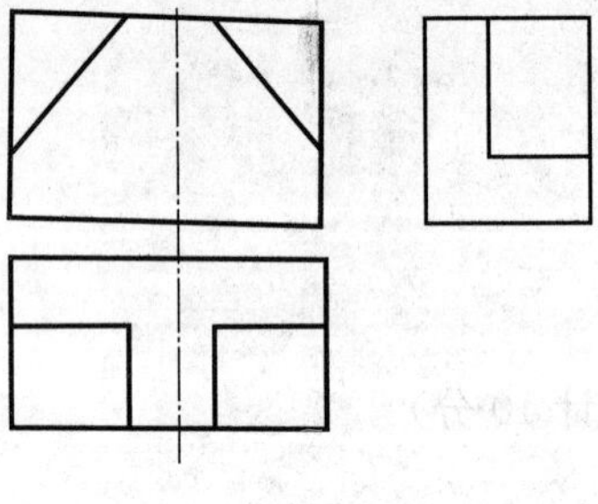

图 20

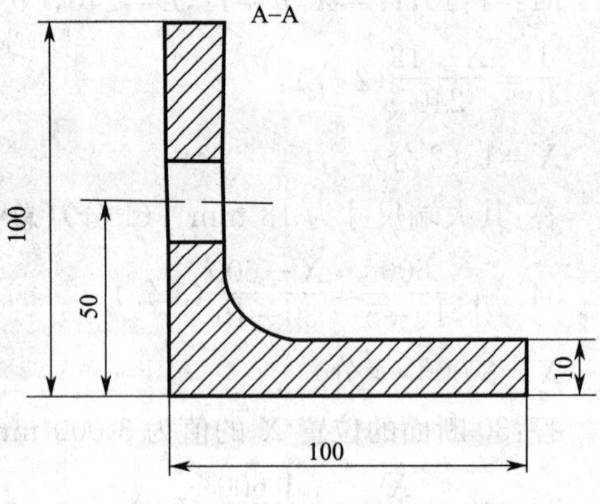

图 21

40. 答题要求:(1)画出剖面图(图 21),并标注尺寸

(2)每错一处扣 1.5 分

(3)目的,识读视图。

41. 解:(1)尺寸链正计算主要用来验算设计的正确性。(3 分)

(2)尺寸链反计算应用于设计上,即根据机器的使用要求,确定各零件的基本尺寸及偏差。(3 分)

(3)尺寸链中间计算在工艺设计上应用较多,如基准的换算,工序尺寸的确定。(4 分)

道岔制修工(高级工)习题

一、填 空 题

1. 我国的现有钢轨中,轨头顶面与侧面的连接圆弧半径,除 75 kg/m 钢轨为 15 mm,其他为(　　)mm。

2. 43-75 kg/m 标准断面钢轨,轨腰厚度允许偏差为(　　)mm。

3. 43-75 kg/m 标准断面钢轨,轨底厚度允许偏差为(　　)mm。

4. 43-75 kg/m 标准断面钢轨,轨头断面对称度允许偏差(　　)mm。

5. 43-75 kg/m 标准断面钢轨,轨底断面对称度允许偏差为(　　)mm。

6. 线路轨道的特殊设备,有(　　)、铁鞋脱落器、脱轨道岔等。

7. 钢轨伸缩调节器是调节(　　)的装置。

8. 钢轨伸缩调节器是借助尖轨和基本轨在轨道方向上的相对错动,来调节由于(　　)所引起的大距离钢梁桥面系或无缝线路的钢轨伸缩。

9. 组成钢轨伸缩调节器的钢轨件有(　　)。

10. 弹性可弯式尖轨转辙器是尖轨跟端固定,利用尖轨(　　)改变位置的转辙器。

11. 间隔铁式尖轨转辙器是尖轨跟端用辙跟夹板、间隔铁等形成(　　),尖轨跟端可以摆动的转辙器。

12. 由于车轮走行的要求,使锐角辙叉形成两侧为(　　),中间为叉心的特殊结构型式。

13. 锐角辙叉翼轨的前部顶面起着(　　)车轮运行的作用,后部起着引导车轮运行的作用。

14. 锐角辙叉按平面型式有直线辙叉和(　　)辙叉。

15. 锐角辙叉按叉心构造型式有固定型辙叉和(　　)辙叉。

16. 锐角辙叉按整体结构型式有钢轨组合式和(　　)。

17. 钝角辙叉按平面型式有直线辙叉和(　　)辙叉。

18. 钝角辙叉按叉心构造型式有固定型辙叉和(　　)辙叉。

19. 钝角辙叉按整体结构型式有钢轨组合式和(　　)辙叉。

20. 活动心轨式辙叉,在基本轨和活动心轨上分别加设帮轨和扶轨,是为了加强其(　　)。

21. 提高道岔侧向通过速度的最有效的途径是(　　)。

22. 垫板作用主要是固定(　　)及辙叉的位置,并承受车轮传递给钢轨的压力。

23. 轨撑的作用是防止钢轨倾覆、加强钢轨的稳定性、起保持轨距的作用。其与轨腰紧固后,还能防止钢轨的(　　)。

24. 轨撑按其设置部位及作用可分为普通轨撑、(　　)轨撑、钝角辙叉轨撑、防爬轨撑及防跳轨撑。

25. 设置辙跟轨撑、防爬轨撑的目的是防止辙跟后移和(　　)。

26. 道岔各部件间隔选择的不合理,会产生撞击和磨耗,甚至发生(　　)事故。

27. 道岔(　　)的作用是连接转辙器的两尖轨、活动心轨辙叉两心轨,并与转辙设备相连,实现尖轨的摆动。

28. 道岔(　　)的作用是增强尖轨或心轨间的框架作用,提高尖轨的稳定性。

29. 一般交分道岔中的锐角辙叉即为同号数的(　　)。

30. 在交叉渡线中,菱形钝角辙叉和锐角辙叉的辙叉角为单开辙叉角的(　　)。

31. 在交叉渡线中,菱形交叉中辙叉号数与辙叉角(　　)余切关系。

32. 尖轨的尖端有贴尖式和(　　)两种结构型式。

33. (　　)是道岔开通侧线时,侧线尖轨跟端工作边(曲线时为切线)和主线基本轨工作边的交角。

34. (　　)是列车行驶中车轮撞击钢轨的角度。

35. (　　)尖轨不能完全消除尖轨尖端受磨耗轮缘撞击的可能性,特别是当轮踏面具有极限垂直磨耗时。在这种情况下,尖轨即使与基本轨完全密贴,其实际尖端也仍有被这种轮缘撞击的可能(指逆向进岔的车轮)。

36. (　　)尖轨可保证尖轨实际尖端免受磨耗轮缘的撞击。

37. 对于同一尖轨平面,采用固定型跟部结构比采用活动型跟部结构所要求的尖轨长度要(　　)些。

38. 弹性可弯尖轨,它借助于尖轨的(　　)实现尖轨的摆动,它能使尖轨跟端的连接设备。

39. 尖轨跟部采用间隔铁式连接具有构造简单,加工方便,尖轨扳动灵活,并且尖轨可以设计成较短长度,但这种活接头易出现病害,尖轨的(　　)较差。

40. 辙叉(　　)是辙叉(不包括钝角辙叉)与导轨相连接的一端。

41. 辙叉(　　)是辙叉(不抱愧钝角辙叉)心轨伸出的一端。

42. 辙叉(　　)是指辙叉心轨理论尖端至辙叉趾端的工作边长度。

43. 辙叉(　　)是指辙叉心轨理论尖端至辙叉跟端的工作边长度。

44. 辙叉(　　)是指辙叉趾端两翼轨工作边之间的距离。

45. 辙叉(　　)是指辙叉跟端两心轨工作边之间的距离。

46. 设置帮轨可以提高基本轨的水平刚度,减少基本轨的水平位移,有利于基本轨与心轨的(　　),并且可以减轻基本轨的垂直磨耗。

47. 两平行线路的交叉渡线一般有三种布置方法:(　　)、不对称布置、缩短的交叉渡线。

48. 转辙器基本轨一般不进行切削加工,只有尖轨是藏尖式尖轨时,才对基本轨(　　)进行切削加工。

49. 转辙器基本轨下颚切削加工是在基本轨顶面以下(　　)mm 处进行切削,不破坏基本轨的工作边。

50. 尖轨轨头工作边水平刨切底部连接圆弧为(　　)mm。

51. 尖轨轨头非工作边刨切深度一般在低于基本轨轨头侧面下边缘以下(　　)mm 处。

52. 尖轨轨头非工作边和工作边水平刨切时,需要检查轨头刨切的深度、(　　)及各断面宽度。

53. 按 TB/T 412—2014 规定,尖轨和活动心轨轨头非工作边水平刨切深度允许偏差

(　　)mm。

54. 按 TB/T 412—2014 规定，尖轨和活动心轨轨头工作边水平刨切深度允许偏差为(　　)mm。

55. 尖轨顶面自轨头宽(　　)mm 至尖轨尖端为一个坡度。

56. 尖轨和活动心轨尖端不允许掉尖，如出现掉尖，长度不大于 15 mm，深度不大于(　　)mm 时允许补焊调整。

57. 道岔钢轨件淬火的方法，有(　　)淬火和火焰淬火两种。

58. 道岔淬火层形状为(　　)形。

59. 按铁道部铁公务函〔1996〕313 号发布的《60 kg/m 钢轨提速道岔技术条件(暂行)》规定，提速道岔尖轨及可动心轨轨头宽≤10 mm 断面的淬火硬度为(　　)HB。

60. 道岔钢轨件淬火层金相组织应为淬火(　　)。

61. 道岔淬火钢轨件不得有烧伤、裂纹和深度大于(　　)的伤痕等有害缺陷。

62. 对淬火钢轨件进行时效，可以采用自然时效和(　　)。

63. 尖轨或活动心轨两侧的补强板焊缝至螺栓孔净距不得小于(　　)mm。

64. 按铁道部铁公务函〔1996〕313 号发布的《60 kg/m 钢轨提速道岔技术条件(暂行)》的规定，提速道岔可动心轨辙叉咽喉偏差(　　)mm。

65. 按铁道部铁公务函〔1996〕313 号发布的《60 kg/m 钢轨提速道岔技术条件(暂行)》的规定，提速道岔可动心轨辙叉咽喉偏差(　　)mm。

66. 按铁道部铁公务函〔1996〕313 号发布的《60 kg/m 钢轨提速道岔技术条件(暂行)》的规定，提速道岔可动心轨辙叉趾跟端开口距偏差(　　)mm。

67. 按铁道部铁公务函〔1996〕313 号发布的《60 kg/m 钢轨提速道岔技术条件(暂行)》的规定，提速道岔补强板应与翼轨上下颚密贴，如不密贴，允许有(　　)mm 的间断缝隙，不允许存在>600 mm 的连续缝隙。

68. 按铁道部铁公务函〔1996〕313 号发布的《60 kg/m 钢轨提速道岔技术条件(暂行)》的规定，提速道岔直股可动心轨工作边应成直线，允许有不大于(　　)mm 的空隙。

69. 按铁道部铁公务函〔1996〕313 号发布的《60 kg/m 钢轨提速道岔技术条件(暂行)》的规定，提速道岔可动心轨尖端前后各(　　)范围内不许抗线，其他部分允许有不大于 0.5 mm 的抗线。

70. 按铁道部铁公务函〔1996〕313 号发布的《60 kg/m 钢轨提速道岔技术条件(暂行)》的规定，提速道岔可动心轨与钢岔枕组装后，尖端轨底与第一台间隙小于(　　)mm。

71. 按 TB/T 447—2004 规定，高锰钢辙叉试样经水韧处理后的金相组织应为(　　)。

72. 按 TB/T 447—2004 规定，高锰钢辙叉表面应平整洁净，轨底不得有(　　)。

73. 按铁道部铁公务函〔1996〕313 号发布的《60 kg/m 钢轨提速道岔技术条件(暂行)》的规定，60-12 号提速道岔尖轨限位器前后缝隙的偏差不大于(　　)mm。

74. 按铁道部铁公务函〔1996〕313 号发布的《60 kg/m 钢轨提速道岔技术条件(暂行)》的规定，60-12 号提速道岔尖轨限位器前后缝隙的偏差不大于(　　)mm。

75. 按铁道部铁公务函〔1996〕313 号发布的《60 kg/m 钢轨提速道岔技术条件(暂行)》的规定，60-12 号提速道岔铺设时，两基本轨外锁闭铁的安装孔应在同一轴线上，允许误差范围为(　　)mm。

76. 按铁道部铁工务函〔1996〕313 号发布的《60 kg/m 钢轨提速道岔技术条件(暂行)》规定,60-12 号提速道岔厂内铺设时,必须进行电动操作转换试验,转辙器尖轨及可动心轨实测转换力均应不大余(　　)。

77. 按铁道部铁工务函〔1996〕313 号发布的《60 kg/m 钢轨提速道岔技术条件(暂行)》规定,60-12 号提速道岔尖轨尖端轨距允许偏差为(　　)mm。

78. 按铁道部铁工务函〔1996〕313 号发布的《60 kg/m 钢轨提速道岔技术条件(暂行)》规定,直线尖轨轨头切削起点处轨距允许偏差为(　　)mm。

79. 按铁道部铁工务函〔1996〕313 号发布的《60 kg/m 钢轨提速道岔技术条件(暂行)》规定,60-12 号提速道岔尖轨轨头切削部分应与基本轨密贴,允许尖端至第一牵引点区段有 0.2 mm轨缝,其余部分有不大于(　　)mm。

80. 按铁道部铁工务函〔1996〕313 号发布的《60 kg/m 钢轨提速道岔技术条件(暂行)》规定,60-12 号提速道岔可动心轨在轨头切削部分应分别与两翼轨密贴,允许不大于(　　)mm 的缝隙。

81. 按铁道部铁工务函〔1996〕313 号发布的《60 kg/m 钢轨提速道岔技术条件(暂行)》规定,60-12 号提速道岔可动心轨第一牵引点外锁闭板中心处可动心轨与翼轨间允许有不大于(　　)mm 的缝隙。不要拧紧。

82. 按铁道部铁工务函〔1996〕313 号发布的《60 kg/m 钢轨提速道岔技术条件(暂行)规定,60-12 号提速道岔开通侧股时,叉跟尖轨尖端与短心轨跟端应密贴,允许有大于(　　)mm 的缝隙。

83. 按铁道部铁工务函〔1996〕313 号发布的《60 kg/m 钢轨提速道岔技术条件(暂行)》规定,60-12 号提速道岔顶铁与可动心轨轨腰的间隙不大于(　　)mm。

84. 按铁道部铁工务函〔1996〕313 号发布的《60 kg/m 钢轨提速道岔技术条件(暂行)》规定,60-12 号提速道岔护轨轮缘槽宽度为 42 mm,允许偏差(　　)mm。

85. 按铁道部铁工务函〔1996〕313 号发布的《60 kg/m 钢轨提速道岔技术条件(暂行)》规定,60-12 号提速道岔查照间隔≥(　　)mm。

86. 按铁道部铁工务函〔1996〕313 号发布的《60 kg/m 钢轨提速道岔技术条件(暂行)》规定,60-12 号提速道岔护背距离≤(　　)mm。

87. 按铁道部铁工务函〔1996〕313 号发布的《60 kg/m 钢轨提速道岔技术条件(暂行)》规定,60-12 号提速道岔查照间隔及护背距离在心轨轨头宽(　　)mm 断面范围内丈量。

88. 按铁道部铁工务函〔1996〕313 号发布的《60 kg/m 钢轨提速道岔技术条件(暂行)》规定,60-12 号提速道岔尖轨尖端前曲基本轨长度 q 值允许偏差为(　　)mm。

89. 按铁道部铁工务函〔1996〕313 号发布的《60 kg/m 钢轨提速道岔技术条件(暂行)》规定,60-12 号提速道岔道岔全长 L_P 允许偏差为(　　)mm。

90. 正投影是投影线互相平行,并与投影面(　　)时,物体在投影面所得的投影。

91. 实物用正投影法得到的图形与实物(　　)。

92. 在平面上反映机器零件的图形可采用两种形式:一种是立体图,另一种是(　　)。

93. 基本视图的名称:(　　)、俯视图、左视图、右视图、仰视图、后视图。

94. 三视图的投影关系(　　)长对正,主、左视图高平齐;俯、左视图宽相等。

95. 基本视图仍保持三等对应,即主、俯、仰、后视图(　　);主、左、右、后视图高相等;俯、左、右仰视图宽相等。

96. 六个基本视图在一张图纸上按规定配置时,各(　　)一律不加标注。

97. 局部视图是为了表达零件上(　　)或某一方向上的形状或结构,将零件的某一部分向基本投影面投影所得的视图。

98. 三视图指(　　)、俯视图和左视图位于同一平面上。

99. 比例是指图样中机件要素的线性尺寸与实际机件相应要素的线性尺寸(　　)一般在标题栏中注明。

100. 图样中的比例分为三类,即(　　)、缩小比例、与实物相同。

101. 常见图中标有 R 符号,它表示(　　)。

102. 机械图样不采用中心投影法,它不能反映物体的(　　)大小。

103. 零件的外形可用(　　)、局部视图、斜视图、旋转视图等方法表示。

104. 在视图上加注(　　)位置公差、表面粗糙度要求、技术条件和标题栏等内容,就成了工厂中常见的零件图。

105. 将零件向不平行于基本投影面的平面投影所得的视图叫(　　)。

106. 剖视图与对应图之间有(　　)的投影关系,可以省略投影方向,即箭头。

107. 用单一割切,斜剖的剖切方法,需标(　　)、投影方向和剖视图名称。

108. 当零件的倾斜部分具有明显的回转轴线时,可假想将该倾斜部分旋转到与某一选定的基本投影面平行后再向该投影面投影,所得的图形称(　　)。

109. 重合剖面用细实线画在(　　)里面。

110. 半剖视图适用于表达物体有(　　)的外形与内部结构的零件。

111. 装配图中的同一零件的剖面线应(　　)间隔相等。

112. 绘制机械图样时,应首先考虑(　　)方便,然后根据机件的结构特点,选用适当的方法表达。

113. 在完整清晰地表达机件各部形状的前提下,力求(　　)简便。

114. 看零件图的步骤可简单概括为(　　),二析视图、三想形状、四读尺寸,五识要求,最后综合。

115. 在设计新产品或更新改造旧设备时,一般都先画出机器或部件的装配图,然后再根据(　　)画出零件图。

116. 组视图用以说明机器或部件的(　　)结构特点、零件之间的相对位置、装配连接关系等内容。

117. 尺寸公差是指允许的(　　)。

118. 标准公差共有(　　)个公差等级。

119. (　　)表示标准公差。

120. 标准公差最高一级表示为(　　)。

121. 标准公差最低一级表示为(　　)。

122. 标准公差最高的含义为精度最高,(　　)最小。

123. 标准公差最低的含义为(　　),公差值最大。

124. 国家标准规定孔和轴的每一基本尺寸有(　　)个基本偏差。

125. 孔的基本偏差用(　　)写字母表示。

126. 轴的基本偏差用(　　)写字母表示。

127. 上、下偏差一般指距离(　　)近的那个偏差。

128. 基本尺寸相同,相互接合的(　　)的公差之间的关系称为配合。

129. 孔和轴的配合有(　　)种类型。

130. 国标规定有(　　)种基准制。

131. 基准制分为(　　)两种。

132. 配合型式分为间隙配合、(　　)和过渡配合。

133. 基准孔的基本偏差为(　　)。

134. 基准轴的基本偏差为(　　)。

135. 基准孔(　　)偏差为零。

136. 基准轴(　　)偏差为零。

137. 在基孔制配合中,轴的基本偏差为 a～h 为(　　)配合。

138. 在基孔制配合中,轴的基本偏差为 j～n 之间的为(　　)配合。

139. 在基孔制配合中,轴的基本偏差为 p～zc 之间的为(　　)配合。

140. 在基轴制配合中,孔的基本偏差为 A～H 之间的为(　　)配合。

141. 在基轴制配合中,孔的基本偏差为 J～N 之间的为(　　)配合。

142. 在基轴制配合中孔的基本偏差在 P～ZC 之间的为(　　)配合。

143. 孔、轴公差带代号均由(　　)代号与标准公差等级代号组成。

144. 孔、轴公差带代号均由基本偏差代号与(　　)等级代号组成。

145. ϕ12H8 表示基本尺寸为 ϕ12 mm,公差等级为(　　)级的基准孔。

146. ϕ125H10 表示基本尺寸为 ϕ25 mm,公差等级为 10 级的(　　)。

147. ϕ12f7 表示基本尺寸为 ϕ12 mm,公差等级为(　　)级,基本偏差为 f 的轴。

148. ϕ12f8 表示基本尺寸为 ϕ12 mm,公差等级为 8 级的,基本偏差为(　)的轴。

149. 基本尺寸为 ϕ20 mm,公差等级 7 级,基本偏差为 ef 的轴的表示方法为(　　)。

150. 基本尺寸为 ϕ20 mm,公差等级 9 级,基本偏差为 M 孔的表示方法为(　　)。

151. 配合代号由(　　)公差带代号组合而成。

152. 配合代号的分子代表(　　)的公差带代号。

153. 配合代号的分母代表(　　)的公差带代号。

154. $\phi 20\,\frac{\mathrm{H8}}{\mathrm{f7}}$表示孔轴的基本尺寸为 ϕ20 mm,孔公差为 8 级的基准孔,轴公差为 7 级且基本偏差为(　　)的轴的配合。

155. $\phi 20\,\frac{\mathrm{H8}}{\mathrm{f7}}$属于基孔制(　　)配合。

156. $\phi 20\,\frac{\mathrm{H9}}{\mathrm{p8}}$属于基孔制(　　)配合。

157. $\phi 20\,\frac{\mathrm{H8}}{\mathrm{m7}}$属于基孔制(　　)配合。

158. $\phi 20\,\frac{\mathrm{H8}}{\mathrm{h7}}$属于基轴制(　　)配合。

159. $\phi 20\frac{K10}{h7}$属于基轴制(　　)配合。

160. $\phi 20\frac{Z8}{h7}$属于基轴制(　　)配合。

161. 被测实际要素相对其理想要素的变动量叫(　　)。

162. 具有(　　)特性的材料叫金属材料。

163. 碳钢按化学成分可分为低碳钢、中碳钢和(　　)三种。

164. 根据铸铁中所含石墨的(　　)不同,又可分为灰铸铁,可锻铸铁和球墨铸铁。

165. 在高锰钢辙叉中,含锰量和含碳量的比值大于或等于(　　)。

166. 我国钢号的命名方法中,用化学元素表示钢的(　　)。

167. 我国钢号的命名方法中,用(　　)字母表示它有用途、冶炼和浇注方法。

168. 我国钢号命名方法中,用(　　)数字表示钢中的含量。

169. 钢轨顶弯后,还应保证轨底的(　　)。

170. 基本视图有(　　)个。

171. 剖面有重合剖面、移出剖面两种,区别在于移出剖面(　　),重合剖面画在视图里。

172. 衡量待测量的大小称之(　　)。

173. 国际单位制中的长度单位是(　　)。

174. 可动心轨辙叉是心轨(　　)的辙叉。

175. 可动心轨辙叉由(　　)翼轨、叉跟叉轨、垫板及其他零件组成。

176. 钢轨件的切削方式主要有(　　)两种方式。

177. 为使尖轨前端呈尖形,能引导车轮从基本轨过渡至尖轨,或从尖轨过渡至基本轨,并保证尖轨与基本轨密贴,尖轨应进行(　　)刨切和轨底的水平与垂直刨切。

178. 进行尖轨轨顶垂直互刨切的目的是(　　)不被轧伤和不过多地承受车轮垂直荷载。

179. 尖轨尖端应在基本轨顶面以下有足够的距离,以保证当车轮轮缘有最大垂直磨耗及基本轨面有最大垂直磨耗的最不利情况下,车轮也不会轧伤(　　)。

180. 尖轨尖端应不低于基本轨顶面以下 25 mm,即不得使尖轨尖端位于轮缘下部,以免尖轨与基本轨偶有不密贴时,逆向进岔的车轮轮缘有(　　)的危险。

181. 尖轨轨头宽(　　)mm 断面之前,尖轨不受垂直荷载。

182. 尖轨是(　　)的主要部件之一。

183. 列车依靠(　　)的开通方向不同而进入道岔直股或侧股线路。

184. 尖轨按平面形式分为(　　)尖轨和曲线型尖轨。

185. 尖轨按断面形式分为普通钢轨断面尖轨和(　　)断面钢轨。

186. 曲线型尖轨分为切线型、半切线型、割线型、(　　)四种。

187. 我国铁路主要采用(　　)和半割线型曲线尖轨。

188. 按尖轨跟端构造形式,尖轨分为(　　)和可弯式。

189. 在基本跟部设双头螺栓保持(　　)与夹板的距离,以使尖轨扳动灵活。

190. 可弯式尖轨跟部采用普通钢轨接头形式,用间隔铁保持与(　　)的距离,并用轨撑保持跟部位置和稳定性。

191. “92”型12号和18号可弯(　　)均设第二拉杆。

192. 允许第二拉杆处尖轨与基本轨空隙有不大于(　　)mm的空隙。

193. 尖轨的降低值直接关系到行车安全和尖轨的(　　)。

194. 道岔顶铁的作用是保持尖轨与基本轨的距离,使基本轨与(　　)共同承受水平力,并防止尖轨跳动。

195. 轨撑一般安设在转辙器基本轨外侧,以防止基本轨横向移动和(　　),起到保持轨距的作用。

196. 现在使用的接头铁种类主要有(　　)接头铁和扁钢接头铁两种。

197. 拉杆设在尖轨前部距尖端(　　)mm处。

198. 为增强两尖轨的框架刚度,除拉杆外,还应根据尖轨长度设置(　　)根连杆。

199. 我国现行的尖轨跟部构造,主要有间隔铁式和(　　)两种型式。

200. 隔铁式跟部结构由辙跟间隔铁、(　　)、辙跟内外轨撑、双头螺栓、辙跟垫板及连接螺栓等组成。

二、单项选择题

1. 在机修工作中,经常遇到因严重磨损或损坏而又急需要更换的零件,可以不再测绘,而是直接按照原零件进行(　　),作为加工时的依据。

(A)配划线　(B)仿划线　(C)样板划线　(D)以上都不正确

2. 下列设备中,不属于道岔范围的是(　　)。

(A)交叉渡线　(B)钢轨伸缩调节器　(C)渡线　(D)菱形交叉

3. 下列设备中,不属于道岔范围的是(　　)。

(A)直角交叉　(B)菱形交叉　(C)渡线　(D)铁鞋脱落器

4. 下列设备中,不属于道岔范围的是(　　)。

(A)交叉渡线　(B)脱轨道岔　(C)渡张　(D)菱形交叉

5. 尖轨跟端固定,利用尖轨弹性改变位置的转辙器,是(　　)。

(A)可弯式尖轨转辙器　(B)间隔铁式尖轨转辙器

(C)双转辙器　(D)以上都不是

6. 尖轨跟部结构型式分为(　　)。

(A)直线型尖轨、折线型尖轨、曲线型尖轨

(B)普通断面尖轨、AT轨

(C)间隔铁式、弹性可弯式

(D)以上都不是

7.(　　)的结构型式是两侧为翼轨,中间为叉心。

(A)锐角辙叉　(B)钝角辙叉

(C)钢轨组合式辙叉　(D)高锰钢整铸式辙叉

8. 辙叉按平面型式分为(　　)。

(A)直线辙叉、曲线辙叉　(B)固定型辙叉、活动型辙叉

(C)钢轨组合式、高锰钢整铸式　(D)可动心轨辙叉、活动心轨辙叉

9. 辙叉按叉心构造型式分为(　　)。

(A)直线辙叉、曲线辙叉　　(B)固定型辙叉、活动型辙叉

(C)钢轨组合式、高锰钢整铸式　　(D)可动心轨辙叉、活动心轨辙叉

10. 辙叉按整体结构型式分为(　　)。

(A)直线辙叉、曲线辙叉　　(B)固定型辙叉、活动型辙叉

(C)钢轨组合式、高锰钢整铸式　　(D)可动心轨辙叉、活动心轨辙叉

11. 下列锐角辙叉中,可以消除"有害空间"的是(　　)。

(A)固定型锐角辙叉　　(B)可动心轨锐角辙叉

(C)高锰钢整铸式锐角辙叉　　(D)钢轨组合辙叉

12. 下列钝角辙叉中,可以消除"有害空间"的是(　　)。

(A)固定型钝角辙叉　　(B)活动心轨式钝角辙叉

(C)高锰钢整铸式钝角辙叉　　(D)以上都可以

13.(　　)是列车行驶中车轮撞击钢轨的角度。

(A)辙叉角　　(B)转辙角　　(C)冲击角　　(D)以上都不是

14. 在交叉渡线中,为了保持菱形与单开(对称或交分)道岔侧线线路的方向一致,其菱形钝角辙叉和锐角辙叉的辙叉角应(　　)。

(A)为单开辙叉角的二倍　　(B)为单开辙叉角

(C)为单开辙叉角的0.5倍　　(D)以上都不是

15. 在交叉渡线中,菱形交叉中辙叉号数与辙叉角(　　)关系。

(A)成余切　　(B)不成余切　　(C)成正切　　(D)成正弦

16. 单开道岔中常用尖轨的平面型式为(　　)。

(A)直线型与折线型尖轨　　(B)折线型与曲线型尖轨

(C)直线型与曲线型尖轨　　(D)直线型、折线型、曲线型尖轨

17.(　　)即使与基本轨完全密贴,也不能完全消除尖端受磨耗轮缘撞击的可能性。

(A)藏尖式尖轨　　(B)贴尖式尖轨　　(C)AT尖轨　　(D)普通尖轨

18.(　　)可保证尖轨实际尖端免受磨耗轮缘的撞击。

(A)藏尖式尖轨　　(B)贴尖式尖轨　　(C)AT尖轨　　(D)普通尖轨

19. 辙叉(不包括钝角辙叉)与导轨相连接的一端是(　　)。

(A)辙叉趾端　　(B)辙叉跟端　　(C)道岔始端　　(D)道岔终端

20. 辙叉(不包括钝角辙叉)心轨伸出的一端是(　　)。

(A)辙叉趾端　　(B)辙叉跟端　　(C)道岔始端　　(D)道岔终端

21. 辙叉趾长是指(　　)。

(A)辙叉心轨尖端至辙叉趾端的长度

(B)辙叉心轨尖端至辙叉趾端的工作边长度

(C)辙叉心轨理论尖端至辙叉趾端的工作边长度

(D)辙叉心轨理论尖端至辙叉趾端的非工作边长度

22. 辙叉跟长是指(　　)。

(A)辙叉心轨尖端至辙叉跟端的长度

(B)辙叉心轨尖端至辙叉跟端的工作边长度

(C)辙叉心轨理论尖端至辙叉跟端的工作边长度

(D)辙叉心轨理论尖端至辙叉跟端的非工作边长度

23. 辙叉趾宽是指(　　)。

(A)辙叉趾端两翼轨工作边之间的距离

(B)辙叉趾端两翼轨非工作边之间的距离

(C)辙叉两翼轨最近处工作边之间的距离

(D)辙叉两翼轨最近处非工作边之间的距离

24. 辙叉跟宽指(　　)。

(A)辙叉跟端两翼轨工作边之间的距离

(B)辙叉跟端两翼轨非工作边之间的距离

(C)辙叉跟端两心轨工作边之间的距离

(D)辙叉跟端两心轨非工作边之间的距离

25. 复式交分道岔有(　　)个"有害空间"。

(A)1　　(B)2　　(C)3　　(D)4

26. 60-12 提速道岔(铁联线 001-004)尖轨设计长度为 13 880 mm,下列成品实际长度中合格的是(　　)。

(A)13 880.5 mm　　(B)13 881 mm　　(C)13 877 mm　　(D)以上都合格

27. 60-12 提速道岔(铁联线 001-004)长心轨设计长度为 10 796 mm,下列成品实际长度中不合格的是(　　)。

(A)10 793 mm　　(B)10 794 mm　　(C)10 795 mm　　(D)19 797 mm

28. 60-12 提速道岔(铁联线 001-004)叉跟尖轨设计长度为 4 530 mm。下列成品实际长度中合格的是(　　)。

(A)4 532.5 mm　　(B)4 527.5 mm　　(C)4 531.5 mm　　(D)以上都合格

29. 60-12 提速道岔(铁联线 001-004)基本轨设计长度为 16 792 mm,下列成品实际长度中合格的是(　　)。

(A)16 787 mm　　(B)16 796 mm　　(C)16 797 mm　　(D)以上都合格

30. 60-12 提速道岔(铁联线 001-004)某导轨设计长度为 6 619 mm,下列成品实际长度中不合格的是(　　)。

(A)6 615mm　　(B)6 617 mm　　(C)6 621 mm　　(D)以上都不合格

31. 60-12 提速道岔(铁联线 001-004)导轨设计长度为 19 792 mm,下列成品实际长度中合格的是(　　)。

(A)19 786.5 mm　　(B)199 792.5 mm　　(C)19 797.5 mm　　(D)以上都合格

32. 60-12 提速道岔应进行倒棱的螺栓孔为(　　)。

(A)钢轨件和补强板所有螺栓孔　　(B)仅基本轨、尖轨螺栓孔

(C)仅钢轨件的所有螺栓孔　　(D)仅接头夹板螺栓孔

33. 60-12 提速道岔(铁联线 001-004)中(　　)不允许加热顶弯。

(A)基本轨

(B)基本轨、尖轨

(C)基本轨、尖轨及可动心轨辙叉翼轨

(D)基本轨、尖轨及可动心轨辙叉翼轨心轨

34. 转辙器基本轨下颚的加工,在基本轨顶面的以下(　　)处进行斜切削。

(A)15 mm　　(B)16 mm　　(C)17 mm　　(D)18 mm

35. 转辙器基本轨下颚的斜度为(　　)。

(A)1∶3　　(B)1∶3.27

(C)1∶4　　(D)与尖轨非工作边斜度一致

36. 尖轨轨头非工作边水平切削,应检查(　　)。

(A)轨头切削深度　　(B)轨头切削斜度

(C)各断面切削宽度　　(D)以上各项都需要检查

37. 尖轨轨头非工作边水平切削深度设计为 42.8 mm,按 TB/T 412—2014 规定,下列实测不合格的是(　　)

(A)42.5　　(B)43.2　　(C)43.7　　(D)以上都不合格

38. 尖轨轨头工作边水平切削深度设计为 50 mm,按 TB/T 412—2014 规定,下列实测合格的是(　　)。

(A)49.5　　(B)49.8　　(C)50.5　　(D)以上都合格

39. 尖轨轨头工作边水平切削,底部连接圆弧为(　　)mm。

(A)R13　　(B)R15　　(C)R16　　(D)R20

40. 尖轨(　　)mm 断面开始与基本轨共同承受车轮的垂直荷载,此断面之间尖轨不受垂直荷载。

(A)5　　(B)20　　(C)50　　(D)70 或 71

41. 按 TB/T 412—2014 规定,尖轨尖端及轨头宽 5mm 断面轨头宽允许偏差为(　　)。

(A)±0.5　　(B)±1　　(C)$^{+0.5}_{0}$　　(D)$^{0}_{-0.5}$

42. 按 TB/T 412—2014 规定,尖轨轨头宽 10 mm 及以上断面轨头宽允许偏差为(　　)。

(A)±0.5　　(B)±1　　(C)$^{+0.5}_{0}$　　(D)$^{0}_{-0.5}$

43. 某尖轨尖端断面高度设计为 129 mm,按 TB/T 412—2014 规定,下列实测数据中质量最好的是(　　)。

(A)127.5　　(B)128　　(C)129　　(D)129.5

44. 某尖轨 5mm 断面高度设计为 135 mm,按 TB/T 412—2014 规定,下列实测数据中不合格的是(　　)。

(A)134　　(B)15　　(C)136　　(D)以上都不合格

45. 某尖轨 20mm 断面高度设计为 134 mm,按 TB/T 412—2014 规定,下列实测数据中不合格的是(　　)。

(A)133　　(B)133.5　　(C)134.2　　(D)以上都不合格

46. 下列尺寸为尖轨尖端掉尖尺寸,允许补焊修整的是(　　)。

(A)长 10 mm、深度 5 mm　　(B)长 20 mm、深度 4 mm

(C)长 5 mm、深度 10 mm　　(D)长 20 mm、深度 10 mm

47. 下列尺寸为活动心轨尖端掉尖尺寸,不允许补焊修整的是(　　)。

(A)长 15 mm、深度 5 mm　　(B)长 15 mm、深度 4 mm

(C)长 10 mm、深度 5 mm　　(D)长 5 mm、深度 10 mm

48. 按 TB/T 412—2014 规定,藏尖式尖轨转辙器的基本轨工作面切削的斜度(　　)。

(A)允许内倾不超过1∶20,严禁外倾
(B)允许内倾不超过1∶80,严禁外倾
(C)允许外倾不超过1∶80,严禁内倾
(D)允许外倾不超过1∶20,严禁内倾

49. 道岔钢轨件的淬火层硬度是(　　)。
(A)HB260～330　(B)HB290～370　(C)HB370～380　(D)HRC45

50. 60 kg/m 提速道岔尖轨及可动心轨轨头宽≤10 mm 断面的淬火硬度为(　　)。
(A)HB260～330　(B)HB298～370　(C)HB370～380　(D)HRC45

51. 局部淬火的钢轨件,其过渡段的长度不得小于(　　)。
(A)50 mm　(B)60 mm　(C)70 mm　(D)80 mm

52. 淬火层金相组织应为淬火(　　)。
(A)索氏体　(B)马氏体　(C)贝氏体　(D)铁素体

53. 淬火钢轨件不得有烧伤、裂纹和深度大于(　　)的伤痕等有害缺陷。
(A)0.5 mm　(B)1 mm　(C)1.5 mm　(D)2 mm

54. 按中华人民共和国铁道部铁工务函〔1996〕313 号发布的《60kg/m 钢轨提速道岔技术条件(暂行)》规定,60-12 号提速道岔可动心轨实际尖端至直股翼轨前端距离允许偏差为(　　)mm。
(A)±2　(B)±3　(C)$^{+4}_{0}$　(D)$^{0}_{-4}$

55. 按铁道部铁工务函〔1996〕313 号发布的《60 kg/m 钢轨提速道岔技术条件(暂行)》规定,提速道岔可动心轨辙叉咽喉偏差(　　)mm。
(A)±0.5　(B)±1　(C)±1.5　(D)±2

56. 按铁道部铁工务函〔1996〕313 号发布的《60 kg/m 钢轨提速道岔技术条件(暂行)》规定,提速道岔可动心轨辙就趾．跟端开口距偏差(　　)mm。
(A)±0.5　(B)±1　(C)±1.5　(D)±2

57. 按铁道部铁工务函〔1996〕313 号发布的《60 kg/m 钢轨提速道岔技术条件(暂行)》规定,提速道岔补强板应与翼轨上下颚密贴,如不密贴,(　　)。
(A)允许有≤0.5 mm 的间断缝隙,不允许存在>500 mm 的连续缝隙
(B)允许有≤0.5 mm 的间断缝隙,不允许存在>600 mm 的连续缝隙
(C)允许有≤1 mm 的间断缝隙,不允许存在>500 mm 的连续缝隙
(D)允许有≤1 mm 的间断缝隙,不允许存在>600 mm 的连续缝隙

58. 按铁道部铁工务函〔1996〕313 号发布的《60 kg/m 钢轨提速道岔技术条件(暂行)》规定,提速道岔直股可动心轨工作边应成直线,允许有不大于(　　)mm 的空隙。
(A)0.5　(B)1　(C)1.5　(D)2

59. 按铁道部铁工务函〔1996〕313 号发布的《60 kg/m 钢轨提速道岔技术条件(暂行)》规定,提速道岔可动心轨尖端前后各 1 m 范围内不许抗线,其他部分允许有不大于(　　)mm 的抗线。
(A)0.5　(B)1　(C)1.5　(D)2.0

60. 按铁道部铁工务函〔1996〕313 号发布的《60 kg/m 钢轨提速道岔技术条件(暂行)》规定,提速道岔可动心轨与钢岔枕组装后,尖端轨底与第一台板间隙(　　)mm。

(A)0.5　(B)1　(C)1.5　(D)2.0

61. 按铁道部铁工务函〔1996〕313 号发布的《60 kg/m 钢轨提速道岔技术条件(暂行)》规定,60-12 号提速道岔尖轨限位器前后缝隙的偏差不大于(　　)mm。

(A)0.5　(B)1.0　(C)1.5　(D)2.0

62. 按铁道部铁工务函〔1996〕313 号发布的《60 kg/m 钢轨提速道岔技术条件(暂行)》规定,60-12 号提速道岔可动心轨第一牵引点接头铁拉板组装时,接头铁与可动心轨转换凸缘之间的缝隙不大于(　　)mm。

(A)0.1　(B)0.2　(C)0.5　(D)1.0

63. 按铁道部铁工务函〔1996〕313 号发布的《60 kg/m 钢轨提速道岔技术条件(暂行)》规定,60-12 号提速道岔尖轨尖端、直线尖轨轨头切削起点处,其他部位轨距允许偏差分别为(　　)mm。

(A)±1、±1、$^{+3}_{-2}$　(B)$^{+6}_{-2}$、$^{+6}_{-2}$、$^{+6}_{-2}$　(C)±1、±1、$^{+6}_{-2}$　(D)$^{+3}_{-2}$、$^{+3}_{-2}$、$^{+3}_{-2}$

64. 按铁道部铁工务函〔1996〕313 号发布的《60 kg/m 钢轨提速道岔技术条件(暂行)》规定,60-12 号提速道岔尖轨轨头切削部分应与基本轨密贴,允许有(　　)的缝隙。

(A)0.2 mm

(B)1 mm

(C)尖端至第一牵引点区段 0.2 mm,其余部分有不大于 1 mm

(D)尖端至第一牵引点区段 1 mm,其余部分有不大于 0.2 mm

65. 按铁道部铁工务函〔1996〕313 号发布的《60 kg/m 钢轨提速道岔技术条件(暂行)》规定,60-12 号提速道岔尖轨非工作边与基本轨工作边的最小间距不小于(　　)mm。

(A)46　(B)50　(C)63　(D)70

66. 按铁道部铁工务函〔1996〕313 号发布的《60 kg/m 钢轨提速道岔技术条件(暂行)》规定,60-12 号提速道岔尖轨第一、二牵引点处开口值允许偏差为(　　)mm。

(A)±2　(B)±2　(C)±4　(D)$^{+2}_{-0.5}$

67. 按铁道部铁工务函〔1996〕313 号发布的《60 kg/m 钢轨提速道岔技术条件(暂行)》规定,60-12 号提速道岔顶铁与尖轨轨腰的间隙应不大于(　　)mm。

(A)0.5　(B)1.0　(C)1.5　(D)2.0

68. 按铁道部铁工务函〔1996〕313 号发布的《60 kg/m 钢轨提速道岔技术条件(暂行)》规定,60-12 号提速道岔可动心轨在轨头切削部分应分别与两翼轨密贴,允许有不大于(　　)mm 的缝隙。

(A)0.5　(B)1.0　(C)1.5　(D)2.0

69. 60-12 号提速道岔可动心轨第一牵引点外锁闭板中心处可动心轨与翼轨间允许有≤(　　)mm 的缝隙,不要拧紧。

(A)0.5　(B)1.0　(C)1.5　(D)2.0

70. 按铁道部铁工务函〔1996〕313 号发布的《60 kg/m 钢轨提速道岔技术条件(暂行)》规定,60-12 号提速道岔可动心轨第一牵引点处开口值允许偏差为(　　)mm。

(A)±2　(B)±3　(C)±4　(D)$^{+2}_{-0.5}$

71. 按铁道部铁工务函〔1996〕313 号发布的《60 kg/m 钢轨提速道岔技术条件(暂行)》规定,60-12 号提速道岔护轨缘槽宽度为 42mm,允许偏差为(　　)。

(A)$^{+1}_{-0.5}$ (B)$^{+0.5}_{-1}$ (C)$^{+0.5}_{-2}$ (D)$^{+2}_{-0.5}$

72. 按铁道部铁工务函〔1996〕313 号发布的《60 kg/m 钢轨提速道岔技术条件(暂行)》规定,60-12 号提速道岔查照间隔(　　)mm。

(A)≤1 348 (B)≥1 348 (C)≤1 391 (D)≥1 391

73. 按铁道部铁工务函〔1996〕313 号发布的《60 kg/m 钢轨提速道岔技术条件(暂行)》规定,60-12 号提速道岔护背距离(　　)。

(A)≤1 348 (B)≥1 348 (C)≤1 391 (D)≥1 391

74. 按铁道部铁工务函〔1996〕313 号发布的《60 kg/m 钢轨提速道岔技术条件(暂行)》规定,60-12 号提速道岔查照间隔及护前距离在心轨轨头宽(　　)mm 断面范围内丈量。

(A)10～30 (B)20～30 (C)20～50 (D)20～71

75. 按铁道部铁工务函〔1996〕313 号发布的《60 kg/m 钢轨提速道岔技术条件(暂行)》规定,60-12 号提速道岔尖轨尖端前曲基本轨长度 q 值允许偏差为(　　)mm。

(A)±2 (B)±3 (C)0～4 (D)$^{0}_{-4}$

76. 按铁道部铁工务函〔1996〕313 号发布的《60 kg/m 钢轨提速道岔技术条件(暂行)》规定,60-12 号提速道岔道岔全长 L 允许偏差为(　　)mm。

(A)±3 (B)±5 (C)±1.0 (D)±15

77. 60-12 提速道岔尖轨是(　　)。

(1)贴尖式 (B)藏尖式

(C)既有贴尖式又有藏尖式 (D)以上都不对

78. 60-12 提速道岔尖轨跟端是(　　)。

(1)取消了轨底削弱 (B)采用限位器结构

(C)与连接部分可以焊接 (D)以上都对

79.(　　)中存在"有害空间"。

(A)可动心轨辙叉 (B)活动心轨辙叉

(C)高锰钢辙叉 (D)以上都存在

80.(　　)中存在"有害空间"。

(A)可动心轨辙叉 (B)活动心轨辙叉

(C)固定型辙叉 (D)以上都存在

81. 1984 年 2 月 27 日国务院发布了《关于在我国统一法定计量单位的命令》,规定了以(　　)制为基础的我国法定计量单位。

(A)国际单位 (B)国内单位 (C)法定单位 (D)计量单位

82. 用中心投影法得到的图形(　　)反映物体的真实大小。

(A)能 (B)不能 (C)可能 (D)完全

83. 基本投影面规定为(　　)的六个面。

(A)六方体 (B)六面体 (C)六棱体 (D)六锥体

84. 主视图由(　　)投影所得的视图。

(A)后向前 (B)上向下 (C)前向后 (D)左向右

85. 根据零件结构形状特点,要用(　　)的方法来完整、正确、清晰地表达。

(A)恰当 (B)准确 (C)适当 (D)标准

86. 把零件放在六个投影面(　　)零件向投影面投影。
(A)中间　(B)上面　(C)里面　(D)外面
87. 六个视图按规定位置配置,它们仍保持(　　)对应关系。
(A)二等　(B)三等　(C)四等　(D)六等
88. 由于零件的形状各不相同,只能把零件按形体结构大致分为(　　)类。
(A)二　(B)三　(C)三　(D)四
89. 全面质量管理的基本方法有(　　)种。
(A)二　(B)三　(C)四　(D)五
90. 识读零件尺寸综合分析视图和形体,找出零件长、宽、高三个方向尺寸的(　　)。
(A)关键基准　(B)定位基准　(C)主要基准　(D)定形尺寸
91. 视图和尺寸是从(　　)和大小两方面来表达的。
(A)形状结构　(B)形状和位置　(C)位置　(D)形状
92. 分析视图先找(　　),再找其他视图。
(A)主视图　(B)俯视图　(C)剖视图　(D)剖面图
93. 装配图是表达机器或零、部件的工作原理、结构形状和装配(　　)的图样。
(A)过程　(B)位置　(C)关系　(D)连接
94. 在产品制造中,装配图是制定装配(　　),进行装配和零部件检验的技术依据。
(A)工艺路线　(B)工艺规程　(C)工艺卡片　(D)材料定额
95. 我国(　　)采用 AT 可弯式尖轨。
(A)“92”型 12 号道岔　(B)“92”型 18 号道岔
(C)“75”型 12 号和 18 号道岔　(D)“92”型 12 号和 18 号道岔
96. “92”型 60 kg/m 钢轨道岔均采用(　　)。
(A)分开式扣件　(B)分开式刚性扣件
(C)分开式刚性可调扣件　(D)分开式刚性可调扣板式扣件
97. “92”型道岔的垫板一般采用(　　)制造。
(A)厚 20 mm、宽 180 mm 的扁钢　(B)厚 20 mm、宽 190 mm 的扁钢
(C)厚 25 mm、宽 180 mm 的扁钢　(D)厚 25 mm、宽 190 mm 的扁钢
98. 轨撑垫板安设在(　　),以保持基本轨或导轨的稳定。
(A)尖轨底部
(B)基本轨底部
(C)转辙器基本轨底部
(D)转辙器尖轨前基本轨底部或导曲线钢轨底部
99. 滑床板是承垫(　　),并供可动心轨滑动的垫板。
(A)翼轨　(B)基本轨
(C)基本轨并供尖轨滑动　(D)基本轨并供尖轨滑动或承垫翼轨
100. 在尖轨跟端以后,因基本轨与导轨相距较近,不能设普通平垫板,故需在(　　)下设置两轨共用的辙后垫板。
(A)基本轨　(B)导轨　(C)尖轨　(D)两轨
101. 在单开道岔中,连接(　　)的线路称为道岔连接部分。

(A)前端的转辙器与后端的辙叉及护轨部分 (B)转辙器与辙叉
(C)转辙器与护轨 (D)辙叉及护轨部分

102. 用普通钢轨制造的不分开式的护轨应与(　　)组装成整体。
(A)尖轨 (B)配轨 (C)钢轨 (D)基本轨

103. 护轨组装后应保持护轨和摹本轨轨底平齐,偏差不大于(　　)。
(A)±1.0 mm (B)±1.5 mm (C)±2.0 mm (D)±2.5 mm

104. 护轨组装后的轮缘槽宽度偏差:甲直段槽宽(　　)。
(A)$^{+1.0}_{-0.5}$ mm (B)$^{+0.5}_{-0.1}$ mm (C)±1.0 mm (D)±0.5 mm

105. 护轨组装后的轮缘槽宽度偏差:开口段槽宽(　　)。
(A)±1.0 mm (B)±1.5 mm (C)±2.0 mm (D)±2.5 mm

106. 辙叉跟端两心轨工作边之间的距离是(　　)。
(A)辙叉跟宽 (B)动程
(C)护轨与心轨的查照间隔 (D)护背距离

107. 尖轨或可动心轨在道岔拉杆中心位置上的扳动距离,是(　　)。
(A)辙叉跟宽 (B)动程
(C)护轨与心轨的查照间隔 (D)护背距离

108. 辙叉心轨工作边至护轨工作边之间的距离,是(　　)。
(A)辙叉跟宽 (B)动程
(C)护轨与心轨的查照间隔 (D)护背距离

109. 翼轨(在钝角辙叉中为护轨)工作边至护轨(三开道岔中为翼轨)工作边之间为保证最小轮背距轮对通过的距离,是(　　)。
(A)辙叉跟宽 (B)动程
(C)护轨与心轨的查照间隔 (D)护背距离

110. 在道岔与交叉中,钢轨工作边中断的区段,是(　　)。
(A)辙叉咽喉 (B)冲击角 (C)转辙角 (D)有害空间

111. 道岔开通侧线时,侧线尖轨跟端工作边(工作边是曲线时,为其切线)和主线基本轨工作边的交角,是(　　)。
(A)辙叉咽喉 (B)冲击角 (C)转辙角 (D)有害空间

112. 行驶中的车轮撞击钢轨的角度,是(　　)。
(A)辙叉咽喉 (B)冲击角 (C)转辙角 (D)有害空间

113. 两翼轨工作边相距最近处,是(　　)。
(A)辙叉咽喉 (B)冲击角 (C)转辙角 (D)有害空间

114. 两根靠近的钢轨(或钢轨制件)之间专供轮缘通过的通路,是(　　)。
(A)轮缘槽 (B)冲击角 (C)转辙角 (D)有害空间

115.(　　)是在道岔中,引导车轮从一线进入它线的设备。
(A)辙叉 (B)间隔铁式尖轨转辙器
(C)可弯式尖轨转辙器 (D)转辙器

116.(　　)是尖轨跟端固定,利用尖轨弹性改变位置的转辙器。
(A)辙叉 (B)间隔铁式尖轨转辙器

(C)可弯式尖轨转辙器　　(D)转辙器

117.(　　)是尖轨跟端用辙跟夹板、间隔铁等形成活接头,尖轨跟端可以摆动的转辙器。

(A)辙叉　　(B)间隔铁式尖轨转辙器

(C)可弯式尖轨转辙器　　(D)转辙器

118.(　　)是轨线平面交叉的设备。

(A)辙叉　　(B)间隔铁式尖轨转辙器

(C)可弯式尖轨转辙器　　(D)转辙器

119.(　　)是用高锰钢浇注成的整体辙叉。

(A)高锰钢整铸辙叉　　(B)钢轨组合辙叉

(C)可动心轨辙叉　　(D)钝角辙叉

120.(　　)是用钢轨及其他零件加工组成的辙叉。

(A)高锰钢整铸辙叉　　(B)钢轨组合辙叉

(C)可动心轨辙叉　　(D)钝角辙叉

121.(　　)是心轨可动的辙叉。

(A)高锰钢整铸辙叉　　(B)钢轨组合辙叉

(C)可动心轨辙叉　　(D)钝角辙叉

122.(　　)是设在交叉(包括交分道岔)中菱形钝角位置上的辙叉。

(A)高锰钢整铸辙叉　　(B)钢轨组合辙叉

(C)可动心轨辙叉　　(D)钝角辙叉

123.(　　)是设在交叉中菱形锐角位置上的辙叉。

(A)高锰钢整铸辙叉　　(B)钢轨组合辙叉

(C)锐角辙叉　　(D)钝角辙叉

124.(　　)是两工作边一条或两条为曲线的辙叉。

(A)高锰钢整铸辙叉　　(B)曲线辙叉

(C)锐角辙叉　　(D)钝角辙叉

125.(　　)足在道岔中接触尖轨和靠近护轨的钢轨,且钝角辙叉中弯折的钢轨。

(A)翼轨　　(B)特种断面尖轨　　(C)尖轨　　(D)基本轨

126.(　　)是转辙器中经过刨切的可动钢轨。

(A)翼轨　　(B)特种断面尖轨　　(C)尖轨　　(D)基本轨

127.(　　)是转辙器中经过刨切的可动钢轨。

(A)翼轨　　(B)特种断面尖轨　　(C)尖轨　　(D)基本轨

128.(　　)是用特种断面钢轨制造的尖轨。

(A)翼轨　　(B)特种断面尖轨　　(C)尖轨　　(D)基本轨

129.(　　)是辙叉中(钝角辙叉除外)两侧弯曲成翼状的钢轨。

(A)翼轨　　(B)特种断面尖轨　　(C)尖轨　　(D)基本轨

130. 道岔连接部分分为(　　),曲连接线一般称导曲线。

(A)直连接线　　(B)曲连接线

(C)直连接线和曲连接线　　(D)左连接线和右连接线

131. 我国铁路各型道岔导曲线的平面形式为(　　)。

(A)曲线　　(B)直线　　(C)圆曲线　　(D)切线

132. 在导曲线上设置少量超高,对(　　)有利。

(A)防止反超高的出现和保持轨距以及减轻行车摇晃

(B)防止反超高的出现

(C)保持轨距

(D)减轻行车摇晃

133. 导曲线支距是指(　　)的垂直距离。

(A)直股内侧钢轨工作边至导曲线外股工作边

(B)直股外侧钢轨工作边至导曲线内股工作边

(C)直股内侧钢轨工作边至导曲线内股工作边

(D)直股外侧钢轨工作边至导曲线外股工作边

134. 辙叉是使车轮由(　　)的轨线平面交叉设备。

(A)钢轨通过另一股钢轨　　(B)一股钢轨通过钢轨

(C) 一股钢轨通过另一股钢轨　　(D)钢轨通过钢轨

135. 我国现行的辙叉结构主要是(　　)。

(A)固定型辙叉和可动心轨辙叉　　(B)固定型辙叉

(C)可动心轨辙叉　　(D)钢轨组合辙叉和高锰钢整铸辙叉

136. 固定型辙叉类型按平面形式分为(　　)。

(A)直线辙叉和曲线辙叉　　(B)直线辙叉和高锰钢整铸辙叉

(C)直线辙叉和钢轨组合式　　(D)钢轨组合辙叉和高锰钢整铸辙叉

137. 固定型辙叉类型按构造形式分为(　　)。

(A)直线辙叉和曲线辙叉　　(B)直线辙叉和曲线辙叉

(C)直线辙叉和钢轨组合辙叉　　(D)钢轨组合辙叉和高锰钢整铸辙叉

138. 在厂内铺设道岔前应熟悉(　　)。

(A)道岔布置图　　(B)道岔装配图　　(C)道岔组装图　　(D)道岔部件图

139. 在厂内铺设道岔前应熟悉该道岔的(　　)。

(A)类型　　(B)类型、构造

(C)类型、构造、几何尺寸　　(D)类型、构造、几何尺寸、各部配件及数量

140. 在厂内铺设道岔前应对(　　)清点数量、检查类型规格。

(A)转辙器

(B)转辙器、辙叉及护轨

(C)转辙器、辙叉及护轨、连接部分

(D)转辙器、辙叉及护轨、连接部分及岔枕

141. 在厂内铺设道岔主要工具有撬棍、(　　)。

(A)道钉锤等　　(B)道钉锤、道尺等

(C)道钉锤、道尺、方尺等　　(D)道钉锤、道尺、方尺、支距尺、钢卷尺等

142. 在厂内铺设道岔,做道床时,铺道砟厚度不小于(　　)。

(A)200 mm　　(B)250 mm　　(C)200 mm　　(D)250 mm

143. 在厂内铺设道岔,铺摆岔枕时,由岔头至岔尾用白灰洒出(　　)。

(A)直线岔枕位置线　　(B)直线上股岔枕位置线

(C)直线上股岔枕端头位置线　　(D)曲线上股岔枕端头位置线

144. 在厂内铺设道岔，铺摆岔枕时，由岔头至岔尾用白灰洒出垂直于(　　)，并摆好岔枕。

(A)上股方向的各岔枕间距线　　(B)直线上股方向的间距线

(C)直线上股方向的各岔枕间距线　　(D)曲线上股方向的各岔枕间距线

145. 在厂内铺设道岔散布配件时，应依据(　　)中规定位置，散发相应的橡胶垫板(混凝土枕)或塑料垫片(木岔枕)。

(A)布置图　　(B)装配图　　(C)组装图　　(D)部件图

146. 在厂内铺设道岔散布配件时，混凝土岔枕(　　)。

(A)垫板应直接对正岔枕

(B)垫板螺栓孔应直接对正岔枕

(C)垫板螺栓孔应直接对正岔枕螺栓孔

(D)垫板螺栓孔应直接对正钢轨螺栓孔

147. 在厂内铺设道岔散布配件时，木枕需计算出(　　)，划出垫板的边线位置，然后摆上垫板。

(A)枕木端头的距离　　(B)枕木端头至垫板的距离

(C)直股枕木端头至垫板的距离　　(D)曲股枕木端头至垫板的距离

148. 在厂内铺设道岔散布配件时，(　　)，再摆上垫板。

(A)曲股应根据支距尺寸划出垫板的边线

(B)曲股应根据轨距尺寸划出垫板的边线

(C)曲股应根据支距及轨距尺寸划出垫板的边线

149. 在厂内铺设道岔散布配件时，(　　)先散布在岔枕端头外侧或岔枕空内。

(A)转辙器滑床板　　(B)垫板

(C)护轨垫板　　(D)转辙器滑床板和护轨垫板

150. 在厂内铺设道岔散布配件时，应注意垫板的(　　)。

(A)型号、类别，并分清左右和前后　　(B)型号、类别，并分清左右

(C)型号、类别　　(D)型号

151. 在厂内铺设道岔散布配件时，垫板的 1∶40 斜度均斜向(　　)。

(A)轨道(直线或侧线)中心线　　(B)轨道(直线或侧线)两侧

(C)轨道(直线或侧线)一侧　　(D)轨道(直线或侧线)中线

152. 在厂内铺设道岔散布配件时，混凝土岔枕与垫板连接，(　　)。

(A)螺栓加平垫圈拧至 3/4 左右　　(B)螺栓加平垫圈拧至 1/2 左右

(C)螺栓加平垫圈拧至 1/4 左右　　(D)螺栓加平垫圈拧紧

153. 在厂内铺设道岔，铺摆钢轨时，在转辙器两基本轨轨顶划出始端(　　)，作为摆放转辙器的起始位置。

(A)第一根岔枕中心线位置　　(B)第二根岔枕中心线位置

(C)第三根岔枕中心线位置　　(D)第四根岔枕中心线位置

154. 在厂内铺设道岔,铺摆钢轨时用(　　)方正道岔始端。

(A)直尺　(B)支距尺　(C)轨距尺　(D)方尺

155. 在厂内铺设道岔,铺摆钢轨时(　　)基本轨长。

(A)调整　(B)调整尖轨前

(C)调整尖轨尖端前　(D)测量尖轨尖端前

156. 在厂内铺设道岔,用钢尺在(　　),并按岔枕间隔印方正岔枕。

(A)轨顶上划岔枕间隔印　(B)上股轨项上划岔枕间隔印

(C)直线上股轨项上划岔枕间隔印　(D)曲线上股轨顶上划岔枕间隔印

157. 在厂内铺设道岔,安装转辙器滑床板及护轨垫板时,应复核(　　)。

(A)滑床板及垫板类型、编号　(B)滑床板及垫板类型

(C)滑床板及垫板　(D)滑床板

158. 在厂内铺设道岔,安装轨距块、弹条、T形螺栓时,螺栓紧周至弹条下颚(　　)。

(A)趋向轨距块　(B)接近轨距块　(C)接触轨距块　(D)贴紧轨距块

159. 在厂内铺设道岔,安装转辙器滑床板及护轨垫板时,应注意区分弹片正反面,(　　)压紧轨底,一端贴紧滑床板挡槽。

(A)正面向上插入滑床台槽内　(B)正面向下插入滑床台槽内

(C)正面向上插入滑床台　(D)正面向上插入槽内

160. 在厂内铺设道岔,混凝土岔枕滑床板及护轨垫板与岔枕连接,螺栓(　　)。

(A)拧紧至3/4　(B)拧紧至1/2　(C)拧紧至1/4　(D)拧紧

161. 在厂内铺谩道岔,安装所有垫板轨距块、弹条、T形螺栓,同时摆护轨,调整轮缘槽,其槽宽为(　　)。

(A)40 mm　(B)41 mm　(C)42 mm　(D)43 mm

162. 在厂内铺设道岔,使用螺纹道钉前,应先用木钻在木枕钻(　　)的孔。

(A)ϕ14 mm　(B)ϕ16 mm　(C)ϕ18 mm　(D)ϕ20 mm

163. 在厂内铺设道岔,拧紧道钉,紧固力以(　　)为宜。

(A)压上弹簧垫圈　(B)压住弹簧垫圈　(C)压紧弹簧垫圈　(D)压平弹簧垫圈

164. 在厂内铺设道岔,调直并固定直线上股时,拨正道岔(　　)。

(A)直线　(B)方向　(C)直线方向　(D)曲线方向

165. 在厂内铺设道岔,调整支距及轨距时,先调好(　　)。

(A)尖轨轨距　(B)两尖轨轨距　(C)尖轨跟端轨距　(D)两尖轨跟端跟距

166. 在厂内铺设道岔,调整支距及轨距时,沿直线上股钢轨,由尖轨跟端对应点起,每隔(　　)一点,划横距点。

(A)1 m　(B)2 m　(C)2 m　(D)4 m

167. 在厂内铺设道岔,调整支距及轨距时,混凝土岔枕先紧固(　　)。

(A)螺栓　(B)垫板螺栓　(C)支距点螺栓　(D)支距点垫板螺栓

168. 在厂内铺设道岔,调整支距及轨距时,木岔枕先拧紧(　　)。

(A)道钉　(B)枕木上的道钉

(C)支距点的道钉　(D)支距点枕木上的道钉

169. 在厂内铺设道岔,调整支距及轨距时,以直线、曲线上股为基准,(　　),依次固定好下股垫板。

(A)按规定的轨距　　(B)按规定的递减距离

(C)按轨距及递减距离　　(D)按规定的轨距及递减距离

170. 在厂内铺设道岔,在固定转辙器曲基本轨时,应先查直线尖轨轨距及(　　)。

(A)直线尖轨与曲基本轨密贴　　(B)曲线尖轨与直基本轨密贴

(C)曲线尖轨与曲基本轨密贴　　(D)直线尖轨与直基本轨密贴

171. 在厂内铺设道岔,整理工作包括起道找平,保证道岔(　　)。

(A)水平　　(B)纵向水平　　(C)横向水平　　(D)纵横水平

172. 道岔轨道电路是用绝缘材料将道岔分成(　　),当机车车辆通过这些区段时,显示不同信号,并将信号传到调度指挥台。

(A)若干电路区段　　(B)若干极性的电路区段

(C)不同极性的电路区段　　(D)若干不同极性的电路区段

173. 调度人员发出的指令通过(　　)使信号显示不同的进路,以使列车与道岔信号设备、调度系统实现不间断的联系。

(A)轨道　　(B)电路　　(C)轨道电路　　(D)道岔轨道电路

174.(　　)的制式能使机车车辆通过道岔的任何位置,都能对机车车辆所处位置形成一个闭合回路。

(A)轨道　　(B)电路　　(C)轨道电路　　(D)道岔轨道电路

175. 所有的道岔根据其功能,(　　),或在曲股,或在直股,而且在其两侧的钢轨处于不同的极性。

(A)绝缘接头都有固定的位置　　(B)接头都有固定的位置

(C)绝缘都有固定的位置　　(D)绝缘接头的位置

176. 在自动闭塞区段,装有连续式机车信号的车站,为使地面向机车不断地传递信号,单开道岔上的(　　)。

(A)钢轨绝缘设置在道岔直股上　　(B)钢轨绝缘设置在道岔曲股上

(C)绝缘设置在道岔曲股上　　(D)绝缘设置在直股上

177. 在自动闭塞区段,装有连续式机车信号的车站,为使地面向机车不断地传递信号,(　　)设在驼峰下,以一组道岔作为一个闭合回路。

(A)道岔　　(B)单开道岔　　(C)交分道岔　　(D)对称道岔

178. 在除自动闭塞区段外的其他位置的对称道岔,绝缘布置(　　)。

(A)与普通单开道岔相同　　(B)与单开道岔相同

(C)与普通道岔相同　　(D)与道岔相同

179. 两股钢轨的绝缘一般是以(　　)设置的。

(A)相错方式　　(B)相对方式　　(C)相等方式.　　(D)相同方式

180. 两股钢轨的绝缘如以相错方式设置,两个绝缘相错不得大于(　　)。

(A)1.0 m　　(B)1.5 m　　(C)2.0 m　　(D)2.5 m

181. 连接(　　)或连接绝缘接头两侧钢轨的连接零件,加强设备都是绝缘的。

(A)钢轨　(B)不同钢轨
(C)不同极性钢轨　(D)不同极性的两股钢轨

182. TB/T 412—2014 规定，道岔尖轨尖端处轨距允许偏差为（　　）。
(A)±0.5 mm　(B)±1.0 mm　(C)±1.5 mm　(D)±2.0 mm

183. TB/T 412—2014 规定，直尖轨轨头工作边刨切起点处道岔直股轨距允许偏差为（　　）。
(A)±0.5 mm　(B)±1.0 mm　(C)±1.5 mm　(D)±2.0 mm

184. TB/T 412—2014 规定，道岔其余部位轨距允许偏差为（　　）。
(A)$^{+3}_{-2}$ mm　(B)$^{+2}_{-3}$ mm　(C)±2 mm　(D)±3 mm

185. TB/T 412—2014 规定，安装电务转换设备前后，尖轨与（　　）。
(A)护轨应密贴　(B)配轨应密贴　(C)钢轨应密贴　(D)基本轨应密贴

186. TB/T 412—2014 规定，尖轨尖端至第一牵引点范围内，尖轨与基本轨缝隙不应大于（　　）。
(A)0.1 mm　(B)0.2 mm　(C)0.3 mm　(D)0.4 mm

187. TB/T 412—2014 规定，其余部分尖轨与基本轨缝隙不应大于（　　）。
(A)0.5 mm　(B)1.0 mm　(C)1.5 mm　(D)2.0 mm

188. TB/T 412—2014 规定，开通侧股时，叉跟尖轨尖端与短心轨密贴，尖端（100 mm 范围内）允许有小于（　　）的缝隙。
(A)0.2 mm　(B)0.3 mm　(C)0.4 mm　(D)0.5 mm

189. TB/T 412—2014 规定，开通侧股时，叉跟尖轨尖端与短心轨密贴，除尖端（100 mm 范围外），其余部分不得出现大于（　　）的缝隙。
(A)1.0 mm　(B)1.5 mm　(C)2.0 mm　(D)2.5 mm

190. TB/T 412—2014 规定，限位器的间隙偏差为（　　）。
(A)±1.0 mm　(B)±1.5 mm　(C)±2.0 mm　(D)±2.5 mm

191. TB/T 412—2014 规定，限位器两侧测点均不少于（　　）。
(A) 一点　(B)两点　(C)三点　(D)四点

192. TB/T 412—2014 规定，顶铁与尖轨轨腰，其间隙不应大于（　　）。
(A)0.5 mm　(B)1.0 mm　(C)1.5 mm　(D)2.0 mm

193. TB/T 412—2014 规定，尖轨非工作边与基本轨工作边的最小轮缘槽宽不应小于（　　）。
(A)65 mm　(B)60 mm　(C)55 mm　(D)50 mm

194. 道岔零部件由制造厂技术检验部门依据 TB/T 412—2014 规定进行检验，检验结果应有可证实性（　　）支持。
(A)文件　(B)记录　(C)资料　(D)数据

195. 制造厂技术检验部门或用户依据 TB/T 412—2014（　　）的项点进行产品检验。
(A)附录 A　(B)附录 B　(C)附录 C　(D)附录 D

196. 道岔出厂时，制造厂应对（　　），检验应有可证实性记录。
(A)产品零部件进行检验
(B)产品零部件的正确性进行检验

(C)产品零部件的完整性进行检验

(D)产品零部件的正确性和完整性进行检验

197. 钢轨件的长度尺寸均应按轨温(　　)为基础测量。

(A) 10 ℃　　(B)15 ℃　　(C)20 ℃　　(D)25 ℃

198. 各种护轨应进行(　　)。

(A)检验　　(B)外观检验　　(C)组装检验　　(D)外观和组装检验

199. TB/T 412—2014 规定,锻件、铸件应进行(　　)。

(A)外观检验

(B)外观、尺寸检验

(C)外观、尺寸和机械性能检验

(D)外观、尺寸、机械性能和化学成分检验

200. TB/T 412—2014 规定,锻件、铸件检验,抽样方法按 GB/T 2828 的规定,采用一般检查水平Ⅱ进行检验,合格质量水平为(　　)。

(A)2.5　　(B)2.0　　(C)1.5　　(D)1.0

三、多项选择题

1. 单开道岔主要由(　　)部分组成。

(A)转辙器　　(B)辙叉　　(C)护轨　　(D)连接部分

2. 某 ϕ31 螺栓孔,下列实测孔径不合格的是(　　)。

(A)32　　(B)31.5　　(C)30.5　　(D)30

3. 60-12 提速道岔(铁联线 001～004)导轨设计长度为 19 792 mm,下列成品实际长度中合格的是(　　)。

(A)19 786mm　　(B)19 792 mm　　(C)19 794 mm　　(D)以上都合格

4. 划线基准一般有(　　)类型。

(A)以两个互相垂直的平面(或线)为基准

(B)以两条中心线为基准

(C)以一个平面和一条中心线为基准

5. 关于尖轨长度定义不正确的是(　　)。

(A)尖轨尖端至尖轨跟端的工作边长度

(B)尖轨尖端至尖轨跟端的非工作边长度

(C)尖轨理论尖端至尖轨跟端的工作边长度

(D)尖轨理论尖端至尖轨跟端的非工作边长度

6. 配合共分为(　　)类型。

(A)间隙配合　　(B)过盈配合　　(C)过渡配合

7. 护轨的作用有(　　)。

(A)起安全保证作用　　(B)起减轻钢轨磨耗作用

(C)起导向作用　　(D)起加强结构作用

8. 92 型道岔尖轨(　　)。

(A)普通尖轨

(B)主要是AT尖轨,少量是普通尖轨
(C)主要是普通尖轨,少量是AT尖轨
9. 交叉渡线中的辙叉有(　　)。
(A)单开辙叉、锐角辙叉
(B)钝角辙叉
(C)锐角辙叉、钝角辙叉
10. 道岔尖轨常采用的平面型式有(　　)。
(A)直线尖轨　　(B)切线型曲线尖轨
(C)半切线型曲线尖轨　　(D)割线型曲线尖轨
(E)半割线型曲线尖轨。
11. 三视图是指(　　)。
(A)右视图　　(B)主视图　　(C)俯视图　　(D)左视图
12. 道岔最基本的组成部分是(　　)。
(A)转辙器　　(B)锐角辙叉　　(C)钝角辙叉、护轨　　(D)连接部分
13. 可动心轨辙叉由(　　)零件组成。
(A)心轨　　(B)翼轨　　(C)叉跟尖轨
(D)间隔铁　　(E)垫板及其他零件
14. 道岔结构的组成零件有(　　)。
(A)钢轨件　　(B)间隔铁、垫板
(C)支撑零件、连接零件　　(D)紧固件
15. 下列属于划线工具的是(　　)。
(A)划线平台　　(B)V型铁　　(C)划针盘　　(D)样冲
16. 关于辙叉跟长定义不正确的是(　　)。
(A)辙叉心轨尖端至辙叉跟端的长度
(B)辙叉心轨尖端至辙叉跟端的工作边长度
(C)辙叉心轨理论尖端至辙叉跟端的工作边长度
(D)辙叉心轨理论尖端至辙叉跟端的非工作边长度
17. 60-12提速道岔(铁联线001～004)中,(　　)不允许加热顶弯。
(A)基本轨　　(B)尖轨
(C)可动心轨辙叉翼轨　　(D)心轨
18. 尖轨按平面型式分为(　　)。
(A)直线型尖轨　　(B)折线型尖轨　　(C)曲线型尖轨
19. 护轨与基本轨的连接关系(　　)。
(A)护轨都与基本轨相连接
(B)护轨都单独设置
(C)所有护轨与基本轨相连接及所有有护轨单独设置
(D)以上都错误
20. 通常护轨由(　　)组成。
(A)平直段　　(B) 缓冲段　　(C) 开口段　　(D) 成型段

21. 进行高锰钢辙叉的机加工原因有(　　)。

(A)提高其表面质量:去掉表面脱碳层、提高表面硬度

(B)保证其几何尺寸精度

(C)便于安装铺设

(D)改善行车条件

22. 现代工程材料可分为(　　)类。

(A)金属材料　(B)陶瓷材料　(C)高分子材料　(D)复合材料

23. 三视图指(　　)。

(A)主视图　(B)俯视图　(C)左视图　(D)右视图

24. 关于道岔前部实际长度定义不正确的是(　　)。

(A)尖轨尖端至道岔中心的长度

(B)道岔始端至道岔中心的长度

(C)尖轨尖端至道岔中心在道岔基线上的投影长度

(D)道岔始端至道岔中心在道岔基线上的投影长度

25. 轨撑按其设置部位及作用可分为(　　)种。

(A)普通轨撑　(B)辙跟轨撑　(C)钝角辙叉轨撑

(D)防爬轨撑　(E)防跳轨撑

26. 交分道岔由(　　)部分组成

(A)交分道岔由菱形交叉　(B)双转辙器　(C)连接曲线

27. 按铁道部铁工务函〔1996〕313 号发布的《60 kg/m 钢轨提速道岔技术条件(暂行)》规定,60-12 号提速道岔尖轨轨头切削部分应与基本轨密贴,不允许有(　　)的缝隙。

(A)0.2 mm　(B)1 mm

(C)尖端至第一牵引点区段 0.2 mm、其余部分有不大于 1 mm

(D)尖端至第一牵引点区段 1 mm,其余部分有不大于 0.2 mm

28. 60-12 提速道岔(铁联线 001～004)基本轨设计长度为 16 792 mm,下列成品实际长度中不合格的是(　　)。

(A)16 787 mm　(B)16 796 mm　(C)16 797 mm　(D)以上都合格

29. 淬火钢轨件不得有(　　)等有害缺陷。

(A)烧伤　(B)裂纹　(C)深度大于 1.5 mm 的伤痕

30. 下列设备中,属于道岔范围的是(　　)。

(A)直角交叉　(B)菱形交叉　(C)渡线　(D)铁鞋脱落器

31. 游标卡尺的测量精度一般有(　　)种。

(A)0.1 mm　(B)0.02 mm　(C)0.05 mm

32. 下列说法不正确的是(　　)。

(A)铣削加工适于加工各种阶台、外圆、齿轮等

(B)铣削加工适于加工各种平面、键槽及螺旋槽等

(C)铣削加工只适于加工各种平面,而不能加工旋槽面

(D)铣削加工可加工离合器,但不能加工齿轮

33. 铺设道岔中两根钢轨用鱼尾板连接后,出现左右错牙的现象,其主要原因不正确

的是(　　)。

(A)鱼尾螺栓不合适　(B)紧固力过大

(C)两钢轨的鱼尾空间误差较大　(D)其他原因

34. 下列锐角辙叉中,不可以消除“有害空间”的是(　　)。

(A)固定型锐角辙叉　(B)可动心轨锐角辙叉

(C)高锰钢整铸式锐角辙叉　(D)钢轨组合辙叉

35. 某活动心轨设计长度为 4 200 mm,按 TB/T 412—2014 规定,下列成品实际长度中不合格的是(　　)。

(A)4 202 mm　(B)4 198mm　(C)4 200mm　(D)4 199mm

36. 按 TB/T 447—2004 规定,不作机加工及三部位机加工的高锰钢辙叉,不允许存在的缺陷是(　　)。

(A)距轨顶面深度＞10、距工作边距离＞12、缺陷宽度小于轨面宽的二分之一、缺陷连续长度＜350

(B)距轨顶面深度＞16、距工作边距离＞12、缺陷宽度小于轨面宽的二分之一、缺陷连续长度＜250

(C)距轨顶面深度＞13、距工作边距离＞12、缺陷宽度小于轨面宽的三分之二、缺陷连续长度＜250

(D)距轨顶面深度＞13、距工作边距离＞12、缺陷宽度小于轨面宽的二分之一、缺陷连续长度＜250

37. 道岔号数有(　　)。

(A)9　(B)12　(C)18　(D) 42

38. 钢轨件的顶弯,检测时(　　)。

(A)用粉线　(B)用样板　(C)用平尺

39. 常用的尖轨转辙器有(　　)。

(A)可弯式尖轨转辙器　(B)间隔铁式尖轨转辙器

(C)限位器式尖轨转辙器

40. 菱形交叉由(　　)组成。

(A)锐角辙叉　(B)尖轨　(C)钝角辙叉　(D)护轨

41. 尖轨跟部结构型式分为(　　)。

(A)曲线型尖轨　(B)普通断面尖轨　(C)间隔铁式　(D)弹性可弯式

42. 道岔有(　　)标准类型。

(A)普通单开道岔　(B)单式对称道岔(或双开道岔)　(C)三开道岔

(D)交叉渡线　(E)交分道岔

43. 道岔尖轨掉尖在(　　)工序不容易发生。

(A)淬火　(B)振动时效　(C)刨轨顶纵坡　(D)组装

44. 某钢轨轨头侧面有坡度,该坡度不正确的是(　　)。

(A)1∶40　(B)1∶20　(C)1∶16

45. 按 TB/T 447—2004 规定,辙叉机加工前及不作机加工的高锰钢辙叉,磨修焊补后,必须再次水韧处理的是(　　)。

(A)砂眼、夹杂、气孔等缺陷深度在 2～10 mm,长度不大于 50 mm,宽度不大于该处尺寸的二分之一
(B)砂眼、夹杂、气孔等缺陷深度大于 10mm,长度不大于 100 mm,宽度不大于该处尺寸的三分之二
(C)轨底处的气孔、砂眼、凹坑等缺陷深度不大于 15 mm,长度不大于 200 mm,宽度不大于该处尺寸的二分之一
(D)裂纹长度大于 50 mm 而小于 200 mm

46. 钢轨顶弯压痕过深的主要原因,以下不正确是(　　)。
(A)压力机压力过大　(B)顶头与钢轨接触面太小
(C)新顶头,顶座棱角不圆顺

47. 与普通断面尖轨相比,AT 尖轨特点有(　　)。
(A)这种尖轨不需要刨切轨底爬坡,有较大的支承面,利于加工
(B)尖轨断面的高宽比小,稳定性好
(C)为了便于跟端连接,根部需要加工成为普通钢轨断面
(D)轨底需要设滑床台,以保持与基本轨平齐

48. 关于辙叉跟宽的定义,以下不正确的是(　　)。
(A)辙叉跟端两翼轨工作边之间的距离
(B)辙叉跟端两翼轨非工作边之间的距离
(C)辙叉跟端两心轨工作边之间的距离
(D)辙叉跟端两心轨非工作边之间的距离

49. 根据钢轨低倍组织缺陷存在的严重程度和分布情况,钢轨分为(　　)。
(A)一级品　(B)二级品　(C)三级品　(D)工业品

50. 根据用途和平面形状,道岔有(　　)标准类型。
(A)普通单开道岔　(B)单式对称道岔(或双开道岔)　(C)三开道岔
(D)交叉渡线　(E)交分道岔

51. 铸铁的特点(　　)。
(A)良好的铸造性　(B)耐磨性　(C)切削加工性　(D)导电性

52. 某基本轨设计长度为 17 500,按 TB/T 412—2014 规定,下列成品实际长度中合格的是(　　)。
(A)17 503 mm　(B)17 501 mm　(C)17 493 mm　(D)以上都不合格

53. 尖轨按钢轨断面分为(　　)。
(A)直弹性可弯式　(B)普通断面尖轨　(C)间隔铁式　(D)AT 尖轨

54. 关于道岔始端定义不正确的是(　　)。
(A)尖轨尖端　(B)尖轨尖端前的基本轨端
(C)尖轨尖端前的基本轨端轨缝中心　(D)尖轨尖端前与基本轨连接的钢轨端

55. 切削液的作用主要有(　　)。
(A)润滑作用　(B)冷却作用　(C)清洗作用　(D)防锈作用

56. 润滑剂可分为(　　)。
(A)柴油　(B)润滑油　(C)润滑脂　(D)固体润滑剂

57. 关于列车行驶中车轮撞击钢轨的角度,以下不正确的是(　　)。

(A)辙叉角　　(B)转辙角　　(C)冲击角

58. 关于辙叉趾长的定义,以下不正确的是(　　)。

(A)辙叉心轨尖端至辙叉趾端的长度

(B)辙叉心轨尖端至辙叉趾端的工作边长度

(C)辙叉心轨理论尖端至辙叉趾端的工作边长度

(D)辙叉心轨理论尖端至辙叉趾端的非工作边长度

59. 60-12 提速道岔(铁联线 001～004)基本轨设计长度为 16 792 mm,下列成品实际长度不合格的是(　　)。

(A)16 787 mm　　(B)16 796 mm　　(C)16 797 mm

60. 液压系统的功率大小与系统的(　　)大小无关。

(A)压力和流量　　(B)压强和面积　　(C)压力和体积　　(D)负载和直径

61. 下列尺寸为尖轨尖端掉尖尺寸,不允许补焊修整的是(　　)。

(A)长 10 mm、深度 5 mm　　(B)长 20 mm、深度 4 mm

(C)长 5 mm、深度 10 mm　　(D)长 20 mm、深度 10 mm

62. 轨撑的作用(　　)。

(A)防止钢轨倾覆　　(B)加强钢轨的稳定性、保持轨距

(C)防止钢轨的爬行　　(D)调整道岔水平

63. 属于常用道岔范围的是(　　)。

(A)交叉渡线　　(B)脱轨道岔　　(C)渡线　　(D)菱形交叉

64. 菱形交叉由(　　)。

(A)锐角辙叉　　(B)护轨　　(C)钝角辙叉组成

65. 下列属于线路轨道特殊设备的是(　　)。

(A)钢轨伸缩调节器(或称温度调节器)

(B)铁鞋脱落器(或称脱鞋器)

(C)脱轨设备等

66. 交叉渡线一般(　　)组合而成。

(A)两组单开道岔(或对称道岔)　　(B)四组单开道岔(或对称道岔)

(C)两组菱形交叉　　(D)一组菱形交叉

67. 在位置公差中,对称度不属于(　　)位置公差。

(A)定向　　(B)定位　　(C)跳动　　(D)定向和定位

68. 不是尖轨跟端固定,利用尖轨弹性改变位置的转辙器是(　　)。

(A)可弯式尖轨转辙器　　(B)间隔铁式尖轨转辙器

(C)双转辙器　　(D) 钢轨伸缩调节器

69. 关于道岔全长定义不正确的是(　　)。

(A)道岔始端至道岔终端的长度

(B)道岔始端至道岔终端在道岔基线上的投影长度

(C)基本轨前端至道岔终端的长度

(D)基本轨前端至道岔终端在道岔基线上的投影长度

70. 某尖轨设计长度为 11 300 mm,按 TB/T 412—2014 规定,下列成品实际长度中合格的是(　　)。

(A)11 297 mm　(B)11 299 mm　(C)11 302 mm　(D)11 301 mm

71. 以下关于切削液润滑作用说法不正确的是(　　)。

(A)增大切削过程中摩擦　(B)增大切削阻力

(C)提高表面质量　(D)降低刀具耐用度

72. 道岔钢轨件淬火的目的是(　　)。

(A)改变钢轨表层金属的金相组织　(B)提高硬度

(C)从而增强钢轨的耐磨性　(D)延长使用寿命。

73. 尖轨的尖端有(　　)结构型式。

(A)贴尖式　(B)藏尖式　(C)无尖式

74. 单开道岔中常用尖轨的平面型式为(　　)。

(A)直线型　(B)折线型与曲线型尖轨

(C)曲线型尖轨　(D)直线型、折线型与曲线型尖轨

75. 转辙器跟端可采用(　　)设计方案。

(A)拉连杆　(B)间隔铁　(C)限位器　(D)不设传力结构

76. 钢轨件制造的主要工序有(　　)。

(A)下料、锯切、钻孔　(B)顶弯　(C)铣削、刨切

(D)淬火、时效　(E)调直、组装

77. 钢轨断面的主要参数有(　　)。

(A)头部顶面宽　(B)轨腰厚　(C)轨身高　(D)轨底宽

78. 组装尖轨、基本轨出现的问题主要是(　　)。

(A)掉尖　(B)密贴不严　(C)断面超差　(D) 跟段支距超差

79. 尖轨轨头非工作边水平切削,应检查(　　)。

(A)轨头切削深度　(B)轨头切削斜度　(C)各断面切削宽度　(D)各断面高度

80. 我国工线铁路采用的道床边坡不正确的是(　　)。

(A)1∶1.5　(B)1∶1.75　(C)1∶2.0　(D)1∶2.25

81. 液压系统的功率大小与系统的(　　)大小无关。

(A)压力和流量　(B)压强和面积　(C)压力和体积　(D)负载和直径

82. 所谓设计基准,就是在划线时,选择工件上的某个(　　)作为依据,用它来确定工件的各部分尺寸、几何形状和相对位置。

(A)点　(B)线　(C)面　(D)边

83. 提高高锰钢辙叉质量的途径是(　　)。

(A)提高钢水的冶炼质量

(B)减少内部缩松

(C)严格控制热处理

(D)采用机加工保证外观几何尺寸的精度

(E)强化工作面的硬度,减少初期磨耗

84. 形位公差的公差带是由(　　)因素确定的。

(A)公差带大小　(B)公差带形状　(C)公差带方向　(D)公差带位置

85. 尖轨转辙器主要由(　　)组成。

(A)两根基本轨　(B)两根尖轨　(C)各种连接零件组成

86. 划线基准类型选择(　　)。

(A)以两个互相垂直的平面(或线)为基准

(B)以两条中心线为基准

(C)以一个平面和一条中心线为基准

87. 按 TB/T 447—2004 规定,多部位机加工的高锰钢辙叉,下列缺陷可以不做修理的是(　　)。

(A)辙叉理论尖端前 200 mm 至心轨轨头宽 50 mm 段外,与车轮接触面的部位有深度不大于 2 mm,长度不大于 5 mm 的缺陷(砂眼、夹杂、气孔等)

(B)砂眼、夹杂、气孔等缺陷在轨底深度不大于 3mm,长度不大于 20mm,宽度不大于 10mm

(C)轨顶、工作边、夹板槽存在深度不大于 1mm 的局部黑皮

(D)叉心工作边尺寸超正常

88. 下面不是检测钢轨密贴和台板"空吊"的量具(　　)。

(A)塞尺　(B)卷尺　(C)直尺　(D)游标卡尺

89. 尖轨轨头非工作边水平切削,应检查(　　)。

(A)轨头切削深度　(B)轨头切削斜度　(C)各断面切削宽度　(D)各断面高度

90. 转辙器,不接触尖轨的钢轨件是(　　)。

(A)基本轨　(B)导轨　(C)护导轨　(D)翼轨

91. 高锰钢辙叉的机加工原因有(　　)。

(A)提高其表面质量:去掉表面脱碳层、提高表面硬度

(B)保证其几何尺寸精度

(C)便于安装铺设

(D)改善行车条件

92. 钢轨伸缩调节器由(　　)。

(A)导轨　(B)尖轨　(C)基本轨　(D)护轨

93. 我国安全生产的方针是(　　)。

(A)安全第一　(B)生产第一　(C)预防为主　(D)预防为辅

94. 钢轨顶弯的作用是(　　)。

(A)使钢轨的工作边成折线或曲线型,如转辙器中的曲基本轨、辙叉中的翼轨及护轨等

(B)有轨头水平切削的钢轨件,如尖轨、心轨等顶弯的作用是使切削后的钢轨头部都能得到轨腰的支承,不致悬空。

(C)对于具有曲线型工作边的尖轨、心轨等,顶弯工序除了为避免轨头悬空外,同时还配合切削工序使钢轨工作边形成曲线型。

95. 按 TB/T 447—2004 规定,高锰钢辙叉三部位加工系指(　　)部位。

(A)趾、跟端端面　(B)螺栓孔钻眼　(C)夹板槽部位加工

96. 下列钝角辙叉中,不可以消除“有害空间”的是(　　)。
(A)固定型钝角辙叉
(B)活动心轨式钝角辙叉
(C)高锰钢整铸式钝角辙叉
97. 关于道岔终端定义不正确的是(　　)。
(A)离道岔始端最远的辙叉跟端
(B)离道岔始端最远的辙叉跟端轨缝中心
(C)离道岔始端最远的钢轨跟端
(D)离道岔始端最远的钢轨跟端轨缝中心
98. 下列设备中,属于道岔范围的是(　　)。
(A)交叉渡线　(B)钢轨伸缩调节器
(C)渡线　(D)菱形交叉
99. 客运专线道岔制造特点(　　)。
(A)高加工精度　(B)严格的技术标准　(C)专业的加工设备
(D)专门的工艺、工装　(E)厂内逐组组装,包括岔枕及电务转换设备
100. 关于辙叉趾宽的定义,以下不正确的是(　　)。
(A)辙叉趾端两翼轨工作边之间的距离
(B)辙叉趾端两翼轨非工作边之间的距离
(C)辙叉两翼轨最近处工作边之间的距离
(D)辙叉两翼轨最近处非工作边之间的距离
101. 台虎钳有(　　)。
(A)固定式　(B)移动式　(C)直线式　(D)回转式
102. 划线有(　　)几种。
(A)尺规画线　(B)平面划线　(C)立体划线　(D)几何划线
103. 借料就是通过(　　),使各个加工表面的加工余量合理分配,互相借用,从而保证各个加工表面都有足够的加工余量,而误差和缺陷加工后排除。
(A)尺寸　(B)试划　(C)摆正　(D)调整
104. 要做好借料划线,首先要知道待划毛坯误差程度,确定需要借料的(　　),这样才能提高划线效率。
(A)大小　(B)方向　(C)入刀点　(D)形状
105. 钢轨表面允许有深度不超过 0.5 mm 的(　　)。
(A)压痕　(B)结疤　(C)纵向划痕　(D)碰伤
106. 机车车辆由一条线路进入或越过另一条线路,均依靠线路的(　　)来实现,这些线路设备统称道岔。
(A)转辙器　(B)连接设备　(C)交叉设备　(D)辙叉及护轨
107. 线路的交叉设备有(　　)。
(A)直线交叉　(B)曲线交叉　(C)直角交叉　(D)菱形交叉
108. 道岔最基本的组成部分有(　　)。
(A)护轨和连接部分　(B)锐角辙叉　(C)钝角辙叉　(D)转辙器

109. 按 TB/T 447—2004 规定，高锰钢辙叉加工部位是指(　　)。

(A)趾端端面　　B 跟端端面　　(C)螺栓孔钻眼　　D 夹板槽

110. 台虎钳的规格是用钳口的宽度表示，常用的有(　　)。

(A)100 mm　　(B)125 mm　　(C)150 mm　　(D)175 mm

111. 线路轨道的特殊设备，有(　　)。

(A)铁鞋脱落器　　(B)脱轨道岔　　(C)钢轨伸缩调节器　　(D)单开道岔

112. 钢轨伸缩调节器是调节钢轨伸缩量的装置，它是借助(　　)在轨道方向上的相对错动，来调节由于温度变化所引起的大跨度钢梁桥面系或无缝线路的钢轨伸缩。

(A)基本轨　　(B)尖轨　　(C)长心轨　　(D)短心轨

113. 如何选择划线基准(　　)。

(A)划线基准与设计基准尽量一致　　(B)以两个互相垂直的平面(或线)为基准

(C)以两条中心线为基准　　(D)以一个平面和一条中心线为基准

114. 组合道岔的特点有(　　)。

(A)减少了设计工作量，避免了重复设计，提高了站场设计效率

(B)可以实现工厂化制造，保证道岔群各部件的质量，从而加速了站场的铺设进度

(C)增加站场工程总造价

(D)便于信号集中、调度集中、计算机管理，能够提高机车车辆的通过能力，可以提高调车、解体和编组作业的效率

115. 机件的真实大小应以图样上所注的尺寸数值为依据，与(　　)无关。

(A)比例　　(B)图形的大小　　(C)绘图的准确度　　(D)其他

116. 三视图是指(　　)。

(A)主视图　　(B)左视图　　(C)俯视图　　(D)右视图

117. 游标卡尺的测量精度一般有(　　)三种。

(A)0.1 mm　　(B)0.02 mm　　(C)0.05 mm　　(D)0.01 mm

118. 所谓设计基准，就是在划线时，选择工件上的某个(　　)作为依据，用它来确定工件的各部分尺寸、几何形状和相对位置。

(A)点　　(B)线　　(C)面　　(D)角

119. 当工件上有两个以上的不加工表面时，应选择其中(　　)为主要找正依据，并兼顾其他较次要的不加工表面

(A)面积较大　　(B)较重要的　　(C)外观质量要求较高(D)较复杂的

120. 钢轨由(　　)三部分组成。

(A)轨头　　(B)轨腰　　(C)轨底　　(D)跟端

121. 辙叉护轨由(　　)组成。

(A)平直段　　(B)两端缓冲段　　(C)开口段　　(D)降坡段

122. 轨撑分为(　　)。

(A)普通轨撑　　(B)辙跟轨撑　　(C)防爬轨撑　　(D)防跳轨撑。

123. 菱形交叉是由(　　)叉组合而成的。

(A)两个基本轨　　(B)两个钝角辙叉　　(C)两个尖轨　　(D)两个锐角辙叉

124. 钢轨伸缩调节器由(　　)组成。

(A)基本轨　(B)尖轨　(C)长心轨　(D)短心轨

125. 基本轨外侧设置轨撑的目的是为了防止基本轨的(　　)。

(A)横向移动　(B)纵向移动　(C)内倾　(D)外倾

126. 与普通断面尖轨相比,(A)T 尖轨有(　　)特点。

(A)这种尖轨不需要刨切轨底爬坡,有较大的支承面,利于加工

(B)尖轨断面的高宽比小,稳定性好

(C)为了便于跟端连接,根部需要加工成为普通钢轨断面

(D)轨底需要设滑床台,以保持与基本轨平齐

127. 锐角辙叉的翼轨的作用是(　　)

(A)翼轨的前部顶面起着支承车轮运行的作用

(B)翼轨的前部顶面起着引导车轮运行的作用

(C)翼轨的后部起着支撑车轮运行的作用

(D)翼轨的后部起着引导车轮运行的作用

128. 护轨的作用有(　　)。

(A)起安全保证作用　(B)起减轻钢轨磨耗作用。

(C)起导向作用　(D)起加强结构作用。

129. 间隔铁的断面形状大致有(　　)。

(A)双耳断面　(B)单耳断面　(C)椭圆形断面　(D)楔型断面

130. 垫板的主要作用有(　　)。

(A)固定钢轨件的位置　(B)固定辙岔的位置

(C)固定岔枕的位置　(D)承受车轮传递给钢轨的压力

131. 轨撑起的作用是(　　)。

(A)防止钢轨倾覆　(B)加强钢轨的稳定性

(C)保持轨距　(D)轨腰紧固后防止钢轨的爬行

132. 轨撑按其设置部位及作用可分为(　　)。

(A)普通轨撑　(B)辙跟轨撑　(C)钝角辙叉轨撑　(D)防爬和防跳轨撑

133. 辙跟轨撑用于(　　)跟端基本轨非工作边一侧。

(A)基本轨　(B)尖轨　(C)活动心轨　(D)翼轨

134. 防爬轨撑用于(　　)跟端基本轨非工作边一侧。

(A)基本轨　(B)尖轨　(C)活动心轨　(D)翼轨

135. 交分道岔由(　　)等部分组成。

(A)菱形交叉　(B)单转辙器　(C)双转辙器　(D)连接曲线

136. 提速道岔设置轨底坡是因为(　　)。

(A)改善车轮与钢轨的接触条件　(B)减少车轮对钢轨的横向推力

(C)增加线路的稳定性　(D)减少车轮对钢轨的纵向推力

137. 可动心轨道岔技术特征有(　　)。

(A)由翼轨、心轨、叉跟尖轨、高强度螺栓组合而成

(B)可动心轨采用(A)T 型藏尖式弹性可弯结构

(C)设 1∶40 轨底坡或轨顶坡

(D)采用内锁闭结构

138. 交分道岔由(　　)等部分组成。

(A)菱形交叉　(B)双转辙器　(C)钝角辙叉　(D)连接曲线

139. 尖轨的尖端有(　　)结构型式。

(A)粗壮式　(B)贴尖式　(C)藏尖式　(D)降低式

140. 辙跟鱼尾板的作用是将(　　)连为一体。

(A)尖轨　(B)基本轨　(C)连接部分钢轨　(D)长心轨

141. 护轨的作用(　　)。

(A)起安全保证作用　(B)起减轻钢轨磨耗作用

(C)起导向作用　(D)起加强结构作用。

142. 轨撑起的作用是(　　)。

(A)防止钢轨倾覆　(B)加强钢轨的稳定性

(C)起保持轨距的作用　(D)防止钢轨的爬行

143. 尖轨按平面型式分(　　)。

(A)直线型尖轨　(B)二次抛物线

(C)折线型尖轨　(D)曲线型尖轨

144. 单开道岔是由(　　)组成。

(A)转辙器　(B)辙叉　(C)护轨　(D)连接部分

145. (　　)设备属于线路轨道的特殊设备。

(A)套线道岔　(B)钢轨伸缩调节器　(C)铁鞋脱落器　(D)脱轨道岔

146. 交叉有(　　)几种。

(A)直线菱形交叉　(B)直角交叉

(C)直线与曲线交叉　(D)曲线与曲线交叉

147. 交叉渡线一般由(　　)组成。

(A)四组单开道岔(或对称道岔)　(B)一组菱形交叉

(C)两组双转辙器　(D)一组钝角辙叉

148. 提高高锰钢辙叉质量的途径是(　　)。

(A)提高钢水的冶炼质量　(B)减少内部缩松

(C)严格控制热处理　(D)强化工作面的硬度,减少初期磨耗

149. 交叉有(　　)几种。

(A)直线菱形交叉　(B)直角交叉　(C)直线与曲线交叉　(D)曲线与曲线交叉

150. 渡线是使列车由一线转入它线的设备,由(　　)组成。

(A)两组双转辙器　(B)一组菱形交叉

(C)两组单开道岔　(D)一条连接轨

151. 菱形交叉由(　　)组成。

(A)锐角辙叉　(B)护轨　(C)钝角辙叉　(D)锐角辙叉

152. 道岔钢轨件淬火的方法有(　　)。

(A)低频淬火　(B)中频淬火　(C)高频淬火　(D)火焰淬火

153. 现代工程材料可分为(　　)几大类。

(A)金属材料　(B)陶瓷材料　(C)高分子材料　(D)复合材料

154. 三视图投影的规律是什么?(　)

(A)主视、俯视长对正　(B)主视、左视高平齐

(C)俯视、左视高相等　(D)俯视、左视宽相等

155. 我国安全生产的方针是(　)。

(A)安全第一　(B)生产第一　(C)预防为主　(D)清洁生产

156. 配合共分为(　)几种类型。

(A)间隙配合　(B)过盈配合　(C)轴承配合　(D)过渡配合

157. 形位公差的公差带是由(　)几个因素确定的。

(A)差带大小　(B)公差带形状　(C)公差带方向　(D)公差带位置

158. 所谓划线基准,就是在划线时,选择工件上的某个点、线、面作为依据,用它来确定工件的各部分(　)。

(A)尺寸　(B)几何形状　(C)相对位置　(D)绝对位置

159. 对高锰钢辙叉进行机加工的原因是(　)。

(A)提高其表面质量　(B)保证其几何尺寸精度

(C)便于安装铺设　(D)改善行车条件

160. 下列(　)属于常用道岔范围。

(A)直角交叉　(B)渡线　(C)菱形交叉　(D)脱轨道岔

161.(　)轨底不需要刨切轨底爬坡。

(A)普通断面尖轨　(B)AT 尖轨　(C)直线尖轨　(D)曲线尖轨

162. 切削液的作用主要有(　)。

(A)润滑作用　(B)冷却作用　(C)清洗作用　(D)防锈作用

163.(　)的主要作用不是减少后刀面与切削表面之间的摩擦。

(A)前角　(B)后角　(C)主偏角　(D)副偏角

164. 以下关于切削液润滑作用说法不正确的是(　)。

(A)增大切削过程中摩擦　(B)增大切削阻力

(C)提高表面质量　(D)降低刀具耐用度

165. 我国轨道爬行的主要原因不是由于(　)。

(A)钢轨接头的冲击　(B)轨道方向不良　(C)轨道波浪型挠曲　(D)列车制动

166. 在切断工件时,走刀中途发现铣刀停转或工件松动时,不应(　)。

(A)先停工作台进给,再停主轴旋转　(B)先停主轴旋转,再停工作台进给

(C)只停主轴旋转,不停工作台进给　(D) 继续停止铣削

167. 下列说法不正确的是(　)。

(A)铣削加工适于加工各种阶台、外圆、齿轮等

(B)铣削加工适于加工各种平面、键槽及螺旋槽等

(C)铣削加工只适于加工各种平面,而不能加工旋槽面

(D)铣削加工可加工离合器,但不能加工齿轮

168. 下列焊接方法中(　)不属于压力焊。

(A)摩擦焊　(B)手工电弧焊

(C)埋弧焊　　(D)二氧化碳气体保护焊

169. 客运专线道岔孔加工粗糙度不应为(　　)。

(A)6.3 μm　　(B)12.5 μm　　(C)25 μm　　(D)50 μm

170. 刀具磨损形态有多种,下面属于的是(　　)。

(A)前角磨损　　(B)前刀面磨损　　(C)后刀面磨损　　(D)边界磨损

171. 基本轨、配轨公称长度小于或等于 12.5m 时,长度允许偏差为(　　),公称长度大于 12.5 m 时,长度允许偏差为全长(　　)。

(A)±0.25‰　　(B)±3.0mm　　(C)±0.3‰　　(D)±4.0mm

172. 属于道岔转辙器部分的是(　　)。

(A)直线尖轨　　(B)曲基本轨　　(C)翼轨　　(D))连接杆

173. 切削时,在产生热量相等条件下,导热系数低的材料(　　)。

(A)刀具易磨损　　(B)切削性能较差

(C)切削温度较高　　(D)切削加工性能较好

174. 质量管理文件包括(　　)。

(A)标准要求的程序

(B)组织为确保过程监控和有效运行要求的文件外来文件

(C)外来文件

(D)其他文件

175. 危险源辨识与风险评价应覆盖(　　)。

(A)组织的常规和非常规活动

(B)所有进入作业场所的人员(包括承包方人员和访问者)的活动

(C)工作场所的设施、设备和材料

(D)公司及生产活动、材料的变更或计划和变更等

176. 不合格项报告内容包括(　　)。

(A)不合格事实描述　　(B)不合格原因分析及措施

(C)对措施实施完成情况的验证

177. 定位基准按用途分,有(　　)。

(A)设计基准　　(B)工艺基准　　(C)测量基准　　(D)画线基准

178. 道岔转辙设备应具有(　　)功能。

(A)扳动转换　　(B)锁闭　　(C)解锁　　(D)表示

179. 尖轨为藏轨式时,基本轨的主要工艺过程不正确的是(　　)。

(A)下料、锯切、钻孔等

(B)下料、锯切、钻孔、螺栓孔倒角等

(C)下料、锯切、钻孔、螺栓孔倒角、切削下颚等

(D)下料、锯切、钻孔、螺栓孔倒角、切削下颚、淬火、调顶、组装等

180. 视图的基本规律不正确的是(　　)。

(A)主视、俯视长对正

(B)主视、俯视长对正;主视、左视高平齐

(C)主视、俯视长对正;主视、左视高平齐;俯视、左视宽相等

(D)主视、俯视长对正;主视、左视高平齐;俯视、右视宽相等

181. 菱形交叉是由(　　)组合而成的。

(A)四个钝角辙叉　(B)四个锐角辙叉　(C)两个钝角辙叉　(D)两个锐角辙叉

182. 道岔前部实际长度说法不正确的是(　　)。

(A)尖轨尖端到道岔中心的长度

(B)道岔始端到道岔中心的长度

(C)尖轨尖端到道岔中心在道岔基线上的投影长度

(D)道岔始端到道岔中心在道岔基线上的投影长度

183. 铺设道岔过程中两根钢轨用鱼尾板连接后,出现错牙现象的原因可能是(　　)。

(A)鱼尾螺栓不合适　(B)紧固力过大

(C)两钢轨的鱼尾空间误差大　(D)其他原因

184. 麻花钻钻孔时产生振动或孔不圆的情况,可能的原因是(　　)。

(A)钻头后角太大

(B)钻头左右切削刃不对称,摆差大

(C)主轴轴承松动

(D)钻头硬度低

185. 铣削加工后,工件表面粗糙,出现拉毛现象,可能是(　　)造成的。

(A)铣刀不锋利　(B)铣削中途停顿

(C)铣刀安装不好　(D)铣削时有明显振动

186. 常用的无损检测方法有(　　)。

(A)磁粉检测　(B)超声波检测　(C)渗透检测

(D)射线检测　(E)涡流检测

187. 道岔钢轨件淬火的工艺方法有(　　)。

(A)火焰淬火　(B)中频感应淬火　(C)水淬　(D)油淬

188. 尖轨的尖端的结构型式有(　　)。

(A)贴尖式　(B)藏尖式　(C)间隔铁　(D)限位器

189. 客运专线道岔制造特点(　　)。

(A)高加工精度　(B)严格的技术标准　(C)专业的加工设备

(D)专门的工艺、工装　(E)厂内逐组组装

190. 管理手册编写原则(　　)。

(A)适宜性　(B)有效性　(C)充分性

191. 常见的热处理缺陷(　　)。

(A)氧化和脱碳　(B)变形和开裂

(C)软点和硬点不足　(D)内部有气体和夹杂

192. 曲线型尖轨的平面型式有(　　)。

(A)切线型曲尖轨　(B)半切线型曲尖轨

(C)割线型曲尖轨　(D)半割线型曲尖轨

193. 铸铁包括(　　)。

(A)灰口铸铁　(B)可锻铸铁　(C)球墨铸铁　(D)白口铸铁

194. 碳素钢按含碳量分为(　　)。

(A)低碳钢　(B)中碳钢　(C)高碳钢　(D)合金钢

195. 下列说法不正确的是(　　)。

(A)铣削加工适于加工各种阶台、外圆、齿轮等

(B)铣削加工适于加工各种平面、键槽及螺旋槽等

(C)铣削加工只适于加工各种平面,而不能加工旋槽面

(D)铣削加工可加工离合器,但不能加工齿轮

196. 划线基准选择方法正确的是(　　)。

(A)两个互相垂直平面(或线)　(B)两条中心线(不平行)

(C)两个互相平行平面　(D) 一个平面和一个中心线(不平行)

197. 铸铁的特点(　　)。

(A)良好的铸造性　(B)耐磨性　(C)切削加工性

198. 影响心轨不密贴的原因有(　　)。

(A)址端开口、跟端开口、咽喉尺寸超差

(B)轨距超差

(C)长心轨直线度超差

(D)顶铁超差

(E)道岔顶面不平,造成心轨纵向不平

199. 道岔钢轨接头一般采用(　　)。

(A)普通　(B)焊接　(C)冻结　(D)胶接

200. 交叉分为(　　)。

(A)直角交叉　(B)菱形交叉　(C)锐角交叉　(D)钝角交叉

四、判 断 题

1. 在机修工作中,经常遇到因严重磨损或损坏而又急需要更换的零件,可以不再测绘,而是直接按照原零件进行仿划线,作为加工时的依据。(　　)

2. 钢轨伸缩调节器不属于道岔范围。(　　)

3. 脱轨道岔不属于道岔范围。(　　)

4. 铁鞋脱落器不属于道岔范围。(　　)

5. 钢轨伸缩调节器,它是借助尖轨和基本轨在轨道方向上的相对错动,来调节由于温度变化所引起的大跨度钢梁桥面系或无缝线路的钢轨伸缩。(　　)

6. 可弯式尖轨转辙器是尖轨跟端固定,利用尖轨弹性改变位置的转辙器。(　　)

7. 间隔铁式尖轨转辙器是尖轨跟端用辙跟夹板、间隔铁等形成活接头,尖轨跟端可以动的转辙器。(　　)

8. 锐角辙叉的结构型式是两侧为基本轨,中间为叉心。(　　)

9. 锐角辙叉叉心尖端与两轨线工作边交点相重合。(　　)

10. 锐角辙叉按平面型式分为直线辙叉、曲线辙叉。(　　)

11. 锐角辙叉按结构型式分为固定型辙叉、活动型辙叉。(　　)

12. 钝角辙叉按平面型式分为直线辙叉、曲线辙叉。(　　)

13. 钝角辙叉按结构型式分为固定型辙叉、活动型辙叉。(　　)

14. 在钝角辙叉基本轨和活动心轨上分别加设扶轨和帮轨,以加强其结构的稳定性。(　　)

15. 钝角辙叉按构造型式分为:钢轨组合式、高锰钢整铸辙叉。(　　)

16. 道岔中、直连接线一般与区间直线线路的构造基本一致,而曲连接线与区间曲线线路在平面型式和构造上都有所差别。(　　)

17. 道岔导曲线上一般不设置轨顶坡和外轨超高。(　　)

18. 垫板作用主要固定钢轨件及辙叉的位置,并承受车轮传递给钢轨的压力。(　　)

19. 轨撑可以防止钢轨倾覆、加强钢轨的稳定性、起保持轨距的作用。其与轨腰紧固后,还能防止钢轨的爬行。(　　)

20. 轨撑按其设置部位及作用可分为普通轨撑、辙跟轨撑、钝角辙叉轨撑、防爬轨撑及防跳轨撑。(　　)

21. 普通轨撑用于转辙器基本轨、导曲线钢轨及护轨等非工作边一侧。(　　)

22. 辙跟轨撑用于尖轨或活动心轨跟端基本轨工作边一侧。(　　)

23. 防爬轨撑用于尖轨或活动心轨跟端非工作边一侧,与辙跟轨撑共同保持跟部轨距并防止尖轨或心轨爬行。(　　)

24. 拉杆的作用是连接转辙器的两尖轨、活动心轨辙叉两心轨,并与转辙设备相联,实现尖轨的摆动。(　　)

25. 连接杆的作用是增强尖轨(或心轨)间的框架作用,提高尖轨的稳定性。当拉杆与某一尖轨的联结脱离时由于连接杆的存在,仍能保证两尖轨的联动。(　　)

26. 单独设计的菱形交叉(不与其他线路连接设备相组合)其锐角辙叉和钝角辙叉的辙叉角可由实际需要确定,辙叉角与辙叉号数可以不成余切关系。(　　)

27. 交分道岔的菱形辙叉角与辙叉号数也成余切关系。(　　)

28. 在交叉渡线的菱形交叉中辙叉号数与辙叉角也成余切关系。(　　)

29. 道岔开通侧线时,侧线尖轨跟端工作边(曲线时为切线)和主线基本轨工作边的交角是辙叉角。(　　)

30. 冲击角是列车行驶中车轮撞击钢轨的角度。(　　)

31. 在尖轨与基本轨完全密贴的情况下,贴尖式尖轨能完全消除尖轨尖端受磨耗轮缘撞击的可能性。(　　)

32. 藏尖式尖轨可保证尖轨实际尖端免受磨耗轮缘的撞击。(　　)

33. 对于同一尖轨平面,采用活动型跟部结构比采用固定型跟部结构所要求的尖轨长度要长些。(　　)

34. 高锰钢整铸辙叉是固定型辙叉,钢轨组合式辙叉不是固定型辙叉。(　　)

35. 固定型辙叉适用于直向过岔速度较高的单开道岔中,可动心轨型适用于过岔速度较低的单开道岔中。(　　)

36. 辙叉跟端是指辙叉(不包括钝角辙叉)与导轨相连接的一端。(　　)

37. 辙叉趾端是指辙叉(不包括钝角辙叉)心轨伸出的一端。(　　)

38. 辙叉趾长是指辙叉心轨尖端至辙叉趾端的长度。(　　)

39. 辙叉跟长是指辙叉心轨尖端至辙叉跟端的长度。(　　)

40. 辙叉趾宽是指辙叉趾端两心轨之间的距离。( )

41. 辙叉跟宽是指辙叉跟端两翼轨之间的距离。( )

42. 单式交分道岔是在两条轨道交叉地点,列车只能一侧转线交分道岔。( )

43. 复式交分道岔是在两条轨道交叉地点,列车能两侧转线交分道岔。( )

44. 交分道岔由菱形交叉、双转辙器及连接曲线等部分组成。( )

45. 在复式交分道岔中,有四组双转辙器。( )

46. 我国的复式交分道岔中,尖轨的转动采用对称式转动。( )

47. 尖轨对称式转动的复式交分道岔中,同时可有两个方向行车。( )

48. 尖轨不对称式转动的复式交分道岔中,尖轨每扳动一次只有一个方向开通。( )

49. 两平行线路的交叉渡线对称布置,是交叉渡线最常用的型式。( )

50. 交叉渡线中的辙叉只有单开辙叉和钝角辙叉。( )

51. 尖轨轨头工作边水平刨切坡度都采用 1∶5。( )

52. 尖轨轨头工作边水平刨切底部连接圆弧为 R13 mm。( )

53. 尖轨的轨顶面为一个坡度。( )

54. 尖轨和活动心轨尖端出现长度不大于 5 mm、深度不大于 15 mm 的掉尖允许补焊修整。( )

55. 道岔钢轨件淬火层形状应为帽形。( )

56. 道岔钢轨件轨头淬火层深度应为 6～8 mm。( )

57. 道岔钢轨件淬火层硬度从表面向内部逐渐降低,其断面硬度为 HB298～370。( )

58. 60-12 号提速道岔尖轨及可动心轨轨头宽≤10 mm 断面的淬火硬度为 260～330HB。( )

59. 作局部淬火的道岔钢轨件,其过渡段的长度不得小于 80 mm。( )

60. 淬火层金相组织应为淬火索氏体,允许出现少量的马氏体或明显的贝氏体组织。( )

61. 道岔淬火钢轨件不得有烧伤、裂纹和深度大于 1 mm 的伤痕等有害缺陷。( )

62. 淬火钢轨件自然时效比振动时效周期很长,占用场地面积很大。( )

63. 60-12 号提速道岔(铁联线 001～002)可动心轨实际尖端至直股翼轨前端距离允许偏差$^{+4}_{0}$ mm。( )

64. 60-12 号提速道岔(铁联线 001～002)可动心轨辙叉咽喉偏差±1.5 mm,趾、跟端开口距偏差±2mm。( )

65. 60-12 号提速道岔(铁联线 001～002)补强板与翼轨上下颚允许有≤1 mm 的缝隙。( )

66. 60-12 号提速道岔(铁联线 001～002)提速道岔直股可动心轨工作边应成直线,允许有不大于 1 mm 的空隙。( )

67. 60-12 号提速道岔(铁联线 001～002)可动心轨尖端前后各 1m 范围内不许空线,其他部分允许有不大于 0.5 mm 的空线。( )

68. 60-12 号提速道岔(铁联线 001～002)可动心轨与钢岔枕组装后,尖端轨底与第一台板间隙<1.5 mm。( )

69. 按 TB/T 447—2004 规定,高锰钢辙叉必须进行约 1 050 ℃的水韧处理。( )

70. 按 TB/T 447—2004 规定,高锰钢辙叉水韧处理后试样的硬度≤170HB,辙叉实物硬度须不低于 229HB。(　　)

71. 高锰钢辙叉冷弯试件弯曲后可以出现宏观裂纹。(　　)

72. 按 TB/T 447—2004 规定,高锰钢辙叉试样经水韧处理后的金相组织应为奥氏体。允许晶内残存少量分散的碳化物,晶界存在断续网状碳化物。(　　)

73. 按 TB/T 447—2004 规定,高锰钢辙叉试样经水韧处理后,晶界析出碳化物的最大量应为封闭状。(　　)

74. 按 TB/T 447—2004 规定,高锰钢辙叉试样经水韧处理后,晶界、晶内未溶碳化物在放大倍数为 500 倍视场下,每一视场不超过三块,超过者为不合格。(　　)

75. 按 TB/T 447—2004 规定,高锰钢辙叉试样经水韧处理后,非金属夹杂物的总和,在放大倍数为 100 倍视场下,数量不超过 A 级和 B 级。(　　)

76. 高锰钢辙叉表面应平整、洁净,轨底不得有铸造毛刺。(　　)

77. 按 TB/T 447—2004 规定,三部位机加工及不作机加工的高锰钢辙叉,砂眼、夹杂、气孔等缺陷在轨顶和轮缘槽部分深度不大于 2 mm,在侧面的深度不大于 3 mm,长和宽在 10 mm以内,相互距离不小于 250 mm,可以不做修理。(　　)

78. 按 TB/T 447—2004 规定,三部位机加工及不作机加工的高锰钢辙叉,砂眼、夹杂、气孔等缺陷在轨底部分深度不大于 3 mm,长度不大于 150 mm,宽度不大于该处尺寸的三分之一,可以不做修理。(　　)

79. 按 TB/T 447—2004 规定,多部位机加工的高锰钢辙叉,理论尖端前 200 mm 至心轨轨头宽 50 mm 段内与车轮接触的面不得有任何缺陷。(　　)

80. 按 TB/T 447—2004 规定,多部位机加工的高锰钢辙叉理论尖端前 200 mm 至心轨轨头宽 50 mm 段外,与车轮接触面的部位允许有深度不大于 2 mm,长度不大于 5mm 的缺陷,可以不做修理。(　　)

81. 按 TB/T 447—2004 规定,多部位机加工的高锰钢辙叉轨底允许有深度不大于 3 mm,长度不大于 20 mm,宽度不大于 10 mm 的缺陷,可以不做修理。(　　)

82. 多部位机加工的高锰钢辙叉不允许轨顶、工作边、夹板槽存在深度不大于 1 mm 的局部黑皮。(　　)

83. 按 TB/T 447—2004 规定,辙叉机加工前及不作机加工的高锰钢辙叉,砂眼、夹杂、气孔等缺陷深度在 2～10 mm,长度不大于 50 mm,宽度不大于该处尺寸的二分之一,各处均可焊补修理。(　　)

84. 按 TB/T 447—2004 规定,辙叉机加工前及不作机加工的高锰钢辙叉,砂眼、夹杂、气孔等缺陷深度大于 10 mm,长度不大于 100 mm,宽度不大于该处尺寸的三分之二时,磨修焊补后,必须再次水韧处理。(　　)

85. 按 TB/T 447—2004 规定,辙叉机加工前及不作机加工的高锰钢辙叉,轨底处的气孔、砂眼、凹坑等缺陷深度不大于 15 mm,长度不大于 200 mm,宽度不大于该处尺寸的二分之一,允许焊补修理,焊修后必须再次水韧处理。(　　)

86. 辙叉机加工前及不作机加工的高锰钢辙叉,30 mm 的裂纹长度焊修后应作水韧处理。(　　)

87. 辙叉机加工前及不作机加工的高锰钢辙叉,100 mm 的裂纹长度焊修后不作水韧处

理。(　　)

88. 高锰钢辙叉焊补的焊层金属必须进行外观检查,不得有裂纹、未熔合、夹渣、未填满、弧坑等焊接缺陷。(　　)

89. 高锰钢辙叉进行无损探伤的范围是和车轮接触的整个轨顶面。(　　)

90. 按 TB/T 447—2004 规定,不作机加工及三部位机加工的高锰钢辙叉,允许存在的缺陷:距轨顶面深度>13、距工作边距离>12、缺陷宽度小于轨面宽的二分之一、缺陷连续长度<250。(　　)

91. 按 TB/T 447—2004 规定,多部位机加工的高锰钢辙叉,允许存在的缺陷:距轨顶面深度>16、距工作边距离>12、缺陷宽度小于轨面宽的二分之一、缺陷连续长度<150。(　　)

92. 60-12 号提速道岔(铁联线 001～004)尖轨限位器前后缝隙的偏差不大于 1.5 mm。(　　)

93. 60-12 号提速道岔(铁联线 001～002)可动心轨第一牵引点接头铁拉板组装时,接头铁与可动心轨转换凸缘之间的缝隙不大于 0.2 mm。(　　)

94. 60-12 号提速道岔(铁联线 001～004)铺设时,两基本轨外锁闭铁的安装孔应在同一轴线上,允许误差范围为±3 mm。(　　)

95. 按铁道部铁工务函〔1996〕313 号发布的《60kg/m 钢轨提速道岔技术条件(暂行)》规定,60-12 号提速道岔厂内铺设进行电动操作转换试验时,转辙器尖轨及可动心轨实测转换力均应不大于 5.5kN。(　　)

96. 60-12 号提速道岔(铁联线 001～004)轨距允许偏差为±1 mm。(　　)

97. 60-12 号提速道岔(铁联线 001～004)尖轨轨头切削部分应与基本轨密贴,允许有不大于 1 mm 的缝隙。(　　)

98. 60-12 号提速道岔(铁联线 001～004)尖轨非工作边与基本轨工作边的最小间距不小于 46 mm。(　　)

99. 60-12 号提速道岔(铁联线 001～002)尖轨牵引点处开口值允许偏差为±3 mm。(　　)

100. 60-12 号提速道岔(铁联线 001～004)顶铁与尖轨轨腰的间隙应不大于 1.5 mm。(　　)

101. 60-12 号提速道岔(铁联线 001～002)可动心轨在轨头切削部分应分别与两翼轨密贴,允许有不大于 1 mm 的缝隙;可动心轨第一牵引点外锁闭板中心处可动心轨与翼轨间允许有≤0.5 mm 缝隙,不要拧紧。(　　)

102. 60-12 号提速道岔(铁联线 001～002)可动心轨第一牵引点处开口值允许偏差为±3 mm。(　　)

103. 60-12 号提速道岔(铁联线 001～002)开通侧股时,叉跟尖轨尖端与短心轨跟端应密贴,允许有不大于 1 mm 的缝隙。(　　)

104. 按铁道部铁工务函〔1996〕313 号发布的《60 kg/m 钢轨提速道岔技术条件(暂行)》规定,60-12 号提速道岔顶铁与可动心轨轨腰的间隙不大于 1 mm。(　　)

105. 按铁道部铁工务函〔1996〕313 号发布的《60 kg/m 钢轨提速道岔技术条件(暂行)》规定,60-12 号提速道岔护轨轮缘槽宽度为 42 mm,允许偏差$^{+1}_{-0.5}$ mm。(　　)

106. 60-12 号提速道岔(铁联线 001～002)查照间隔≥1 391 mm,护背距离≤1 348 mm,

查照间隔及护背距离在心轨范围内丈量。(　　)

107. 60-12 号提速道岔(铁联线 001～004)尖轨尖端前曲基本轨长度 q 值允许偏差为 $^{+}_{04}$ mm。(　　)

108. 60-12 号提速道岔(铁联线 001～002)直股可动心轨尖端前 500 mm 至弹性可弯中心后 500 mm 范围内工作边应成直线，允许有不大于 2 mm 的空隙，可动心轨尖端前后各 1 m 范围内不许抗线，其他部分允许有不大于 0.5 mm 的抗线。(　　)

109. 60-12 号提速道岔道岔全长 L_P 允许偏差为±5 mm。(　　)

110. 试装高锰钢辙叉接头夹板，允许打磨夹板和钢轨。(　　)

111. 直角交叉是指两条直线轨道以直角相交的交叉，其交叉角为直角。(　　)

112. 直线与曲线交叉是指相交的两条轨道，一条为直线，另一条为曲线的交叉。(　　)

113. 曲线与曲线交叉是指相交的两条轨道都为曲线的交叉。(　　)

114. 三开道岔属于线路连接与交叉设备的组合。(　　)

115. 基本轨不仅承受来自机车车辆的垂直压力，还与尖轨共同承爱来自车轮的横向推力。(　　)

116. 为了保持一定的轨距，主线基本轨工作边为折线或曲线型。(　　)

117. 为防止基本轨的横向移动，在其外侧设置轨撑。(　　)

118. 尖轨按平面型式分为直线型尖轨、折线型尖轨、曲线型尖轨。(　　)

119. AT 尖轨断面的高度比小，稳定性好。(　　)

120. 锐角辙叉心轨两工作边交叉所成的交角小于直角。(　　)

121. 可动心轨可以按行车方向，分别与基本轨相贴，以消除“有害空间”减轻车轮对基本轨和心轨的冲击，大大改善了列车通过辙叉时的运行状态，保证主线方向高速行车下的平稳性和旅客舒适性。(　　)

122. 锐角辙叉按构造形式分为钢轨组合式、高锰钢整铸式。(　　)

123. 钝角辙叉两心轨工作边交叉所成的交角大于直角。(　　)

124. 钝角辙叉两心轨工作边交点称为理论中心。(　　)

125. 固定型辙叉轨线存在“有害空间”。(　　)

126. 活动型钝角辙叉主要是可动心轨辙叉。(　　)

127. 活动心轨式钝角辙叉翼轨固定不动，两心轨绕根部旋转，以保证在列车运行的该条线路上没有“有害空间”。(　　)

128. 护轨设置在固定型锐角辙叉及钝角辙叉中，制约车轮走向以安全通过辙叉“有害空间”。同时，护轨还起着减少钢轨件磨损等作用。(　　)

129. 在单式道岔中，连接部分是转辙器和辙叉之间的连接线路。(　　)

130. 在复式道岔，交分道岔及其他道岔中，则连接部分或是转辙器和辙叉之间、或是转辙器和转辙器之间、或是辙叉和辙叉之间的连接线路。(　　)

131. 在道岔导曲线两股钢轨外侧成对的设置一定数量的轨撑或轨距拉杆，可防止导曲线钢轨在车轮动荷作用下的外倾及轨距扩大。(　　)

132. 小号码道岔导曲线下股(或上、下股)钢轨内侧设置护轨，可以减轻车轮对曲线上股钢轨的磨耗。(　　)

133. 在道岔导曲线内设置一定数量的防爬器及防爬支撑，可减少道岔钢轨的爬行。

(　)

134. 护轨可以起安全保证,减轻钢轨磨耗、导向,起加强结构稳定作用。(　)

135. 护轨总是与基本轨的组装在一起。(　)

136. 间隔铁是夹在两根钢轨之间为保持其固定间隔的零件。(　)

137. 道岔中间隔铁起着保持钢轨间距的作用(某些间隔铁兼起鱼尾板作用。(　)

138. 尖轨补强板能增强尖轨断面的刚度。(　)

139. 标准铁路轨距的偏差为$^{+6}_{-2}$ mm。(　)

140. 窄轨铁路以发展 1 000 mm 轨距为主。(　)

141. 辙叉角是辙叉尖端心轨两工作边(工作边是曲线时,为切线)的交角。(　)

142. 直线辙叉的辙叉号数以辙叉心两工作边交角的余切来表示。(　)

143. 曲线辙叉的辙叉号数以两心轨工作边在辙叉尖端处的切线交角的余切来表示。(　)

144. 双开道岔使用最为普遍。(　)

145. 曲线尖轨主要有切线型曲线尖轨、半切线型曲线尖轨、割线型曲线尖轨,半割线型曲线尖轨。(　)

146. 直线尖轨工作边一侧为一条直线,曲线尖轨非工作边一侧为一条曲线。(　)

147. 单开道岔中的尖轨,常用直线型与折线型。(　)

148. 所谓藏尖式尖轨,就是把基本轨轨头侧面下部作斜切削,将尖轨理论尖端藏于基本轨轨颚之下。(　)

149. 道岔全长是指道岔始端至道岔终端的长度。(　)

150. 道岔前部理论长度是指尖轨尖端至道岔中心在道岔基线上的投影长度。(　)

151. 在交分道岔钝角辙叉中一般采用同号数的单开道岔的辙叉。(　)

152. 交分道岔钝角辙叉主要采用固定型钝角辙叉。(　)

153. 交叉渡线一般由两组单开道岔(或对称道岔)和一组菱形交叉组合而成。(　)

154. 道岔中的钢轨件,轨头只有一个侧面为工作边。(　)

155. 提速道岔钢件轨和补强板所有螺栓孔必须倒角。(　)

156. 道岔钢轨件轨腰螺栓孔孔径偏差,除图纸有注明者外,均为±1 mm。(　)

157. 道岔钢轨件件轨腰螺栓孔中心位置上下偏差不超过 1 mm。(　)

158. 道岔钢轨件轨腰各接头夹板螺栓孔中心至轨端距离偏差为±1 mm。(　)

159. 道岔钢轨件轨腰两相邻螺栓孔中心距离偏差为±1.5 mm。(　)

160. 钢轨调直时不能只用平尺,还得借助粉线检查钢轨是否平直。(　)

161. 转辙器基本轨下颚切削,在基本轨顶面以下 16 mm 出进行,破坏了基本轨的工作边。(　)

162. 通常所说的"二刨"是指尖轨轨头非工作边水平刨切。(　)

163. 通常所说的"三刨"是指尖轨轨头工作边水平刨切。(　)

164. 通常所说的"五刨"是指尖轨轨顶从坡,即尖轨轨头垂直刨切。(　)

165. 通常所说的"一刨"是指尖轨非工作边轨底水平刨切。(　)

166. 通常所说的"四刨"是指刨轨底爬坡,即尖轨非工作边轨底垂直刨切。(　)

167. 尖轨非工作边轨底水平刨切,仅限于普通断面尖轨,AT 尖轨不需要进行此项刨切。

(　　)

168. 尖轨轨头的水平刨切和轨底的水平与垂直刨切,可使尖轨前端呈尖形,并与基本轨密贴,以便能引导车轮从基本轨过渡至尖轨,或从尖轨过渡至基本轨。(　　)

169. 进行尖轨轨顶的垂直刨切的目的是,使尖轨轨面较基本轨低一些,以保证尖轨尖端部分不被扎伤和不过多的承受车轮垂直荷载。(　　)

170. 尖轨轨头非工作边水平刨切的深度低于基本轨轨头侧面下边缘。(　　)

171. 台虎钳的规格是用钳口的宽度表示,常用的有 100 mm(4 英寸)、125 mm(5 英寸)和 170 mm(6 英寸)等。(　　)

172. 台虎钳有固定式和旋转式两种。(　　)

173. 台虎钳在钳台上安装时,只要使活动钳身处于钳台边缘之外就可以了。(　　)

174. 使用台虎钳时,可以套上长管子扳台虎钳的手柄,以达到夹紧工件的目的。(　　)

175. 不要在台虎钳活动钳身的光滑平面上进行敲击作业。(　　)

176. 划线前,毛坯件上的氧化铁皮、飞边、残留的泥沙污垢以及已加工工件上的毛刺、铁屑都必须预先清除干净。(　　)

177. 对于划线加工的工件,我们只需依靠划线直接确定加工时的最后尺寸。(　　)

178. 合理的选择划线基准是做好划线工作的关键。(　　)

179. 在零件图上用来确定其他点、线、面位置的基准,称为划线基准。(　　)

180. 划线时在零件的每一个平面都需要选择一个基准。(　　)

181. 平面划线时一般要选择一个划线基准。(　　)

182. 立体划线时一般需要选择两个划线基准。(　　)

183. 对于毛坏工件,划线前一般都要先做好找正工作。(　　)

184. 找正就是利用划线工具使工件上有关的毛坯表面处于合适的位置。(　　)

185. 借料就是通过试划和调整,使各个加工表面的加工余量合理分配,互相借用,从而保证各个加工表面都有足够的加工余量,而误差和缺陷加工后排除。(　　)

186. 要做好借料划线,首先要知道待划毛坯误差程度,确定需要借料的方向和大小,这样才能提高划线效率。(　　)

187. 50AT 钢轨与 50 kg/m 钢轨高度相同。(　　)

188. 60AT 钢轨与 60 kg/m 钢轨高度相同。(　　)

189. 相同长度的 60AT 钢轨与 60 kg/m 钢轨,其质量大致相等。(　　)

190. 制造道岔所用的钢轨轨头宽度都是 70mm。(　　)

191. 制造道岔可以使用工业轨。(　　)

192. 单开道岔、交叉渡线、交分道岔是道岔的三种基本形式。(　　)

193. 线路的连接设备是使机车车辆由一条线路越过另一条线路的设备,它有各种类型的单式道岔和复式道岔。(　　)

194. 线路的交叉设备是使机车车辆由一条线路进入另一条线路的设备,交叉设备有直线交叉和菱形交叉。(　　)

195. 线路的连接与交叉设备的组合是使机车车辆由一条线路既可进入又可越过另一条线路的设备。(　　)

196. 连接与交叉设备的组合有交分道岔和交叉渡线。(　　)

197. 道岔根据用途和平面形状,可分为线路的连接设备、交叉设备以及连接与交叉设备的组合三种标准类型。(　　)

198. 单开道岔是指主线为直线,侧线由主线向左侧或右侧分支的道岔。(　　)

199. 单式异侧对称道岔,通常又称为双开道岔。(　　)

200. 直线菱形交叉是指两条直线轨道相交成菱形的交叉,其交叉角小于直角。(　　)

五、简 答 题

1. 什么是钢轨伸缩调节器?
2. 钢轨伸缩调节器由哪几种钢轨件组成?
3. 什么是可弯式尖轨转辙器?
4. 什么是间隔铁式尖轨转辙器?
5. 道岔尖轨按平面型式分哪几类?
6. 道岔尖轨常采用的平面型有哪几种?
7. 道岔尖轨按跟部结构型式分哪几种?
8. 锐角辙叉的结构型式是怎样的?
9. 锐角辙叉的翼轨的作用?
10. 辙叉按平面型式分哪几类?
11. 辙叉按构造型式分哪几类?
12. 辙叉按结构型式分哪几类?
13. 垫板起什么作用?
14. 轨撑起什么作用?
15. 轨撑按其设置部位及作用可分为哪几种?
16. 在道岔中,普通轨撑用于哪个部位?
17. 在道岔中,辙跟轨撑用于哪个部位?
18. 在道岔中,防爬轨撑用于哪个部位?
19. 道岔拉杆的作用是什么?
20. 道岔连接杆的作用是什么?
21. 尖轨的尖端有哪几种结构型式?
22. 什么是转辙角?
23. 什么是冲击角?
24. 什么是辙叉趾端?
25. 什么是辙叉跟端?
26. 什么是辙叉趾长?
27. 什么是辙叉跟长?
28. 什么是辙叉趾宽?
29. 什么是辙叉跟宽?
30. 提速道岔为什么设置轨底坡?
31. 60 kg/m 钢轨 12 提速道岔(铁联线 001～004)主要有哪些技术特征?

32. 简答进行高锰钢辙叉的机加工原因?
33. 提高高锰钢辙叉质量的途径是什么?
34. 简答 75 型道岔护轨加工工序过程?
35. 简答 92 型道岔护轨加工工序过程?
36. 简答 75 型道岔导轨加工工序过程?
37. 简答 92 型道岔导轨加工工序过程?
38. 简答 75 型道岔滑床垫板加工工序过程?
39. 简答 75 型道岔辙后垫板加工工序过程?
40. 简答 92 型道岔滑床垫板、辙后垫板加工工序过程?
41. 简答提速道岔滑床垫板、护轨垫板加工工序过程?
42. 剖视图的标注内容是什么?
43. 什么是全剖视图、半剖视图、局部剖视图?
44. 装配图的作用及内容是什么?
45. 简述装配图上的规定画法有几种。
46. 装配图按怎样的方法和步骤进行?
47. 全面质量管理有几种基本方法?
48. 我国现行的安全管理体制是什么?
49. 读装配图的目的是什么?
50. 解释 3.2 粗糙度符号的意义?
51. 什么情况下采用斜视图?
52. 金属材料在工业中得广泛应用,主要利用它的哪些常见性能?
53. 举例说明什么叫有色金属?
54. 按钢中所含合金量的多少,可以把它分为哪三种钢?
55. 按冶炼方法分类,可以把碳钢分为哪三种钢?
56. 为什么用高锰钢制造铁路辙叉?
57. 我国的钢轨分为哪几个等级?
58. 钢轨顶弯的作用是什么?
59. 在尺寸链中,组成环分为哪几类?
60. 尺寸链的主要特点是什么?
61. 什么是表面粗糙度?
62. GZ4032 型全自动卧式带锯床最大锯削直径是多少?
63. 形状公差包括哪几项?
64. 位置公差包括哪几项?
65. 什么叫独立原则?
66. 相关原则都包括什么原则?
67. 编制道岔组装发运单元的工艺规程的原则是什么?
68. 护轨为什么要顶弯?
69. 钢轨顶弯前,对它应做些什么准备工作?
70. 形位公差的公差带是由哪几个因素确定的?

六、综 合 题

1. 试述划线时找正的目的是什么？
2. 什么是组合道岔？组合道岔有何优点？
3. 试述可动心轨道岔技术特征及适用条件？
4. 试比较下列A～E组钢轨的重量，找出最重的是哪组？
A组：长度为25 000 mm的43 kg/m钢轨6根
B组：长度为12 500 mm的50 kg/m钢轨10根
C组：长度为15 700 mm的60 kg/m钢轨6根
D组：长度为11 300 mm的50AT钢轨10根
E组：长度为11 300 mm的60AT钢轨5根
5. 试比较下列A～E组钢轨的重量，找出最重的是哪组？
A组：长度为12 500 mm的43 kg/m钢轨6根
B组：长度为7 700 mm的50 kg/m钢轨10根
C组：长度为11 000 mm的60 kg/m钢轨6根
D组：长度为7 450 mm的50AT钢轨8根
E组：长度为11 200 mm的60AT钢轨3根
6. 试比较下列A～E组钢轨的重量，找出最重的是哪组？
A组；长度为25 000 mm的43 kg/m钢轨5根
B组：长度为12 500 mm的50 kg/m钢轨8根
C组：长度为15 700 mm的60 kg/m钢轨4根
D组：长度为11 300 mm的50AT钢轨7根
E组：长度为11 300 mm的60AT钢轨4根
7. 试比较下列A～E组钢轨的重量，找出最重的是哪组？
A组：长度为23 900 mm的43 kg/m钢轨6根
B组：长度为17 500 mm的50 kg/m钢轨10根
C组：长度为15 700 mm的60 kg/m钢轨7根
D组：长度为11 300 mm的50AT钢轨10根
E组：长度为15 680 mm的60AT钢轨5根
8. 试比较下列A～E组钢轨的重量，找出最重的是哪组？
A组：长度为20 400 mm的43 kg/m钢轨4根
B组：长度为9 000 mm的50 kg/m钢轨9根
C组：长度为16 800 mm的60 kg/m钢轨5根
D组：长度为7 700 mm的50AT钢轨10根
E组：长度为16 790 mm的60AT钢轨5根
9. 计算2根高度为128 mm，长度为11 000 mm的钢轨的重量为多少千克？
10. 计算5根高度为128 mm，长度为7 700 mm的钢轨的重量为多少千克？
11. 计算6根高度为140 mm，长度为10 000 mm的钢轨的重量为多少千克？
12. 计算3根高度为140 mm，长度为13 500 mm的钢轨的重量为多少千克？

13. 计算 3 根高度为 176 mm,长度为 15 700 mm 的钢轨的重量为多少千克?

14. 计算 5 根高度为 176 mm,长度为 16 792 mm 的钢轨的重量为多少千克?

15. 计算 4 根高度为 152 mm,长度为 8 800 mm 的标准断面钢轨的重量为多少千克?

16. 计算 5 根高度为 152 mm,长度为 9 500 mm 的标准断面钢轨的重量为多少千克?

17. 计算 4 根高度为 152 mm,长度为 8 800 mm 的 AT 钢轨的重量为多少千克?

18. 计算 5 根高度为 152 mm,长度为 9 500 mm 的 AT 钢轨的重量为多少千克?

19. 如图 1 所示,图中尖轨为割线型,点 O 为导曲线理论起点,已知图中 $A_0=1\ 830$,$R=170\ 717.5$,$X=6\ 000$,$f_1=12$,计算图中支距 y_u 等于多少?

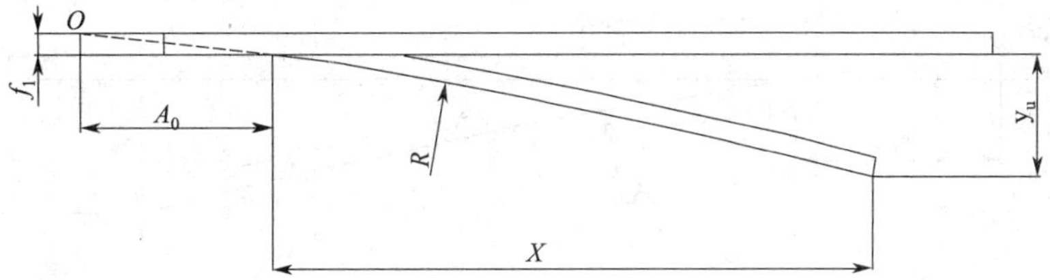

图 1

20. 如图 2 所示,图中尖轨为割线型,点 O 为导曲线理论起点,已知图中 $A_0=1\ 771$,$R=170\ 717.5$,$X=6\ 000$,$f_1=12$,计算图中支距 y_u 等于多少?

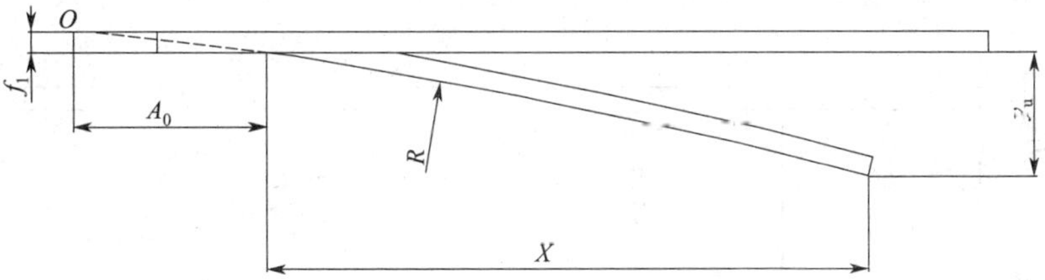

图 2

21. 如图 3 所示,图中尖轨为割线型,点 O 为导曲线理论起点,已知图中 $A_0=2\ 500$,$R=360\ 717.5$,$y_u=118$,$f_1=12$,计算图中水平支距 X 等于多少?

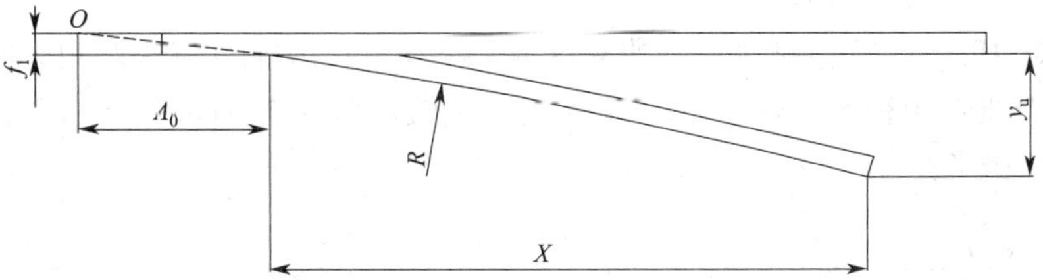

图 3

22. 如图 4 所示,图中尖轨为割线型,点 O 为导曲线理论起点,已知图中 $A_0=1\ 771$,$R=170\ 717.5$,$y_u=165$,$f_1=12$,计算图中水平支距 X 等于多少?

23. 如图 5 所示,图中尖轨为割线型,点 O 为导曲线理论起点,已知图中 $A_0=2\ 000$,$R=350\ 717.5$,$y_u=130$,$X=7\ 800$,计算图中割距 f_1 等于多少?

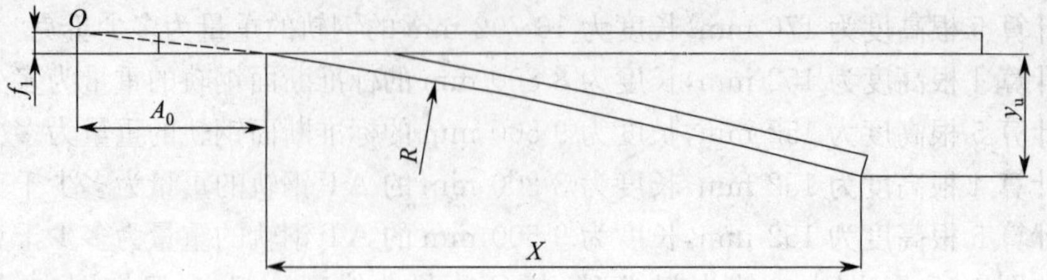

图 4

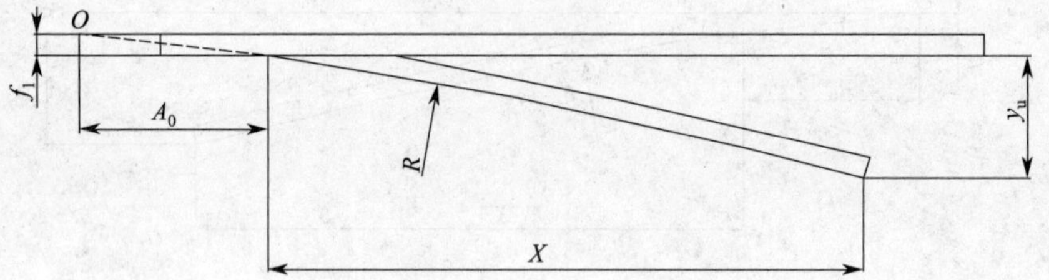

图 5

24. 如图 6 所示，图中尖轨为割线型，点 O 为导曲线理论起点，已知图中 $A_0=1\ 771$，$R=170\ 717.5$，$y_u=165$，$X=6\ 000$，计算图中割距 f_1 等于多少？

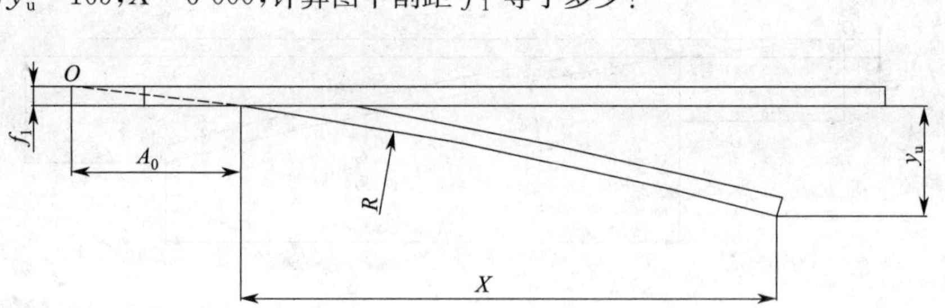

图 6

25. 如图 7 所示，图中尖轨为割线型，点 O 导曲线理论起点，$R=170\ 717.5$，$y_u=165$，$X=6\ 000$，$f_1=12$，计算图中割距 A_0 等于多少？

26. 已知，切线型曲线尖轨水平投影长度为 13 876 mm，尖轨实际尖端距导曲线理论起点为 886 mm，导曲线半径 $R=350\ 717.5$ mm，计算尖轨跟端后（即辙跟后）6 m 处的导曲线钢轨的支距为多少毫米？

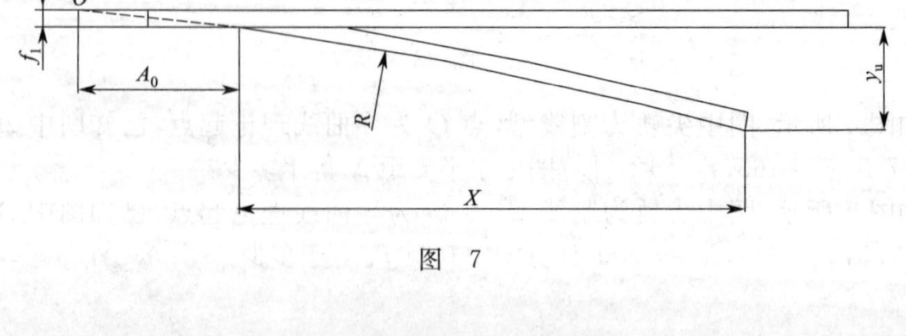

图 7

27. 已知,切线型曲线尖轨水平投影长度为 15 678 mm,尖轨实际尖端距导曲线理论起点为 2 980 mm,导曲线半径 R=800 717.5 mm,计算尖轨跟端(即辙跟)处的导曲线钢轨的支距为多少毫米?

28. 已知,切线型曲线尖轨水平投影长度为 13 499 mm,尖轨实际尖端距导曲线理论起点为 3 337 mm,导曲线半径 R=800 717.5 mm,计算尖轨跟端(即辙跟)处的导曲线钢轨的支距为多少毫米?

29. 图 8 中 A=2,求圆弧半径 R 的大小?

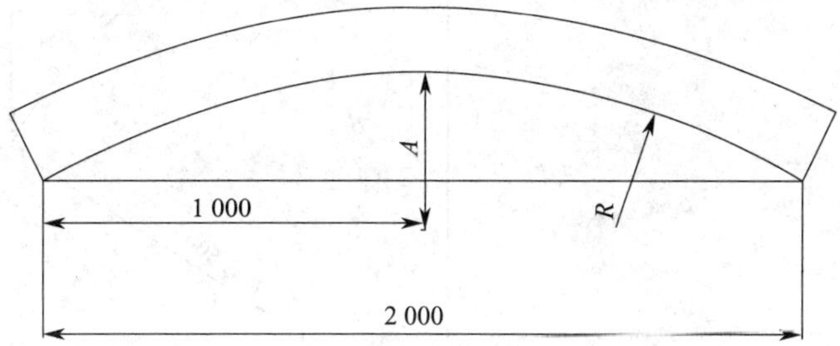

图 8

30. 在一块斜垫块,斜度是 1∶5,两端高度差是 5 mm,求垫块的长度?

31. 尖轨尖端的断面尺寸如图 9 所示,求 A、B 值(单位:mm)。

32. 已知直线尖轨断面尺寸如图 11 所示,求 800 处是多少断面(单位:mm)。

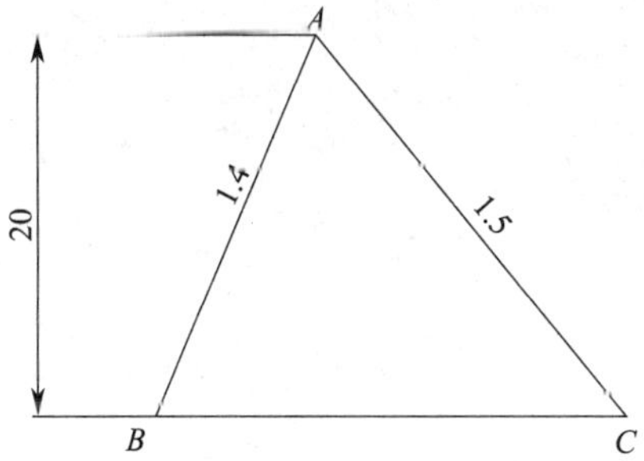

图 9

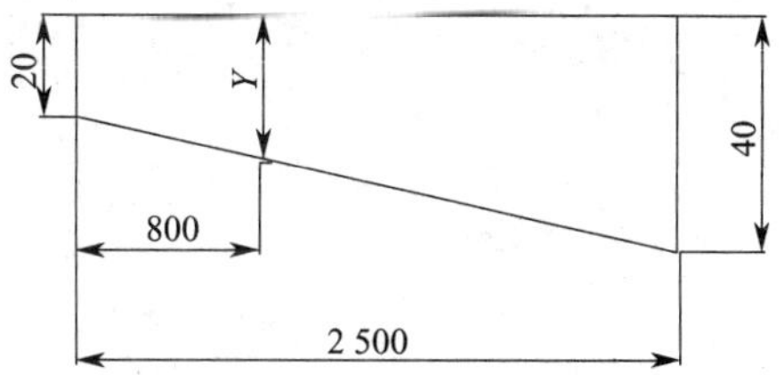

图 10

33. 已知直线尖轨 20 和 10 断面位置,如图 11 所示。求 O 断面到尖轨尖端的尺寸?

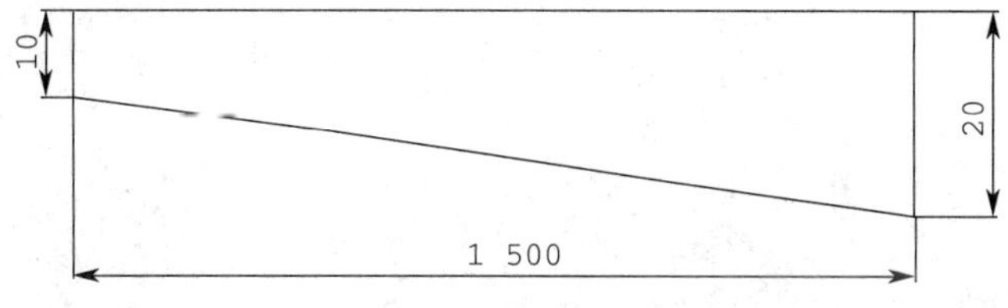

图 11

34. 曲线尖轨的工作边与基本轨的工作边相切于 D 点，R＝350 000 mm，如图 12 所示，求 f_1、f_2 值。

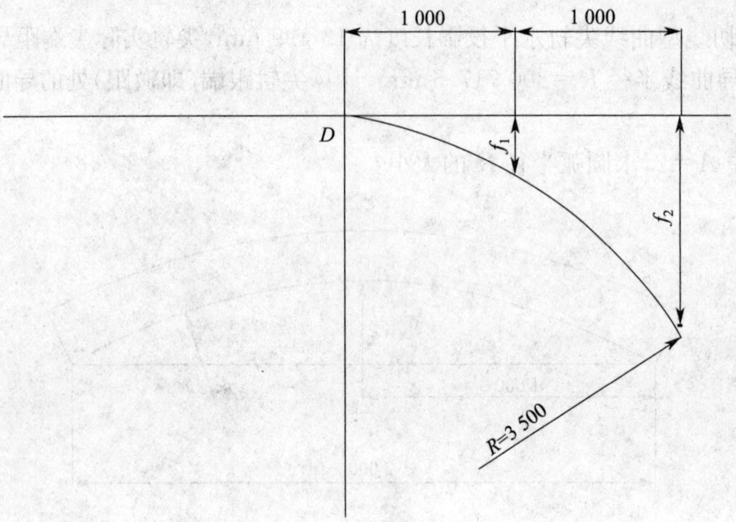

图 12

道岔制修工(高级工)答案

一、填 空 题

1. 13　2. $^{+1.0}_{-0.5}$　3. $^{+1.0}_{-1.5}$
4. 0.5　5. 1.0　6. 钢轨伸缩调节器(或答:温调器)
7. 钢轨伸缩量　8. 温度变化　9. 尖轨和基本轨　10. 弹性
11. 活接头　12. 翼轨　13. 支承　14. 曲线
15. 可动型　16. 高锰钢整铸式　17. 曲线　18. 活动型
19. 高锰钢整铸　20. 结构的稳定性　21. 加大道岔号数　22. 钢轨件
23. 爬行　24. 辙跟　25. 尖轨爬行　26. 脱轨
27. 拉杆　28. 连接杆　29. 单开辙叉　30. 二倍
31. 不成　32. 藏尖轨　33. 转辙角　34. 冲击角
35. 贴尖式　36. 藏尖式　37. 长　38. 弹性变形
39. 稳定性　40. 趾端　41. 跟端　42. 趾长
43. 跟长　44. 趾宽　45. 跟宽　46. 密贴
47. 对称布置　48. 下颚　49. 16　50. R16
51. 3　52. 斜度　53. 0～1　54. ±1
55. 20　56. 5　57. 中频　58. 帽
59. 260～330　60. 索氏体或细珠光体　61. 1 mm
62. 振动时效　63. 40　64. −1～+2　65. ±1.5
66. +2　67. ≤0.5　68. 2　69. 1 m
70. 1.5　71. 奥氏体　72. 铸造毛刺　73. 1.5
74. 0.2　75. ±3　76. 5.5　77. ±1
78. ±1　79. 1　80. 1　81. 0.5
82. 1　83. 1.5　84. −0.5～+1　85. 1391
86. 1348　87. 20～30　88. +40　89. ±10
90. 垂直　91. 一样大　92. 视图　93. 主视图
94. 主、俯视图　95. 长相等　96. 视图名称　97. 某一部分
98. 主视图　99. 之比　100. 放大比例　101. 圆或圆弧半径
102. 真实　103. 基本视图　104. 完整尺寸　105. 斜视图
106. 直接　107. 剖切位置　108. 旋转视图　109. 视图
110. 对称平面　111. 方向相同　112. 看图　113. 制图
114. 一看标题　115. 装配图　116. 工作原理　117. 尺寸变动量
118. 20　119. IT　120. IT01　121. IT18

122. 公差值	123. 精度最低	124. 28	125. 大
126. 小	127. 零线	128. 孔和轴	129. 3
130. 2	131. 基孔制和基轴制	132. 过盈配合	133. H
134. h	135. 下	136. 上	137. 间隙
138. 过渡	139. 过盈	140. 间隙	141. 过渡
142. 过盈	143. 基本偏差	144. 标准公差	145. 8
146. 基准孔	147. 7	148. f	149. 20ef7
150. 20M9	151. 孔与轴	152. 孔	153. 轴
154. f	155. 间隙	156. 过盈	157. 过渡
158. 间隙	159. 过渡	160. 过盈	161. 形状误差
162. 金属	163. 高碳钢	164. 形状	165. 十
166. 成分	167. 汉语拼音	168. 阿拉伯	169. 平整
170. 六	171. 画在视图外	172. 计量	173. 米
174. 可动	175. 心轨(或答:长、短心轨)		176. 刨切和铣削
177. 轨头水平	178. 尖轨尖端部分	179. 尖轨尖端	180. 爬上尖轨
181. 20	182. 转辙器	183. 尖轨	184. 直线型
185. 特种	186. 半割线型	187. 半切线型	188. 间隔铁式
189. 间隔铁	190. 基本轨	191. 尖轨	192. 4
193. 使用寿命	194. 尖轨	195. 外翻	196. T形
197. 380	198. 1～3	199. 可弯式	200. 辙跟夹板

二、单项选择题

1. B	2. B	3. D	4. B	5. A	6. C	7. A	8. A	9. B
10. C	11. B	12. B	13. C	14. A	15. B	16. C	17. B	18. A
19. A	20. B	21. C	22. C	23. A	24. C	25. B	26. C	27. D
28. C	29. B	30. A	31. B	32. A	33. D	34. B	35. D	36. D
37. A	38. D	39. C	40. B	41. A	42. A	43. B	44. C	45. C
46. A	47. D	48. B	49. B	50. A	51. D	52. A	53. B	54. C
55. C	56. D	57. B	58. D	59. A	60. C	61. C	62. B	63. A
64. C	65. C	66. B	67. C	68. B	69. A	70. B	71. A	72. D
73. A	74. B	75. C	76. C	77. B	78. D	79. C	80. C	81. A
82. B	83. B	84. C	85. C	86. A	87. B	88. D	89. C	90. C
91. D	92. A	93. C	94. B	95. C	96. D	97. A	98. D	99. D
100. D	101. A	102. D	103. A	104. A	105. C	106. A	107. B	108. C
109. D	110. D	111. C	112. B	113. A	114. A	115. D	116. C	117. B
118. A	119. A	120. B	121. C	122. D	123. C	124. B	125. D	126. C
127. B	128. A	129. C	130. C	131. A	132. D	133. C	134. A	135. A
136. D	137. A	138. D	139. D	140. D	141. C	142. B	143. C	144. C
145. A	146. C	147. C	148. C	149. D	150. A	151. A	152. A	153. A

154. D	155. C	156. C	157. A	158. D	159. A	160. A	161. C	162. B
163. D	164. C	165. D	166. B	167. D	168. D	169. D	170. A	171. D
172. D	173. C	174. D	175. A	176. B	177. D	178. A	179. B	180. D
181. D	182. B	183. B	184. A	185. D	186. B	187. B	188. D	189. A
190. A	191. B	192. B	193. A	194. A	195. A	196. D	197. C	198. D
199. C	200. A							

三、多项选择题

1. ABCD	2. CD	3. BC	4. ABC	5. BCD	6. ABC
7. ABCD	8. ABC	9. AB	10. ABCDE	11. BCD	12. ABCD
13. ABCDE	14. ABCD	15. CD	16. ABD	17. ABCD	18. ABC
19. AB	20. ABC	21. ABCD	22. ABCD	23. ABC	24. ABC
25. ABCDE	26. ABC	27. ABD	28. AC	29. ABC	30. ABC
31. ABC	32. ACD	33. ABD	34. ACD	35. AB	36. ABC
37. ABCD	38. ABC	39. AB	40. ACD	41. CD	42. ABCDE
43. ABD	44. AC	45. BCD	46. AC	47. ABCD	48. ABD
49. ABD	50. ABCDE	51. ABC	52. AB	53. BD	54. ABD
55. ABCD	56. BCD	57. AB	58. ABD	59. AC	60. BCD
61. BCD	62. ABC	63. ACD	64. ABC	65. ABC	66. BD
67. ACD	68. BCD	69. ACD	70. AB	71. ABD	72. ABCD
73. AB	74. AC	75. BCD	76. ABCDE	77. ABCD	78. BD
79. ABC	80. ACD	81. BCD	82. ABC	83. ABCDE	84. ABCD
85. ABC	86. ABC	87. ABC	88. BCD	89. ABC	90. BCD
91. ABCD	92. BC	93. BC	94. ABC	95. ABC	96. AC
97. ACD	98. ABC	99. ABCDE	100. BCD	101. AD	102. BC
103. BD	104. AB	105. BD	106. BD	107. CD	108. ABCD
109. ABCD	110. ABC	111. AB	112. AB	113. ABCD	114. ABD
115. BC	116. ABC	117. ABC	118. ABC	119. ABC	120. ABC
121. ABC	122. ABCD	123. BD	124. AB	125. AD	126. ABCD
127. AD	128. ABCD	129. ABD	130. ABD	131. ABCD	132. ABCD
133. BC	134. BC	135. ACD	136. ABC	137. ABC	138. ACD
139. BC	140. ABC	141. ABCD	142. ABCD	143. ACD	144. ABCD
145. BCD	146. ABCD	147. AB	148. ABCD	149. ABCD	150. CD
151. CD	152. BD	153. ABCD	154. ABD	155. AC	156. ABD
157. ABCD	158. ABC	159. ABCD	160. BCD	161. BCD	162. ABCD
163. ACD	164. ABD	165. ABD	166. ACD	167. ACD	168. BCD
169. CD	170. BCD	171. BA	172. ABD	173. ABC	174. AB
175. ABC	176. ABC	177. ABC	178. ABCD	179. ABC	180. ABD
181. CD	182. ABC	183. BCD	184. ABC	185. ABCD	186. ABCDE

187. AB	188. AB	189. ABCDE	190. ABC	191. ABCD	192. ABCD
193. ABC	194. ABC	195. ACD	196. ABD	197. ABC	198. ABCDE
199. ABCD	200. AB				

四、判 断 题

1. √	2. √	3. √	4. √	5. √	6. √	7. √	8. ×	9. ×
10. √	11. ×	12. √	13. ×	14. ×	15. ×	16. ×	17. √	18. √
19. √	20. √	21. √	22. ×	23. ×	24. √	25. √	26. ×	27. √
28. ×	29. ×	30. √	31. ×	32. √	33. ×	34. ×	35. ×	36. ×
37. ×	38. ×	39. ×	40. ×	41. ×	42. √	43. √	44. √	45. ×
46. ×	47. √	48. √	49. √	50. ×	51. ×	52. ×	53. ×	54. ×
55. √	56. ×	57. √	58. √	59. √	60. ×	61. √	62. √	63. √
64. √	65. ×	66. ×	67. ×	68. √	69. ×	70. √	71. √	72. √
73. √	74. √	75. √	76. √	77. √	78. ×	79. ×	80. √	81. √
82. √	83. √	84. √	85. √	86. ×	87. √	88. ×	89. √	90. √
91. ×	92. ×	93. √	94. √	95. ×	96. ×	97. √	98. √	99. √
100. √	101. √	102. √	103. ×	104. ×	105. √	106. √	107. ×	108. √
109. ×	110. ×	111. √	112. √	113. √	114. ×	115. √	116. ×	117. √
118. √	119. √	120. √	121. ×	122. ×	123. ×	124. ×	125. √	126. ×
127. √	128. √	129. √	130. √	131. √	132. √	133. √	134. √	135. ×
136. √	137. √	138. √	139. √	140. ×	141. ×	142. √	143. ×	144. ×
145. √	146. ×	147. ×	148. ×	149. ×	150. ×	151. ×	152. ×	153. ×
154. ×	155. √	156. ×	157. ×	158. √	159. ×	160. √	161. ×	162. √
163. √	164. √	165. √	166. √	167. ×	168. √	169. √	170. √	171. √
172. √	173. ×	174. ×	175. √	176. √	177. ×	178. √	179. ×	180. ×
181. ×	182. ×	183. √	184. √	185. √	186. √	187. ×	188. ×	189. ×
190. ×	191. ×	192. ×	193. ×	194. ×	195. √	196. √	197. ×	198. √
199. √	200. ×							

五、简 答 题

1. 答：钢轨伸缩调节器是调节钢轨伸缩量的装置(2 分)，它是借助尖轨和基本轨在轨道方向上的相对错动(2 分)，来调节由于温度变化所引起的大跨度钢梁桥面系或无缝线路的钢轨伸缩(1 分)。

2. 答：钢轨伸缩调节器由尖轨(2.5 分)和基本轨(2.5 分)组成。

3. 答：可弯式尖轨转辙器是尖轨跟端固定，利用尖轨弹性改变位置的转辙器(总计 5 分)。

4. 答：间隔铁式尖轨转辙器是尖轨跟端用辙跟夹板．间隔等形成活接头，尖轨跟端可以摆动的转辙器(5 分)。

5. 答：尖轨按平面型式分以下三类：直线型尖轨(2 分)；折线型尖轨(1 分)；曲线型尖轨(2 分)。

6. 答：有五种：直线尖轨(1 分)；切线型曲线尖轨(1 分)；半切线型曲线尖轨(1 分)；割线型

曲线尖轨(1分);半割线型曲线尖轨(1分)。

7. 答:道岔尖轨按跟部结构型式分为间隔铁式(2.5分)和弹性可弯式(2.5分)两类。

8. 答:由于车轮走行的要求,锐角辙叉的结构型式是:两侧为翼轨(2.5分)中间为叉心(2.5分)。

9. 答:翼轨的前部顶面起着支承车轮运行的作用(2.5分),后部起着引导车轮运行的作用(2.5分)。

10. 答:分为支线辙叉(2.5分)和曲线辙叉(2.5分)两类。

11. 答:分为固定型辙叉(2.5分)和活动型辙叉(2.5分)两类。

12. 答:分为钢轨组合式(2.5分)和高锰钢整体铸造式(2.5分)两类。

13. 答:其作用主要是固定钢轨件及辙岔的位置(2.5分),并承受车轮传递给钢轨的压力(2.5分)。

14. 答:防止钢轨倾覆(1分),加强钢轨的稳定性(1分),起保持轨距的作用(1分),与轨腰紧固后还能防止钢轨的爬行(2分)。

15. 答:轨撑按其设置部位及作用可分为普通轨撑(1分)、辙跟轨撑(1分)、钝角辙叉轨撑(1分)、防爬轨撑(1分)及防跳轨撑(1分)。

16. 答:普通轨撑用于转辙器基本轨、导曲线钢轨及护轨等非工作边一侧(4分)。用于转辙器的普通轨撑,其立墙上用水平螺栓与基本轨轨腰相连(1分)。

17. 答:辙跟轨撑用于尖轨或活动心轨跟端基本轨非工作边一侧(5分)。

18. 答:防爬轨撑用于尖轨或活动心轨跟端工作边一侧,两者均通过立墙上水平螺栓与钢轨轨腰及其他跟部设备连接,共同保持跟部轨距并防止尖轨或心轨爬行(5分)。

19. 答:连接转辙器的两尖轨(1分),活动心轨辙叉两心轨(1分),并与转辙设备相连(1分),实现尖轨的摆动(2分)。

20. 答:增强尖轨(或心轨)间的框架作用(2分),提高尖轨的稳定性(2分)。当拉杆与某一尖轨的连接脱离时由于连接杆的存在,仍能保证两尖轨的联动(1分)。

21. 答:尖轨的尖端有贴尖式和藏尖式两种结构型式(5分)。

22. 答:转辙角是道岔开通侧线时,侧线尖轨跟端工作边(曲线时为切线)和主线基本轨工作边的交角(总计5分)。

23. 答:冲击角是列车行驶车轮撞击钢轨的角度(5分)。

24. 答:辙叉趾端是指辙叉(不包括钝角辙叉)与导轨相连接的一端(5分)。

25. 答:辙叉跟端是指辙叉(不包括钝角辙叉)心轨伸出的一端(5分)。

26. 答:辙叉趾长是指辙叉心轨理论尖端至辙叉趾端的工作边长度(5分)。

27. 答:辙叉跟长是指辙叉心轨理论尖端至辙叉跟端的工作边长度(5分)。

28. 答:辙叉趾宽是指辙叉趾端两翼轨工作边之间的距离(5分)。

29. 答:辙叉跟宽是指辙叉跟端两心轨工作边之间的距离(5分)。

30. 答:提速道岔设置轨底坡可以改善车轮与钢轨的接触条件(2分),减少车轮对钢轨的横向推力(1.5分)及增加线路的稳定性(1.5分)。

31. 答:60 kg/m钢轨12号提速道岔的技术特征主要有:(总计5分,可答其中任意5条,每条1分)。

(1)道岔正线轨距均为1 435 mm(除基本轨构造加宽外)。

(2)岔枕间距为600,便于机械化捣固。

(3)加大了岔枕的宽度。

(4)尖轨用60AT钢轨制造,为藏尖式可弯结构,跟端设限位器。

(5)可动心轨辙叉为钢轨组合式,心轨为60AT藏尖弹性可弯式。

(6)道岔钢轨设1∶40轨底坡,提速道岔设置轨度坡可以改善车轮与钢轨的接触条件,减少车轮对钢轨的横向推力及增加线路及稳定性。

(7)道岔扣件采用弹性扣件,轨下设弹性垫层。

(8)减小了固定型辙叉的冲击角和扩轨的冲击角。

(9)可动心轨辙叉单开道岔仅侧线设护轨。

(10)尖轨采用双点牵引,分动外锁闭装置。

(11)可动心轨也采用双点牵引和外锁闭装置,所有转换杆件均隐藏安装在钢岔枕内。

32. 答:提高其表面质量,去掉表面脱强层(1分),提高表面硬度(1分),保证其几何尺寸精度(1分);便于安装铺设(1分);改善行车条件(1分)。

33. 答:提高钢水的冶炼质量(1分);减少内部缩松(1分);严格控制热处理(1分);采用机加工保证外观几何尺寸的精度(1分);强化工作面的硬度(1分),减少初期磨耗(1分)。

34. 答:(1)下料;(2)锯切;(3)钻孔;(4)顶弯;(5)刨轨底;(6)淬火;(7)调顶;(8)切削开口处;(9)组装。(总计5分,缺少一项扣0.5分)

35. 答:(1)下料;(2)锯切;(3)钻孔;(4)顶弯;(5)刨轨头;(6)刨轨顶;(7)切削开口处;(8)淬火;(9)调顶;(10)刨轨底。(总计5分,缺少一项扣0.5分,扣完为止)

36.(总计5分,缺少一项扣2分)

答:(1)下料;(2)锯切;(3)钻孔;(4)倒角。

37.(总计5分,缺少一项扣1分,扣完为止)

答:(1)下料;(2)锯切;(3)钻孔;(4)倒角;(5)淬火;(6)调直。

38.(总计5分,缺少一项扣1分)

答:(1)剪板;(2)冲大孔;(3)冲圆孔;(4)电焊;(5)调平。

39.(总计5分,缺少一项扣1分)

答:(1)剪板;(2)号孔;(3)冲孔;(4)电焊;(5)调平;(6)标号。

40.(总计5分,缺少一项扣0.5分,扣完为止)

答:(1)剪板;(2)号孔;(3)钻孔;(4)铣槽;(5)压号;(6)电焊;(7)调平;(8)标号。

41. 答:(1)剪板;(2)号孔;(3)钻孔;(4)铣斜面;(5)铣平面;(6)压号;(7)电焊;(8)调平;(9)标号。(总计5分,缺少一项扣0.5分)

42. 答:(共计5分,每条2分,扣完为止)

表示投影方向的箭头,表示剖切位置的两段粗实线,表示剖视图名称和字母。

43. 答:(共计5分,每条2分)

全部视图:用剖切平面把零件完全地剖开后所得的剖视图,称为全剖视图。

半剖视图:在具有对称平面的零件上,用一个剖切平面将零件剖开,去掉零件前半部分的一半,一半表达外形,这种一半剖视一半视图的组合图形,称半剖视图。

局部剖视图:在零件的某一局部,用一个剖切平面将零件的局部剖开,表达其内部结构,并以波浪分界以示剖切范围,这种剖视图称为局部剖视图。

44. 答:(共计5分,每条1分,扣完为止)

装配图作用:是表达机器或零、部件的工作原理、结构形状和装配关系的图样。

内容:(1)一组视图;(2)必要的尺寸;(3)技术要求;(4)标题栏。

45. 答:剖视图中实心件和连接件的表达;接触表面和非接触表面的区分;剖面线方向和间隔问题的表达。(共计5分,每条2分,扣完为止)

46. 答:(共计5分,每条1分,扣完为止)

(1)看标题栏和明细表,作概括了解;(2)分析视图;(3)分析尺寸;(4)分析,装配关系,弄清工作原理;(5)了解装,拆顺序;(6)了解技术要求。

47. 答:(共计5分,每条2分,扣完为止)

(1)PDCA循环法;(2)排列图法;(3)因果分析图法;(4)直方图法。

48. 答:我国现行的安全管理体制是行业管理、企业负责、国家监察和群众监督劳动者遵章纪的安全管理体制(5分)。

49. 答:目的主要是了解机器或部件的名称、作用、工作原理,零件之间的装配关系,各零件的作用、结构特点、传动路线、装拆顺序和技术要求等(5分)。

50. 答:用去除材料方法获得的表面,Ra(轮廓算术平均偏差)的最大允许值为3.2 μm(5分)。

51. 答:当零件的表面与基本投影面倾斜时,在基本投影面上就不能反映零件的实际形状。这时,就采用斜视图来反映零件的实际形状(5分)。

52. 答:因为金属材料具有高的强度、硬度、良好的塑性和韧性,而且还有高的导高、导热和熔点。所以在工业生产中还得到广泛的应用。(要点:要答出六个性能要点,每个要点1分。共计5分)

53. 答:有色金属是指除铁以外的金属及其合金。如金、银、铜、铝均是有色金属。(要点:除铁以外的金属及其合金,再举2～3个有色金属。每个要点是3分。举例的有色金属中如错一个,则应取消这个要点的全部分类,共计5分)

54. 答:按钢中所含合金量的多少,可以把钢分为低合金钢、中合金钢和高合金钢三种。(要点:每个要点均为2分,共计5分)

55. 答:按冶炼方法可把碳钢分为转炉钢、平炉钢、电炉钢三种。(要点:每个要点2分,共计5分)

56. 答:因为高锰钢这种材料具有高的强度和良好的冲击韧性。在冲击负荷的作用下会迅速产生加工硬化,使其表面具有非常好的耐磨性,所以用它来制造辙叉。(要点:具有强度和冲击韧性,特别是具有冲击硬化性能、使其耐磨,四个要点,每个要点1.5分,共计5分)

57. 答:我国钢轨分一级轨、二级轨和工业轨三个品级。(要点:每个要点2分,共计5分)

58. 答:钢轨顶弯的作用有三条:使钢轨的工作边弯折成折折线或曲线;使刨切后的轨头部位都能得到轨腰的支承,不致于悬空;对钢轨进行弯折,调直与刨切加工配合可使工作边形成曲线型。(每个要点2分,共计5分)

59. 答:在尺寸链中,所有组成环共分为两类,即增环和减环(5分)。

60. 答:主要特点:

(1)逐个尺寸按一定顺序连接起来,并构成封闭外形;

(2)在构成封闭外形的尺寸中,有一个尺寸的精度受全部其余尺寸精度的影响。(共计5分,每条2.5分)

61. 答:表面粗糙度是指加工表面上具有较小间距和微小峰谷所组成的微观几何形状特性(5分)。

62. 答:最大锯削直径为320 mm(5分)。

63. 答:形状公差包括六项。即:直线度、平面度、圆度、圆柱度、线轮廓度、面轮廓度。(共计5分,每条1分,扣完为止)

64. 答:位置公差包括八项。即:平行度、垂直度、倾斜度、同轴度、对称度、位置度、圆跳动、全跳动。(共计5分,每条0.5分,扣完为止)

65. 答:独立原则是指图样上给定的形位公差与尺寸公差相互无关,分别满足要求(5分)。

66. 答:相关原则包括最大实体原则和包容原则(5分)。

67. 答:编制组装工艺规程的原则是:在保证半配货量(1.5分)和发生安全(1.5分)的情况下,必须采用生产效率高(1分)和最经济(1分)的方案。

68. 护轨是保证列车安全顺利通过辙叉的重要部件(2分),通过顶弯可使护轨形成缓冲段(2分)和达到与护轨基轨组装(1分)关系的要求,从而保证列车通过。

69. 顶弯前准备如下:先把钢轨调直(2分),用石笔在工作边上标明顶弯位置(1.5分)和顶弯方向(1.5分)。

70. 形位公差共分两大类,即形状公差(2.5分)和位置公差(2.5分)。

六、综 合 题

1. 答:(总计10分)

当毛坯工件上有不加工表面时,通过找正后再划线,可使加工表面与不加工表面之间保持尺寸均匀。(3分)

当工件上有两个以上的不加工表面时,应选择其中面积较大、较重要的或外观质量要求较高的为主要找正依据,并兼顾其他较次要的不加工表面。使划线后的加工表面与不加工表面之间的尺寸,都尽量均匀和符合要求,而把无法弥补的误差反映到较次要的或不甚显目的部位上去。(4分)

当毛坯上没有不加工表面时,通过对各加工表面自身位置的找正后再划线,可使各加工表面的加工余量得到合理和均匀的分布,而不致出现过于悬殊的状况。(3分)

2. 答:(总计10分)

组合道岔是把同轨型、同号数的单式道岔、复式交分道岔和交叉渡线组合起来,称之为组合道岔(3分)。通常适用于9号、12号道岔和5 m及5 m以上间距的场所(2分)。组合道岔具有以下优越条件:减少了设计工作量,避免了重复设计,提高了站场设计效率(1分);可以实现工厂化制造,保证道岔群各部件的质量,从而加速了站场的铺设进度(1分);采用组合道岔大大缩短站场长度,大大减少占地面积,大量减少土石方工程(1分);节约站场工程总造价(1分);便于信号集中、调度集中、计算机管理,能够提高机车车辆的通过能力,可以提高调车、解体和编组作业的效率(1分)。

3. 答:(总计10分)

可动心轨辙叉由翼轨、心轨、叉跟尖轨、高强度螺栓组合而成,辙叉垫板设1∶40轨底坡,采用弹条扣压轨底,垫板下设弹性垫层,木枕采用螺纹道钉或混凝土枕采用螺旋道钉固定于轨下基础。可动心轨采用AT型藏尖式弹性可弯结构,其跟端适宜夹板连接或焊接,它依靠转辙在左右板动密贴于翼轨。因此,消除了固定型辙叉的"有害空间",保证了轨距线的连续性,大大改善了列车的过岔条件,可动心轨辙叉视心轨的长度设双点或多点牵引,并设外锁闭装置,由以往的点密贴发展到线密贴,消灭了电务上的"危险空间",保证了列车的安全性和可靠性,大大延长了设备的使用寿命(5 分)。可动心轨辙叉结构大大优于固定型。前者的使用条件具有后者无可比拟的优越性,因此,前者的使用寿命一般是后者的五倍或更高,且养护费用可以减少 50%左右,采用可动心轨辙叉能获得显著的经济效益和社会效益(2 分)。可动心轨辙叉适用于 12 号以上大号码道岔,适用于较高的铁路速度。可动心轨道岔是建设高速铁路,目前必须采用的线路连接设备,也是发展跨区间无缝线路的采用方向(3 分)。

4. 解:设备重为 G:

$G_A \approx 25\times44.653\times6=6\,697.95$ kg (1.5 分:算式 1 分,结果 0.5 分)

$G_B \approx 12.5\times51.517\times10=6\,439.25$ kg (1.5 分:算式 1 分,结果 0.5 分)

$G_C \approx 15.7\times60.64\times6=5\,712.288$ kg (1.5 分:算式 1 分,结果 0.5 分)

$G_D \approx 11.3\times69.13\times10=7\,816.69$ kg (1.5 分:算式 1 分,结果 0.5 分)

$G_E \approx 11.3\times82.016\times5=4\,633.904$ kg (1.5 分:算式 1 分,结果 0.5 分)

答:最重的是 D 组。(2.5 分)(总计 10 分)

5. 解:设备重为 G:

$G_A \approx 12.5\times44.653\times6=3\,348.975$ kg (1.5 分:算式 1 分,结果 0.5 分)

$G_B \approx 7.7\times51.514\times10=3\,966.578$ kg (1.5 分:算式 1 分,结果 0.5 分)

$G_C \approx 11\times64.64\times6=4\,002.24$ kg (1.5 分:算式 1 分,结果 0.5 分)

$G_D \approx 7.45\times69.13\times8=4\,120.148$ kg (1.5 分:算式 1 分,结果 0.5 分)

$G_E \approx 11.2\times82.016\times3=4\,633.904$ kg (1.5 分:算式 1 分,结果 0.5 分)

答:最重的是 D 组。(2.5 分)(总计 10 分)

6. 解:设备重为 G:

$G_A \approx 25\times44.653\times5=5\,581.625$ kg (1.5 分:算式 1 分,结果 0.5 分)

$G_B \approx 12.5\times51.514\times8=5\,151.4$ kg (1.5 分:算式 1 分,结果 0.5 分)

$G_C \approx 15.7\times60.64\times4=3\,808.192$ kg (1.5 分:算式 1 分,结果 0.5 分)

$G_D \approx 11.3\times69.13\times7=5\,468.183$ kg (1.5 分:算式 1 分,结果 0.5 分)

$G_E \approx 11.3\times82.016\times4=3\,707.123$ kg (1.5 分:算式 1 分,结果 0.5 分)

答:最重的是 D 组。(2.5 分)(总计 10 分)

7. 解:设备重为 G:

$G_A \approx 23.9\times44.653\times6=6\,403.24$ kg (1.5 分:算式 1 分,结果 0.5 分)

$G_B \approx 17.5\times51.514\times10=9\,014.95$ kg (1.5 分:算式 1 分,结果 0.5 分)

$G_C \approx 15.7\times60.64\times70=6\,664.34$ kg (1.5 分:算式 1 分,结果 0.5 分)

$G_D \approx 11.3\times69.13\times10=7\,811.69$ kg (1.5 分:算式 1 分,结果 0.5 分)

$G_E \approx 15.68\times82.016\times5=6\,430.054$ kg (1.5 分:算式 1 分,结果 0.5 分)

答:最重的是 B 组。(2.5 分)(总计 10 分)

8. 解:设备重为 G:

$G_A \approx 20.4\times44.653\times4=3\,643.685$ kg (1.5 分:算式 1 分,结果 0.5 分)

$G_B \approx 9\times51.514\times9=4\,172.634$ kg (1.5 分:算式 1 分,结果 0.5 分)

G_C≈16.8×60.64×5=5 093.76 kg (1.5 分:算式 1 分,结果 0.5 分)

G_D≈7.7×69.13×10=5 323.01 kg (1.5 分:算式 1 分,结果 0.5 分)

G_E≈16.79×82.016×5=6 885.243 kg (1.5 分:算式 1 分,结果 0.5 分)

答:最重的是 B 组。(2.5 分)(总计 10 分)

9. 解:由钢轨高度为 128 mm 可知该钢轨型号为 50AT 钢轨(2 分),所以其重量 G 为:G=69.13×11×2=1 520.86 kg(7 分:算式 5 分,结果 2 分)

答:其重量为 1 520.86 kg。(1 分)(总计 10 分)

10. 解:由钢轨高度为 128 m 可知该钢轨型号为 50AT 钢轨(2 分),所以其重量 G 为:G=69.13×7.7×5=2 661.505 kg (7 分:算式 5 分,结果 2 分)

答:其重量为 2 661.505 kg。(1 分)(总计 10 分)

11. 解:由钢轨高度为 140 mm 可知该钢轨型号为 43 kg/m 钢轨(2 分),所以其重量 G 为:G=44.653×10×6=2 697.18 kg (7 分:算式 5 分,结果 2 分)

答:其重量为 2 697.18 kg。(1 分)(总计 10 分)

12. 解:由钢轨高度为 140 mm 可知该钢轨型号为 43 kg/m 钢轨(2 分),所以其重量 G 为:G=44.653×13.5×3=1 808.446 5 kg (7 分:算式 5 分,结果 2 分)

答:其重量为 1 808.446 5 kg。(1 分)(总计 10 分)

13. 解:由钢轨高度为 176 mm 可知该钢轨型号为 60 kg/m 钢轨(2 分),所以其重量 G 为:G=60.643×15.7×3−2 856.285 3 kg (7 分:算式 5 分,结果 2 分)

答:其重量为 2 856.285 3 kg。(1 分)(总计 10 分)

14. 解:由钢轨高度为 176 mm 可知该钢轨型号为 60 kg/m 钢轨(2 分),所以其重量 G 为:G=60.643×16.792×5=5 091.586 28 kg (7 分:算式 5 分,结果 2 分)

答:其重量为 5 091.586 28 kgo(1 分)(总计 10 分)

15. 解:由钢轨高度为 152 mm 可知该标准断面钢轨型号为 50 kg/m 钢轨(2 分),所以其重量 G 为:G=51.514×8.8×4=1 813.292 8 kg (7 分:算式 5 分,结果 2 分)

答:其重量为 1 813.292 8 kg。(1 分)(总计 10 分)

16. 解:由钢轨高度为 152 mm 可知该标准断面钢轨型号为 50 kg/m 钢轨(2 分),所以其重量 G 为:G=51.514×9.5×5−2 446.915 kg (7 分:算式 5 分,结果 2 分)

答:其重量为 2 446.915 kg。(1 分)(总计 10 分)

17. 解:由钢轨高度为 152 mm 可知该 AT 钢轨型号为 60AT 钢轨(2 分),所以其重量 G 为:G=82.016×8.8×4=2 886.963 2 kg (7 分:算式 5 分,结果 2 分)

答:其重量为 2 886.963 2 kg。(1 分)(总计 10 分)

18. 解:由钢轨高度为 152 mm 可知该 AT 钢轨型号为 60AT 钢轨(2 分),所以其重量 G 为:G=82.016×9.5×5=3 885.75 kg (7 分:算式 5 分,结果 2 分)

答:其重量为 3 885.75 kg。(1 分)(总计 10 分)

19. 解:$y_u = R-\sqrt{R^2-(A_0+X)^2}-f_1$

$= 110\ 717.5-\sqrt{110\ 717.5^2-(1\ 830+4\ 100)^2}-12$ (8 分:算式 5 分,结果 3 分)

$=147$

答:圆弧支距等于 147。(2 分)(总计 10 分)

20. 解：$y_u = R - \sqrt{R^2 - (A_0 + X)^2} - f_1$

$= 110\ 717.5 - \sqrt{110\ 717.5^2 - (1\ 771 + 6\ 000)^2} - 12$ (8分：算式5分，结果3分)

$= 165$

答：圆弧支距等于165。(2分)(总计10分)

21. 解：$(R - y_u - f_1)^2 + (X + A_0)^2 = R^2$ (5分)

$(360\ 717.5 - 118 - 12)^2 + (X + 2\ 500)^2 = 360\ 717.5^2$ (2分)

$X = 7\ 183$ (2分)

答：水平支距X等于7 183。(1分)(总计10分)

22. 解：$(R - y_u - f_1)^2 + (X + A_0)^2 = R^2$ (5分)

$(170\ 717.5 - 165 - 12)^2 + (X + 1\ 771)^2 = 170\ 717.5^2$ (2分)

$X = 6\ 001$ (2分)

答：水平分距X等于6 001。(1分)(总计10分)

23. 解：$(R - y_u - f_1)^2 + (X + A_0)^2 = R^2$ (5分)

$(350\ 717.5 - 130 - f_1)^2 + (6\ 000 + 1\ 771)^2 = 170\ 717.5^2$ (2分)

$f_1 \approx 7$ (2分)

答：割距f_1等于70。(1分)(总计10分)

24. 解：$(R - y_u - f_1)^2 + (X + A_0)^2 = R^2$ (5分)

$(180\ 717.5 - 200 - 10_1)^2 + (6\ 000 + A_0)^2 = 180\ 717.5^2$ (2分)

$A_0 = 2\ 710$ (2分)

答：图中A_0等于2 710。(1分)(总计10分)

25. 解：$(R - y_u - f_1)^2 + (X + A_0)^2 = R^2$ (5分)

$(170\ 717.5 - 165 - 12)^2 + (6\ 000 + A_0)^2 = 170\ 717.5^2$ (2分)

$A_0 = 1\ 772$ (2分)

答：图中A_0等于1 772。(1分)(总计10分)

26. 解：辙跟后6 m导曲钢处距导曲线理论起点为：886+13 876+6 000=20 762(2分)

此处导曲线支距y应为：

$y = R - \sqrt{R^2 - 20\ 762^2} = 350\ 717 - \sqrt{350\ 717.5^2 - 20\ 762^2} = 615$ (7分：算式5分，结果2分)

答：此处的导曲线钢轨的支距为615 mm。(1分)(总计10分)

27. 解：辙跟处距导曲线理论起点为：2 980+1 567 8=18 658(2分)

此处导曲线支距y应为：

$y = R - \sqrt{R^2 - 18\ 658^2} = 800\ 717 - \sqrt{800\ 717.5^2 - 18\ 658^2} = 217$ (7分：算式5分，结果2分)

答：此处的导曲线钢轨的支距为217 mm。(2分)(总计10分)

28. 解：辙跟处距导曲线理论起点为：3 337+13 499=16 836(2分)

此处导曲线支距y应为：

$y = R - \sqrt{R^2 - 16\ 838^2} = 800\ 717 - \sqrt{800\ 717.5^2 - 16\ 836^2} = 177$ (7分：算式5分，结

果2分）

答：此处的导曲线钢轨的支距177 mm。（1分）（总计10分）

29. 答：由图可得$(R-A)^2+1\,000^2=R^2$（5分）

即得：$2AR=A^2+1\,000^2$（2分）

$R=250\,001$（2分）

答：圆弧半径R的大小为250 001。（1分）（总计10分）

30. 解：$M=\dfrac{H-h}{L}$

$$\frac{1}{5}=\frac{5}{L}$$

$$L=25$$

答：这个垫块的长度是25 mm。

（要点：会应用公式，结果正确，每个要点3分）

31. 解：过C点作AB的垂线AB于D

$AB=AD+BD$

$AD=5$

$BD=5$

$AB=5+4=9$

答：AB值是9 mm。

（要点：会分析题意，分式、结果正确，每个要点2分）

32. 解：设800处的断面为y。根据斜度相等的关系：

$$\frac{40-20}{2\,500}=\frac{y-20}{800}$$

$y=26.4$

答：800处的断面是26.4 mm。

（要点：会分析在尖轨中斜度相等，结果正确，每个要点4分）

33. 解：设20断面到尖轨尖端的尺寸为X：

$$\frac{40-20}{1\,500}=\frac{20}{X}$$

$X=3\,000$

答：20断面到尖端尺寸是2 000 mm。

（要点会分析题，应用斜度相等，结果正确，每个要点3分）

34. 解：$f_1=\dfrac{L^2}{2R}=\dfrac{1000^2}{2\times350\,000}=143$

$$f_2=\frac{L^2}{2R}=\frac{(10\,000+10\,000)\ a^2}{2\times350\,000}=571$$

答：f_1为143 mm，f_2为571 mm。

（要点：利用公式计算正确，共四个要点，每个2分）

道岔制修工(初级工)技能操作考核框架

一、框架说明

1. 依据《国家职业标准》注，以及中国北车确定的"岗位个性服从于职业共性"的原则，提出道岔制修工(初级工)技能操作考核框架(以下简称:技能考核框架)。

2. 本职业技能等级操作考核评分采用百分制。即:满分为100分，60分为及格，低于60分为不及格。

3. 实施"技能考核框架"时，考核制件(活动)命题可以选用本企业的加工件(活动项目)，也可以结合实际另外组织命题。

4. 实施"技能考核框架"时，考核的时间和场地条件等应依据《国家职业标准》，并结合企业实际确定。

5. 实施"技能考核框架"时，其"职业功能"的分类按以下要求确定：

(1)"加工钢轨件"、"组装钢轨件"、"铺设道岔"属于本职业等级技能操作的核心职业活动，其"项目代码"为"E"。

(2)"准备工艺工装"、"加工、组装质量及精度检验"属于本职业等级技能操作的辅助性活动，其"项目代码"分别为"D"和"F"。

6. 实施"技能考核框架"时，其"鉴定项目"和"选考数量"按以下要求确定：

(1)按照《国家职业标准》有关技能操作鉴定比重的要求，本职业等级技能操作考核制件的"鉴定项目"应按"D"+"E"+"F"组合，其考核配分比例相应为:"D"占25分，"E"占55分(其中:加工钢轨件40分，组装钢轨件10分，铺设道岔5分)，"F"占20分。

(2)依据中国北车确定的"核心职业活动选取2/3，并向上取整"的规定，在"E"类鉴定项目——"加工钢轨件"、"组装钢轨件""铺设道岔"的全部8项中，至少选取6项。

(3)依据中国北车确定的"其余'鉴定项目'的数量可以任选"的规定，"D" 和"F"类鉴定项目——"准备工艺、工装"、"加工、组装质量及精度检验"中，至少分别选取1项。

(4)依据中国北车确定的"确定'选考数量'时，所涉及'鉴定要素'的数量占比，应不低于对应'鉴定项目'范围内'鉴定要素'总数的60%，并向上取整"的规定，考核制件的鉴定要素"选考数量"应按以下要求确定：

①在"D"类"鉴定项目"中，在已选定的至少1个鉴定项目中，至少选取已选鉴定项目所对应的全部鉴定要素的60%项，并向上保留整数。

②在"E"类"鉴定项目"中，在已选定的至少6个鉴定项目所包含的全部鉴定要素中，至少选取总数的60%项，并向上保留整数。

③在"F"类"鉴定项目"中，在已选定的至少1个鉴定项目中，至少选取已选鉴定项目所对应的全部鉴定要素的60%项，并向上保留整数。

举例分析：

按照上述"第 6 条"要求，若命题时按最少量选取，即：在"D"类鉴定项目中的选取了"识图"1 项，在"E"类鉴定项目中选取了"钢轨件钻孔"、"钢轨的调直顶弯"、"钢轨件划线"、"组装基本轨"、"准备工作"、"铺设单开道岔"6 项，在"F"类鉴定项目中选取了"检验钢轨件加工质量"1 项，则：

此考核件所涉及的"鉴定项目"总数为 8 项，具体包括："识图"，"钢轨件钻孔"、"钢轨的调直顶弯"、"钢轨件划线"、"组装基本轨"、"准备工作"、"铺设单开道岔"，"检验钢轨件加工质量"；

此考核制件所涉及的鉴定要素"选考数量"相应为 18 项，具体包括："识图"鉴定项目包含的全部 5 个鉴定要素中的 3 项，"钢轨件钻孔"、"钢轨的调直顶弯""钢轨件划线"、"组装基本轨"、"准备工作"、"铺设单开道岔"6 个鉴定项目包括的全部 19 个鉴定要素中的 12 项，"检验钢轨件加工质量"鉴定项目包含的全部 4 个鉴定要素中的 3 项。

7. 本职业等级技能操作需要两人及以上共同作业的，可由鉴定组织机构根据"必要、辅助"的原则，结合实际情况确定协助人员的数量。在整个操作过程中，协助人员只能起必要、简单的辅助作用。否则，每违反一次，至少扣减应考者的技能考核总成绩 10 分，直至取消其考试资格。

8. 实施"技能考核框架"时，应同时对应考者在质量、安全、工艺纪律、文明生产等方面行为进行考核。对于在技能操作考核过程中出现的违章作业现象，每违反一项(次)至少扣减技能考核总成绩 10 分，直至取消其考试资格。

注：按照中国北车规定，各《职业技能操作考核框架》的编制依据现行的《国家职业标准》或现行的《行业职业标准》或现行的《中国北车职业标准》的顺序执行。

二、道岔制修工(初级工)技能操作鉴定要素细目表

职业功能	鉴定项目				鉴定要素		
	项目代码	名　称	鉴定比重(%)	选考方式	要素代码	名　称	重要程度
准备工艺、工装	D	识图	25	任选	001	单开道岔的结构形式	Y
					002	铁路道岔号数系列的规定	Y
					003	铁路道岔和交叉名词术语的规定	Y
					004	能识读直向容许通过速度 $v\leqslant 120$ km/h 的单开道岔基本轨、护轨、连接部分配轨、垫板加工图、组装图	X
					005	能识读直向容许通过速度 $v\leqslant 120$ km/h 的单开道岔连接部分布置图	X
		识读工艺文件			001	钢轨型号及对应的断面尺寸规定	Y
					002	基本轨、护轨、垫板加工工艺	Y
					003	单开道岔连接部分配轨铺设工艺	X
					004	能识读直向容许通过速度 $v\leqslant 120$ km/h 的单开道岔基本轨、护轨、连接部分配轨、垫板加工图、组装工艺文件	X
					005	能识读直向容许通过速度 $v\leqslant 120$ km/h 的单开道岔连接部分的配轨铺设工艺文件	X
		制作工装			001	能正确使用基本轨、配轨、护轨加工、组装时所用的工装	X
					002	制定基本轨、配轨、护轨加工、组装时所用的工装的使用方法和技术要求	Y

续上表

职业功能	鉴定项目				鉴定要素		
	项目代码	名称	鉴定比重(%)	选考方式	要素代码	名称	重要程度
加工钢轨件	E	锯切钢轨	40	至少选四项	001	锯切设备安全操作规程	Y
					002	钢轨件长度允许偏差的要求	X
					003	测量钢轨锯切下料的长度时，对钢卷尺拉力的要求	X
					004	单开道岔基本轨、护轨、配轨的锯切方法及技术要求	X
					005	能对直向容许通过速度 $v\leqslant 120$ km/h 的单开道岔基本轨、护轨、连接部分配轨进行锯切作业	X
		钢轨件划线			001	专用划线工具的使用方法	Y
					002	平面划线方法	X
					003	单开道岔连接部分配轨划线的步骤和方法	X
					004	能对直向容许通过速度 $v\leqslant 120$ km/h 的单开道岔连接部分配轨进行划线作业	X
		钢轨件钻孔			001	钻孔设备安全操作规程	X
					002	钢轨螺栓孔允许偏差的要求	Y
					003	钢轨螺栓孔倒棱尺寸的要求	X
					004	能对直向容许通过速度 $v\leqslant 120$ km/h 的单开道岔基本轨、护轨、连接部分配轨进行钻孔和倒棱作业	X
		钢轨的调直顶弯			001	调直设备安全操作规程	X
					002	钢轨调直、顶弯的要求	X
					003	热处理钢轨条件中有关淬火硬度的要求	X
					004	能对直向容许通过速度 $v\leqslant 120$ km/h 的单开道岔基本轨、护轨、连接部分配轨进行调直顶弯作业	X
组装钢轨件		组装基本轨	10		001	基本轨的形式及作用	Y
					002	标准轨距铁路道岔技术条件中有关基本轨组装的方法	X
					003	能组装直向容许通过速度 $v\leqslant 120$ km/h 的单开道岔基本轨	X
		护轨组装			001	护轨的结构形式	Y
					002	护轨的安装方法	X
					003	分开式护轨的组装方法	X
					004	能组装直向容许通过速度 $v\leqslant 120$ km/h 的单开道岔护轨	X
铺设道岔		准备工作	5		001	能正确理解道岔铺设的工艺要求	X
					002	准备铺设单开道岔所用零部件、工具、量具的种类和技术要求	X
		铺设单开道岔			001	掌握基本轨、护轨、连接部分配轨铺设的方法	X
					002	能对直向容许通过速度 $v\leqslant 120$ km/h 的单开道岔基本轨、护轨、连接部分导轨进行产内铺设	X

续上表

职业功能	鉴定项目				鉴定要素		
	项目代码	名称	鉴定比重(%)	选考方式	要素代码	名称	重要程度
加工、组装质量及精度检验	F	检验钢轨件加工质量	20	任选	001	标准轨距铁路道岔技术条件中有关基本轨、护轨、配轨表面质量及长度要求	Y
					002	使用专用测量平台检验钢轨件加工质量的方法	X
					003	标准轨距铁路道岔技术条件中有关标识、螺栓孔壁粗糙度及外形尺寸的要求	X
					004	能对直向容许通过速度 $v \leqslant 120$ km/h 的单开道岔基本轨、护轨、连接部分配轨的加工质量进行检验	X
		检验钢轨件组装质量			001	标准轨距铁路道岔技术条件中有关基本轨、护轨组装质量的要求	Y
					002	能对直向容许通过速度 $v \leqslant 120$ km/h 的单开道岔基本轨组装质量、护轨组装质量进行检验	X
		检验道岔铺设质量			001	标准轨距铁路道岔技术条件中有关基本轨、护轨、连接部分配轨铺设质量的要求	Y
					002	能对直向容许通过速度 $v \leqslant 120$ km/h 的单开道岔基本轨、护轨、连接部分配轨质量进行检验	X

注：重要程度 X 表示核心要素，Y 表示一般要素，Z 表示辅助要素。下同。

中国北车

道岔制修工（初级工）
技能操作考核样题与分析

职 业 名 称：________________

考 核 等 级：________________

存 档 编 号：________________

考核站名称：________________

鉴定责任人：________________

命题责任人：________________

主管负责人：________________

中国北车股份有限公司劳动工资部制

职业技能鉴定技能操作考核制件图示或内容

CNR5202 基尖轨组装及轨件加工、检测

1. 根据图纸要求对 2.5 m 长 50 kg/m 钢轨进行划线，钻孔。
2. 根据图纸支距要求对钢轨进行顶弯。
3. 根据图纸要求对基尖轨进行组装及检验。
4. 对整组道岔的护轨轮缘槽进行检验。

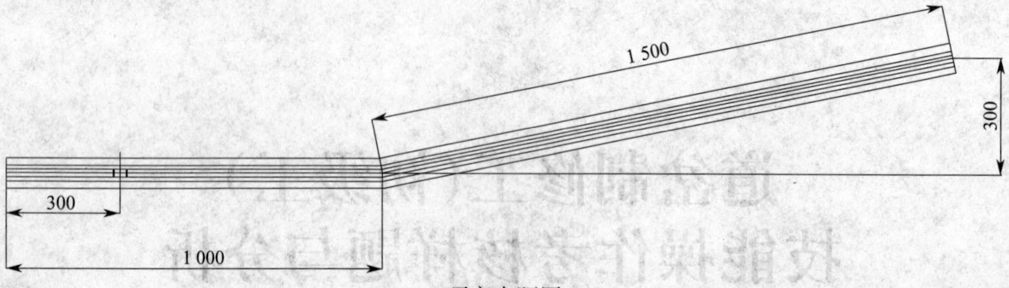

顶弯支距图

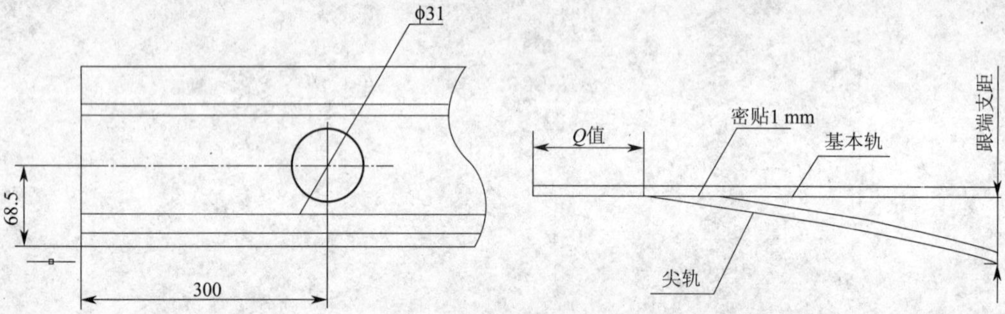

钢轨钻孔尺寸图及基尖轨组装图

技术要求：

1. 顶弯支距公差 $^{+2}_{0}$ mm。
2. 孔高、孔距公差±1 mm，孔径公差 $^{+1}_{0}$ mm。
3. 基尖轨组装要求见附表。

职业名称	道岔制修工
考核等级	初级工
试题名称	CNR5202 基尖轨组装及轨件加工、检测
材质等信息：	

职业技能鉴定技能操作考核准备单

职业名称	道岔制修工
考核等级	初级工
试题名称	CNR5202 基尖轨组装及轨件加工、检测

一、材料准备

1. CNR5202 左曲基本轨和左侧尖轨各一根。
2. CNR5202 间隔铁和辙根垫板各一块、垫板上配件一套。
3. 2.5 m 长 50 kg/m 钢轨一根。
4. 铺设完的整组道岔一组。

二、设备、工、量、卡具准备清单

序号	名　称	规　格	数量	备　注
1	轨距尺、电动扳手		各 1	
2	卷尺	20 m	1	
3	游标卡尺	600 mm	1	
4	画针、石笔、钢板尺		各 1	
5	护轨轮缘槽样板		1	

三、考场准备

1. 组装平台、工作状态良好的摇臂钻机床和调直机床、检测平台等；
2. 在组装平台准备好基尖轨件及组装配件；
3. 在圆锯床准备好 2.5 m 长 50 kg/m 钢轨和 60 kg/m 钢轨各一根；
4. 布置好考场，并保持考场清洁。

四、考核内容及要求

1. 考核内容：(按考核制件图示及要求制作)。
2. 考核时限：5 h。
3. 考核评分(表)。

序号	考核项目	配分	评分标准	扣分及原因	得分
1	识图	13	在考试过程中出现一次因为看不懂图而提问扣除 2 分		
2	加工过程中钢轨型号选用	4	划线时钢轨型号选用错误不得分		
3	钻孔及铺设工艺文件了解	8	在考试过程中出现一次操作失误扣 3 分		
4	钢轨件钻孔	15	在钻孔过程中出现一次失误扣 3 分，钻孔位置及孔径超差不得分		
5	钢轨的调直顶弯	15	在顶弯过程中出现一次操作失误扣 4 分，顶弯支距超差不得分		

续上表

序号	考核项目	配分	评分标准	扣分及原因	得分
6	钢轨件划线	10	划线过程中出现一次失误扣2分，划线位置超差不得分		
7	组装基本轨	10	密贴、支距每出现一个不合格项扣5分		
8	准备工作	3	考试过程中每少准备一样工具扣1分		
9	铺设单开道岔	2	安装基本轨时出现一个不合格项扣1分，2项不合格不得分		
10	检测钢轨件加工质量	10	位置、孔径、长度、表面质量、粗糙度没检测错一项扣2分		
11	检测钢轨件组装质量	5	支距、密贴，测错误一项扣3分，2项都错不得分		
12	检查道岔铺设质量	5	密贴、台板缝隙、支距、轨距、开口、咽喉尺寸等。至少检测5项每少检测一项扣1分		
13	考核时限	不限	每超时10%，扣5分		
14	工艺纪律	不限	依据企业有关工艺纪律管理规定执行，每违反一次扣10分		
15	劳动保护	不限	依据企业有关劳动保护管理规定执行，每违反一次扣10分		
16	文明生产	不限	依据企业有关文明生产管理规定执行，每违反一次扣10分		
17	安全生产	不限	依据企业有关安全生产管理规定执行，每违反一次扣10分，有重大安全事故，取消成绩		

职业技能鉴定技能考核制件(内容)分析

职业名称	道岔制修工
考核等级	初级工
试题名称	CNR5202 基尖轨组装及轨件加工、检测
职业标准依据	道岔钳工国家职业标准

试题中鉴定项目及鉴定要素的分析与确定

分析事项 \ 鉴定项目分类	基本技能“D”	专业技能“E”	相关技能“F”	合计	数量与占比说明
鉴定项目总数	3	8	3	14	核心技能“E”满足鉴定项目占比高于2/3的要求
选取的鉴定项目数量	2	6	3	11	
选取的鉴定项目数量占比(%)	66.7%	75%	100%	78.6%	
对应选取鉴定项目所包含的鉴定要素总数	10	19	8	37	鉴定要素数量占比大于60%
选取的鉴定要素数量	7	13	6	26	
选取的鉴定要素数量占比(%)	70%	70%	75%	70.3%	

所选取鉴定项目及相应鉴定要素分解与说明

鉴定项目类别	鉴定项目名称	国家职业标准规定比重(%)	《框架》中鉴定要素名称	本命题中具体鉴定要素分解	配分	评分标准	考核难点说明
“D”	识图	25	单开道岔的结构形式	了解CNR5202道岔的结构形式	3	在考试过程中出现一次因为看不懂图而提问扣2分	有一定的识图能力
			铁路道岔号数系列的规定	明确CNR5202道岔规格型号	2		
			铁路道岔和交叉名词术语的规定	了解道岔含义	2		
			能识读直向容许通过速度$v\leqslant120$km/h的单开道岔基本轨、护轨、连接部分配轨、垫板加工图、组装图	能识图	6		
	识读工艺文件		钢轨型号及对应的断面尺寸规定	钢轨型号	4	划线时钢轨型号选用错误不得分	熟练掌握工艺文件
			基本轨、护轨、垫板加工工艺	掌握钻孔的工艺方法	5	在考试过程中出现一次操作失误扣3分	
			能识读直向容许通过速度$v\leqslant120$ km/h的单开道岔连接部分的配轨铺设工艺文件	了解铺设方法	3		

续上表

鉴定项目类别	鉴定项目名称	国家职业标准规定比重(%)	《框架》中鉴定要素名称	本命题中具体鉴定要素分解	配分	评分标准	考核难点说明
"E"	钢轨件钻孔	40	钻孔设备安全操作规程	能够安全使用钻床	15	在钻孔过程中出现一次失误扣3分，钻孔位置及孔径超差不得分	熟练使用钻床，了解钻床的使用方法
			钢轨螺栓孔允许偏差的要求	熟练掌握螺栓孔公差标准			
	钢轨的调直顶弯		调直设备安全操作规程	能够安全使用调直机床	15	在顶弯过程中出现一次操作失误扣3分，顶弯支距超差不得分	了解机床的操作规程并能熟练的操作机床
			钢轨调直、顶弯的要求	掌握顶弯工艺			
			能对直向容许通过速度 $v \leqslant 120$ km/h 的单开道岔基本轨、护轨、连接部分配轨进行调直顶弯作业	能够对钢轨件进行顶弯作业			
	钢轨件划线		平面划线方法	掌握平面划线、方法	10	划线过程中出现一次失误扣2分，划线位置超差不得分	
			单开道岔连接部分配轨划线的步骤和方法	掌握划线步骤、方法			
			能对直向容许通过速度 $v \leqslant 120$ km/h 的单开道岔连接部分配轨进行划线作业	能够进行划线作业			
	组装基本轨	10	基本轨的形式及作用	了解基本轨的作用	10	密贴、支距每出现一个不合格项扣5分	
			标准轨距铁路道岔技术条件中有关基本轨组装的方法	能够正确安装基本轨			
	准备工作	5	能正确理解道岔铺设的工艺要求	理解道岔的铺设工艺	3	考试过程中每少准备一样工具扣1分	熟练的掌握道岔的铺设方法
			准备铺设单开道岔所用零部件、工具、量具的种类和技术要求	准备铺设单开道岔工具、量具的种类和技术要求			
	铺设单开道岔		掌握基本轨、护轨、连接部分配轨铺设的方法	能够铺设基本轨	2	安装基本轨时出现一个不合格项扣1分，2项不合格不得分	
"F"	检测钢轨件加工质量	20	标准轨距铁路道岔技术条件中有关基本轨、护轨、配轨表面质量及长度要求	标准轨距铁路道岔技术条件中有关基本轨、护轨、配轨表面质量及长度要求	3	位置、孔径、长度、表面质量、粗糙度没检测错一项扣2分	掌握道岔及钢轨件检测方法和要求
			使用专用测量平台检验钢轨件加工质量的方法	熟悉钢轨件加工要求	3		
			标准轨距铁路道岔技术条件中有关标识、螺栓孔壁粗糙度及外形尺寸的要求	熟悉钢轨件表面质量要求	4		
	检测钢轨件组装质量		能对直向容许通过速度 $v \leqslant 120$ km/h 的单开道岔基本轨组装质量、护轨组装质量进行检验	掌握基本轨检测方法	3	支距、密贴，测错误一项扣2分，2项都错不得分	

续上表

鉴定项目类别	鉴定项目名称	国家职业标准规定比重(%)	《框架》中鉴定要素名称	本命题中具体鉴定要素分解	配分	评分标准	考核难点说明
“F”	检测钢轨件组装质量	20	标准轨距铁路道岔技术条件中有关基本轨、护轨组装质量的要求	标准轨距铁路道岔技术条件中有关基本轨、护轨组装质量的要求	3	支距、密贴，测错误一项扣2分，2项都错不得分	掌握道岔及钢轨件检测方法和要求
	检查道岔铺设质量		标准轨距铁路道岔技术条件中有关基本轨、护轨、连接部分配轨铺设质量的要求	能够检测道岔关键尺寸，正确使用检测工具	4	密贴、台板缝隙、支距、轨距、开口、咽喉尺寸等。至少检测5项每少检测一项扣1分	
质量、安全、工艺纪律、文明生产等综合考核项目				考核时限	不限	每超时10%，扣5分	
				工艺纪律	不限	依据企业有关工艺纪律管理规定执行，每违反一次扣10分	
				劳动保护	不限	依据企业有关劳动保护管理规定执行，每违反一次扣10分	
				文明生产	不限	依据企业有关文明生产管理规定执行，每违反一次扣10分	
				安全生产	不限	依据企业有关安全生产管理规定执行，每违反一次扣10分，有重大安全事故，取消成绩	

道岔制修工(中级工)技能操作考核框架

一、框架说明

1. 依据《国家职业标准》注,以及中国北车确定的"岗位个性服从于职业共性"的原则,提出道岔制修工(中级工)技能操作考核框架(以下简称:技能考核框架)。

2. 本职业技能等级操作考核评分采用百分制。即:满分为 100 分,60 分为及格,低于 60 分为不及格。

3. 实施"技能考核框架"时,考核制件(活动)命题可以选用本企业的加工件(活动项目),也可以结合实际另外组织命题。

4. 实施"技能考核框架"时,考核的时间和场地条件等应依据《国家职业标准》、并结合企业实际确定。

5. 实施"技能考核框架"时,其"职业功能"的分类按以下要求确定:

(1)"加工钢轨件"、"组装钢轨件"、"铺设道岔"属于本职业等级技能操作的核心职业活动,其"项目代码"为"E"。

(2)"准备工艺、工装"、"加工、组装质量及精度检验"属于本职业等级技能操作的辅助性活动,其"项目代码"分别为"D"和"F"。

6. 实施"技能考核框架"时,其"鉴定项目"和"选考数量"按以下要求确定:

(1)按照《国家职业标准》有关技能操作鉴定比重的要求,本职业等级技能操作考核制件的"鉴定项目"应按"D"+"E"+"F"组合,其考核配分比例相应为:"D"占 20 分,"E"占 60 分(其中:加工钢轨件 40 分,组装钢轨件 15 分,铺设道岔 5 分),"F"占 20 分。

(2)依据中国北车确定的"核心职业活动选取 2/3,并向上取整"的规定,在"E"类鉴定项目——"加工钢轨件"、"组装钢轨件""铺设道岔"的全部 8 项中,至少选取 6 项。

(3)依据中国北车确定的"其余'鉴定项目'的数量可以任选"的规定,"D" 和"F"类鉴定项目——"准备工艺、工装"、"加工、组装质量及精度检验"中,至少分别选取 1 项。

(4)依据中国北车确定的"确定'选考数量'时,所涉及'鉴定要素'的数量占比,应不低于对应'鉴定项目'范围内'鉴定要素'总数的 60%,并向上取整"的规定,考核制件的鉴定要素"选考数量"应按以下要求确定:

①在"D"类"鉴定项目"中,在已选定的至少 1 个鉴定项目中,至少选取已选鉴定项目所对应的全部鉴定要素的 60%项,并向上保留整数。

②在"E"类"鉴定项目"中,在已选定的至少 6 个鉴定项目所包含的全部鉴定要素中,至少选取总数的 60%项,并向上保留整数。

③在"F"类"鉴定项目"中,在已选定的至少 1 个鉴定项目中,至少选取已选鉴定项目所对应的全部鉴定要素的 60%项,并向上保留整数。

举例分析:

按照上述“第 6 条”要求，若命题时按最少量选取，即：在“D”类鉴定项目中的选取了“识图”1 项，在“E”类鉴定项目中选取了“锯切钢轨”、“钢轨件钻孔”、“钢轨的调直、顶弯、矫正”、“组装尖轨、基本轨、活动心轨”、“组装转辙器”、“铺设单开道岔”6 项，在“F”类鉴定项目中选取了“检验钢轨件加工质量”1 项，则：

此考核件所涉及的“鉴定项目”总数为 8 项，具体包括：“识图”，“锯切钢轨”、“钢轨件钻孔”、“钢轨的调直、顶弯、矫正”、“组装尖轨、基本轨、活动心轨”、“组装转辙器”、“铺设单开道岔”，“检验钢轨件加工质量”；

此考核制件所涉及的鉴定要素“选考数量”相应为 31 项，具体包括：“识图”鉴定项目包含的全部 3 个鉴定要素中的 2 项，“锯切钢轨”、“钢轨件钻孔”、“钢轨的调直、顶弯、矫正”、“组装尖轨、基本轨、活动心轨”、“组装转辙器”、“铺设单开道岔”等 6 个鉴定项目包括的全部 25 个鉴定要素中的 15 项，“检验钢轨件加工质量”鉴定项目包含的全部 3 个鉴定要素中的 2 项。

7. 本职业等级技能操作需要两人及以上共同作业的，可由鉴定组织机构根据“必要、辅助”的原则，结合实际情况确定协助人员的数量。在整个操作过程中，协助人员只能起必要、简单的辅助作用。否则，每违反一次，至少扣减应考者的技能考核总成绩 10 分，直至取消其考试资格。

8. 实施“技能考核框架”时，应同时对应考者在质量、安全、工艺纪律、文明生产等方面行为进行考核。对于在技能操作考核过程中出现的违章作业现象，每违反一项(次)至少扣减技能考核总成绩 10 分，直至取消其考试资格。

注：按照中国北车规定，各《职业技能操作考核框架》的编制依据现行的《国家职业标准》或现行的《行业职业标准》或现行的《中国北车职业标准》的顺序执行。

二、道岔制修工(中级工)技能操作鉴定要素细目表

职业功能	鉴定项目				鉴定要素		
	项目代码	名称	鉴定比重(%)	选考方式	要素代码	名称	重要程度
准备工艺、工装	D	识图	20	任选	001	能识读直向容许通过速度 $v \leqslant 120$ km/h 的单开道岔尖轨、高锰钢辙叉加工图、组装图	X
					002	能识读直向容许通过速度 120 km/h $< v \leqslant 160$ km/h 的单开道岔尖轨、基本轨可动心轨辙叉、护轨、组装图	X
					003	能识读直向容许通过速度 $v \leqslant 120$ km/h、120 km/h $< v \leqslant$ 160 km/h 的单开道岔总布置图	X
		识读工艺文件			001	能识读直向容许通过速度 $v \leqslant 120$ km/h 的单开道岔尖轨、组装工艺文件	
					002	能识读直向容许通过速度 120 km/h $< v \leqslant 160$ km/h 的单开道岔尖轨、基本轨、高锰钢辙叉、护轨、组装工艺文件	X
					003	能识读直向容许通过速度 $v < 90$ km/h 的复式交分道岔尖轨、基本轨、活动心轨钝角辙叉、垫板加工、组装工艺文件	X
					004	能识读直向容许通过速度 $v \leqslant 120$ km/h、120 km/h $< v \leqslant$ 160 km/h 的单开道岔	X
		制作工装			001	能正确使用尖轨、基本轨、高锰钢辙叉、可动心轨辙叉、护轨、组装时所用的工装	X
					002	制定尖轨、基本轨、可动心轨辙叉、护轨、组装时所用的工装的使用方法和技术要求	Y

续上表

职业功能	鉴定项目：项目代码	鉴定项目：名称	鉴定项目：鉴定比重（%）	鉴定要素：选考方式	鉴定要素：要素代码	鉴定要素：名称	鉴定要素：重要程度
加工钢轨件	E	锯切钢轨	40	至少选六项	001	锯切设备的维护方法	Y
					002	标准轨距铁路道岔技术条件中有关尖轨、基本轨、可动心轨辙叉钢轨件、护轨长度允许偏差的要求	X
					003	锯切有关道岔基本轨、尖轨、可动心轨辙叉钢轨件、护轨的方法	X
					004	能对直向容许通过速度 $v\leqslant 120$ km/h 的单开道岔尖轨进行锯切作业	X
					005	能对直向容许通过速度 120 km/h $< v\leqslant$ 160 km/h 的单开道岔尖轨、基本轨、可动心轨辙叉、护轨用钢轨进行锯切作业	X
		钢轨件划线			001	立面划线方法	Y
					002	尖轨切削划线步骤和方法	X
					003	能对直向容许通过速度 $v\leqslant 120$ km/h、120 km/h $< v\leqslant$ 160 km/h 的单开道岔尖轨、基本轨、高锰钢辙叉、护轨进行划线作业	X
		钢轨件钻孔			001	钻孔设备维护方法	X
					002	标准轨距铁路道岔技术条件中有关钢轨螺栓孔允许偏差的要求	Y
					003	能对直向容许通过速度 $v\leqslant 120$ km/h 的单开道岔尖轨进行钻孔作业和倒棱作业	X
					004	能对直向容许通过速度 120 km/h $< v\leqslant$ 160 km/h 的单开道岔尖轨、基本轨、护轨、可动心轨辙叉长心轨、短心轨、叉跟尖轨、翼轨进行钻孔作业和倒棱作业	X
		钢轨的调直顶弯、矫正			001	调直设备维护方法	X
					002	钢轨调直、顶弯、矫正时回弹量控制方法	X
					003	道岔钢轨淬火技术条件中有关淬火硬度分布的规定	X
					004	能对直向容许通过速度 $v\leqslant 120$ km/h 的单开道岔尖轨进行调直、顶弯、矫正作业	X
					005	能对直向容许通过速度 120 km/h $< v\leqslant$ 160 km/h 的单开道岔尖轨、基本轨、护轨、可动心轨辙叉长心轨、短心轨、叉跟尖轨、翼轨进行调直、顶弯、矫正作业	X
					006	能对直向容许通过速度 $v<90$ km/h 的复式交分道岔尖轨、基本轨、活动心轨进行调直、顶弯、矫正作业	X
组装钢轨件		组装尖轨、基本轨、活动心轨	15		001	活接头式尖轨与基本轨的组装方法	Y
					002	弹性可弯式尖轨与基本轨、活动心轨的组装方法	X
					003	帮规、扶轨的作用和要求	X
					004	能组装直向容许通过速度 $v\leqslant 120$ km/h 的单开道岔尖轨	X
					005	能组装直向容许通过速度 120 km/h $< v\leqslant$ 160 km/h 的单开道岔尖轨、基本轨	X
		组装转辙器			001	转辙器的组成和作用	Y
					002	能组装直向容许通过速度 $v\leqslant 120$ km/h、120 km/h $< v\leqslant$ 160 km/h 的单开道岔转辙器	X
					003	能组装直向容许通过速度 $v<90$ km/h 的复式交分道岔转辙器	X

续上表

职业功能	鉴定项目				鉴定要素		
	项目代码	名　称	鉴定比重(%)	选考方式	要素代码	名　称	重要程度
组装钢轨件	E	组装固定型钝角辙叉、锐角辙叉	15	至少选六项	001	固定型钝角辙叉、锐角辙叉的组成和结构	Y
					002	能将基本轨、长心轨、短心轨、护轨及垫板组装成钢轨组合式钝角辙叉	X
					003	能将基本轨、长心轨、短心轨、翼轨及垫板组装成钢轨组合式锐角辙叉	X
铺设道岔		铺设单开道岔	5		001	能正确掌握转辙器铺设方法	X
					002	能对直向容许通过速度 $v \leqslant 120$ km/h、120 km/h $< v \leqslant$ 160 km/h 的单开道岔转辙器进行厂内铺设	X
加工组装质量及精度检验	F	检验钢轨件加工质量	20	任选	001	标准轨距铁路道岔技术条件中有关尖轨、基本轨、高锰钢辙叉、可动心轨辙叉、护轨表面质量及长度要求	Y
					002	标准轨距铁路道岔技术条件中有关可动心轨辙叉长心轨、短心轨、叉跟尖轨、翼轨表面质量及尺寸偏差的要求	X
					003	能对直向容许通过速度 $v \leqslant 120$ km/h 的单开道岔尖轨、基本轨、护轨、高锰钢辙叉的加工质量进行检验	X
		检验钢轨件组装质量			001	标准轨距铁路道岔技术条件中有关尖轨、基本轨、活动心轨组装质量的要求	Y
					002	内锁闭转辙器及外锁闭转辙器的结构特征	X
					003	检验长心轨、短心轨两轨面密贴程度	X
					004	能对直向容许通过速度 120 km/h $< v \leqslant 160$ km/h 的单开道岔转辙器、护轨组装质量进行检验	X
		检验道岔铺设质量			001	标准轨距铁路道岔技术条件中有关尖轨、基本轨、护轨、辙叉、活动心轨铺设质量的要求	Y
					002	能对直向容许通过速度 $v \leqslant 120$ km/h、120 km/h $< v \leqslant$ 160 km/h 的单开道岔基本轨、尖轨、转辙器轨距在厂内铺设的质量进行检验	X
					003	能对直向容许通过速度 $v < 90$ km/h 的复式交分道岔基本轨、尖轨、转辙器轨距在厂内铺设的质量进行检	X

CNR 中国北车

道岔制修工(中级工)
技能操作考核样题与分析

职业名称：____________________

考核等级：____________________

存档编号：____________________

考核站名称：____________________

鉴定责任人：____________________

命题责任人：____________________

主管负责人：____________________

中国北车股份有限公司劳动工资部制

职业技能鉴定技能操作考核制件图示或内容

CNR6301 轨件加工、组装及检测

1. 根据图纸要求对 2.5 m 长 60 kg/m 钢轨进行划线，钻孔。
2. 根据图纸支距要求对钢轨进行顶弯。
3. CNR6301 转辙器组装。
4. CNR6301 转辙器检测。

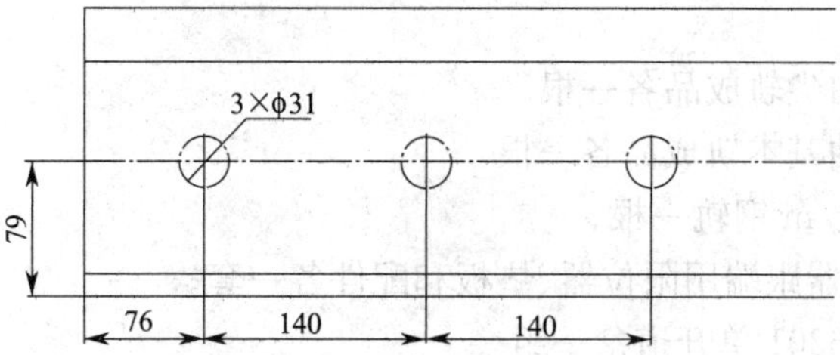

钻孔示意图

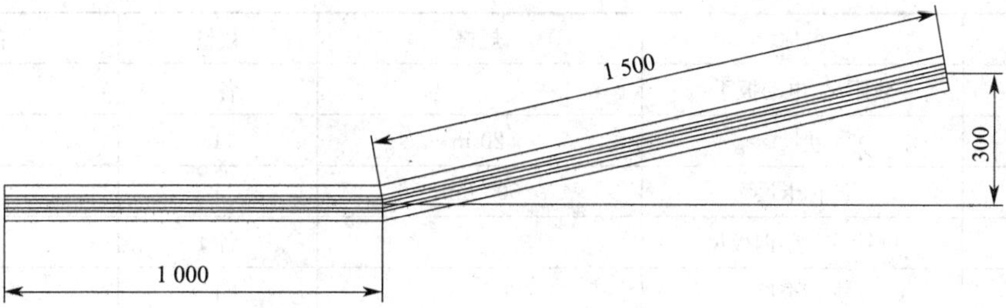

顶弯支距图

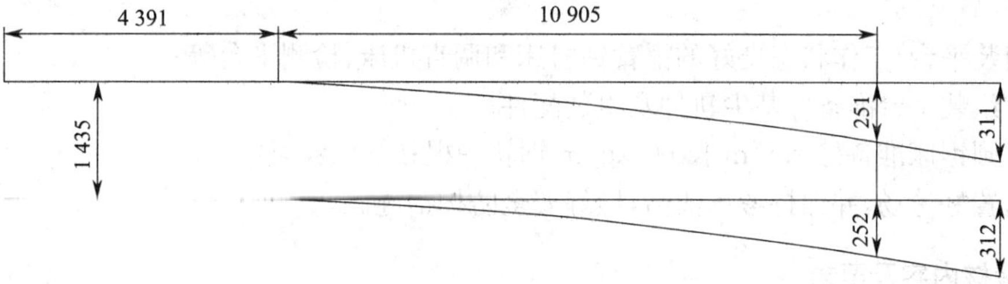

转辙器组装示意图

技术要求：

1. 孔径公差 0～+1 mm；
2. 孔距公差±1 mm；
3. 孔高公差±1 mm；
4. 顶弯支距 0～+2 mm。

转辙器组装检测项点表见附表。

职业名称	道岔制修工
考核等级	中级工
试题名称	CNR6301 轨件加工、组装及检测
材质等信息：U71Mn　U75V	

职业技能鉴定技能操作考核准备单

职业名称	道岔制修工
考核等级	中级工
试题名称	CNR6301 轨件加工、组装及检测

一、材料准备

1. CNR6301 直、曲尖轨成品各一根。
2. CNR6301 直、曲基本轨成品各一根。
3. 2.5 m 长 60 kg/m 钢轨一根。
4. CNR6301 转辙器跟端用限位器、垫板和配件各一套。
5. 铺设完的 CNR6301 单开道岔一组。

二、设备、工、量、卡具准备清单

序号	名称	规格	数量	备注
1	轨距尺、电动扳手		各 1	
2	卷尺	20 m	1	
3	游标卡尺	600 mm	1	
4	画针、石笔、钢板尺		各 1	
5	支距卡尺		1	

三、考场准备

1. 组装平台、工作状态良好的摇臂钻机床和调直机床、检测平台等；
2. 在组装平台准备好基尖轨件及组装配件；
3. 在圆锯床准备好 2.5 m 长 60 kg/m 钢轨一根；
4. 布置好考场，并保持考场清洁，做好安全防护措施。

四、考核内容及要求

1. 考核内容：(按考核制件图示及要求制作)
2. 考核时限：2 d。
3. 考核评分(表)。

序号	考核项目	配分	评分标准	扣分及原因	得分
1	识图	10	在考试过程中出现一次因为看不懂图而提问扣除 1 分		
2	识读工艺文件	10	在考试过程中出现一次因为看不懂工艺文件而提问扣除 1 分		
3	锯切钢轨	10	在锯切过程中出现一次失误扣 2 分，长度超差不得分		
4	钢轨件钻孔	10	在钻孔过程中出现一次失误扣 2 分，钻孔位置及孔径超差不得分		

续上表

序号	考核项目	配分	评分标准	扣分及原因	得分
5	钢轨的调直、顶弯、矫正作业	20	在顶弯过程中出现一次操作失误扣3分,直线度及顶弯支距超差不得分		
6	组装尖轨、基本轨	5	密贴、支距每出现一个不合格项扣3分,两项都错不得分		
7	组装转辙器	10	密贴、台板缝隙、支距、轨距、开口每出现一个不合格项扣2分		
8	铺设单开道岔	5	安装转辙器时出现一个不合格项扣1分		
9	检测钢轨件加工质量	10	位置、孔径、长度、表面质量、粗糙度没漏检错检一项扣2分		
10	检测钢轨件组装质量	5	支距、密贴、开口等,漏检错检一项扣2分,3项都错不得分		
11	检查道岔铺设质量	5	密贴、台板缝隙、支距、轨距、开口、咽喉尺寸等。至少检测5项每少检测一项扣1分		
12	考核时限	不限	每超时10%,扣5分		
13	工艺纪律	不限	依据企业有关工艺纪律管理规定执行,每违反一次扣10分		
14	劳动保护	不限	依据企业有关劳动保护管理规定执行,每违反一次扣10分		
15	文明生产	不限	依据企业有关文明生产管理规定执行,每违反一次扣10分		
16	安全生产	不限	依据企业有关安全生产管理规定执行,每违反一次扣10分,有重大安全事故,取消成绩		

职业技能鉴定技能考核制件(内容)分析

职业名称	道岔制修工
考核等级	中级工
试题名称	CNR6301 轨件加工、组装及检测
职业标准依据	道岔钳工国家职业标准

试题中鉴定项目及鉴定要素的分析与确定

分析事项 \ 鉴定项目分类	基本技能“D”	专业技能“E”	相关技能“F”	合计	数量与占比说明
鉴定项目总数	3	8	3	14	核心技能“E”满足鉴定项目占比高于 2/3 的要求
选取的鉴定项目数量	2	6	3	10	
选取的鉴定项目数量占比(%)	66.7%	75%	66.7%	78.6%	
对应选取鉴定项目所包含的鉴定要素总数	7	25	10	42	
选取的鉴定要素数量	6	16	6	28	鉴定要素数量占比大于 60%
选取的鉴定要素数量占比(%)	85.7%	64%	60%	66.7%	

所选取鉴定项目及相应鉴定要素分解与说明

鉴定项目类别	鉴定项目名称	国家职业标准规定比重(%)	《框架》中鉴定要素名称	本命题中具体鉴定要素分解	配分	评分标准	考核难点说明
“D”	识图	20	能识读直向容许通过速度 $v \leqslant 120$ km/h 的单开道岔尖轨、高锰钢辙叉加工图、组装图	识读 CNR6301 尖轨图	4	在考试过程中出现一次因为看不懂图而提问扣除 1 分	有一定的识图能力
			能识读直向容许通过速度 120 km/h$<v \leqslant 160$ km/h 的单开道岔尖轨、基本轨可动心轨辙叉、护轨、组装图	识读 CNR6301 基尖轨组装图	3		
			能识读直向容许通过速度 $v \leqslant 120$ km/h、120 km/h$<v \leqslant 160$ km/h 的单开道岔总布置图	识读单开道岔总布置图	3		
	识读工艺文件		能识读直向容许通过速度 $v \leqslant 120$ km/h 的单开道岔尖轨、组装工艺文件	能识读 $v \leqslant 120$ km/h 单开道岔组装工艺文件	3	在考试过程中出现一次因为看不懂工艺文件而提问扣除 1 分	熟练掌握工艺文件
			能识读直向容许通过速度 120 km/h$<v \leqslant 160$ km/h 的单开道岔尖轨、基本轨、高锰钢辙叉、护轨、组装工艺文件	能识读 $v=160$ km/h 组装工艺文件	4		
			能识读直向容许通过速度 $v<90$ km/h 的复式交分道岔尖轨、基本轨、活动心轨钝角辙叉、垫板加工、组装工艺文件	能识读单开道岔	3		

续上表

鉴定项目类别	鉴定项目名称	国家职业标准规定比重(%)	《框架》中鉴定要素名称	本命题中具体鉴定要素分解	配分	评分标准	考核难点说明
"E"	锯切钢轨	40	锯切设备的维护方法	锯切设备维护方法	10	在锯切过程中出现一次失误扣2分,长度超差不得分	了解机床的操作规程并能熟练的操作机床
			标准轨距铁路道岔技术条件中有关尖轨、基本轨、可动心轨辙叉钢轨件、护轨长度允许偏差的要求	CNR6301基本轨长度公差			
			锯切有关道岔基本轨、尖轨、可动心轨辙叉钢轨件、护轨的方法	CNR6301基本轨锯切方法			
			能对直向容许通过速度 $v\leqslant120$ km/h的单开道岔尖轨进行锯切作业	能对CNR6301基本轨锯切			
	钢轨件钻孔		钻孔设备维护方法	钻孔设备维护方法	10	在钻孔过程中出现一次失误扣2分,钻孔位置及孔径超差不得分	
			标准轨距铁路道岔技术条件中有关钢轨螺栓孔允许偏差的要求	CNR6301钢轨螺栓孔径偏差			
			能对直向容许通过速度 $v\leqslant120$ km/h的单开道岔尖轨进行钻孔作业和倒棱作业	对CNR6301基本轨进行钻孔、倒棱作业			
	钢轨的调直、顶弯、矫正作业		调直设备维护方法	调直设备维护方法	20	在顶弯过程中出现一次操作失误扣3分,直线度及顶弯支距超差不得分	
			钢轨调直、顶弯、矫正时回弹量控制方法	钢轨调直、顶弯、矫正时回弹量控制方法			
			道岔钢轨淬火技术条件中有关淬火硬度分布的规定	钢轨道岔淬火技术条件中淬火硬度分布的规定			
			能对直向容许通过速度120 km/h $<v\leqslant160$ km/h的单开道岔尖轨、基本轨、护轨、可动心轨辙叉长心轨、短心轨、叉跟尖轨、翼轨进行调直、顶弯、矫正作业	对CNR6301尖轨进行调直、顶弯、矫正作业			
	组装尖轨、基本轨、活动心轨	15	活接头式尖轨与基本轨的组装方法	活接头式尖轨、基本轨的组装方法	5	密贴、支距每出现一个不合格项扣3分,两项都错不得分	熟练的掌握道岔的铺设方法
			能组装直向容许通过速度120 km/h $<v\leqslant160$ km/h的单开道岔尖轨、基本轨	能组装单开道岔CNR 6301基、尖轨			
	组装转辙器		转辙器的组成和作用	转辙器的组成和作用	10	密贴、台板缝隙、支距、轨距、开口每出现一个不合格项扣2分	
			能组装直向容许通过速度 $v\leqslant120$ km/h、120 km/h $<v\leqslant160$ km/h的单开道岔转辙器	组装CNR6301转辙器			
	铺设单开道岔	5	能正确掌握转辙器铺设方法	能正确掌握转辙器的铺设方法	5	安装转辙器时出现一个不合格项扣1分	

续上表

鉴定项目类别	鉴定项目名称	国家职业标准规定比重(%)	《框架》中鉴定要素名称	本命题中具体鉴定要素分解	配分	评分标准	考核难点说明
"F"	检验钢轨件加工质量	20	标准轨距铁路道岔技术条件中有关尖轨、基本轨、高锰钢辙叉、可动心轨辙叉、护轨表面质量及长度要求	检测 CNR6301 基本轨加工质量	6	位置、孔径、长度、表面质量、粗糙度没漏检错检一项扣 2 分	熟悉技术要求和检测方法
			标准轨距铁路道岔技术条件中有关可动心轨辙叉长心轨、短心轨、叉跟尖轨、翼轨表面质量及尺寸偏差的要求	检测 CNR6301 基本轨尺寸偏差	4		
	检测钢轨件组装质量		内锁闭转辙器及外锁闭转辙器的结构特征	内/外锁闭转辙器的结构特征	5	支距、密贴、开口等，漏检错检一项扣 2 分，3 项都错不得分	
			能对直向容许通过速度 120 km/h$<v\leqslant$160 km/h 的单开道岔转辙器、护轨组装质量进行检验	检测长、短心轨两轨面密贴			
	检查道岔铺设质量		标准轨距铁路道岔技术条件中有关尖轨、基本轨、护轨、辙叉、活动心轨铺设质量的要求	熟练掌握整组道岔基尖轨的铺设要求	5	密贴、台板缝隙、支距、轨距、开口、咽喉尺寸等。至少检测 5 项每少检测一项扣 1 分	
			能对直向容许通过速度 $v\leqslant$120 km/h、120 km/h$<v\leqslant$160 km/h 的单开道岔基本轨、尖轨、转辙器轨距在厂内铺设的质量进行检验	对 CNR6301 转辙器进行检验			
质量、安全、工艺纪律、文明生产等综合考核项目				考核时限	不限	每超时 10%，扣 5 分	
				工艺纪律	不限	依据企业有关工艺纪律管理规定执行，每违反一次扣 10 分	
				劳动保护	不限	依据企业有关劳动保护管理规定执行，每违反一次扣 10 分	
				文明生产	不限	依据企业有关文明生产管理规定执行，每违反一次扣 10 分	
				安全生产	不限	依据企业有关安全生产管理规定执行，每违反一次扣 10 分，有重大安全事故，取消成绩	

道岔制修工(高级工)技能操作考核框架

一、框架说明

1. 依据《国家职业标准》注,以及中国北车确定的“岗位个性服从于职业共性”的原则,提出道岔制修工(高级工)技能操作考核框架(以下简称:技能考核框架)。

2. 本职业技能等级操作考核评分采用百分制。即:满分为100分,60分为及格,低于60分为不及格。

3. 实施“技能考核框架”时,考核制件(活动)命题可以选用本企业的加工件(活动项目),也可以结合实际另外组织命题。

4. 实施“技能考核框架”时,考核的时间和场地条件等应依据《国家职业标准》、并结合企业实际确定。

5. 实施“技能考核框架”时,其“职业功能”的分类按以下要求确定:

(1)“加工钢轨件”、“组装钢轨件及质量检验”、“铺设道岔”属于本职业等级技能操作的核心职业活动,其“项目代码”为“E”。

(2)“准备工艺、工装”、“加工质量及精度检验”属于本职业等级技能操作的辅助性活动,其“项目代码”分别为“D”和“F”。

6. 实施“技能考核框架”时,其“鉴定项目”和“选考数量”按以下要求确定:

(1)按照《国家职业标准》有关技能操作鉴定比重的要求,本职业等级技能操作考核制件的“鉴定项目”应按“D”+“E”+“F”组合,其考核配分比例相应为:“D”占5分,“E”占75分(其中:加工钢轨件45分,组装钢轨件及质量检验25分,铺设道岔5分),“F”占20分。

(2)依据中国北车确定的“核心职业活动选取2/3,并向上取整”的规定,在“E”类鉴定项目——“加工钢轨件”、“组装钢轨件及质量检验”、“铺设道岔”的全部7项中,至少选取5项。

(3)依据中国北车确定的“其余‘鉴定项目’的数量可以任选”的规定,“D” 和“F”类鉴定项目 “准备工艺、工装”、“加工质量及精度检验”中,至少分别选取1项。

(4)依据中国北车确定的“确定‘选考数量’时,所涉及‘鉴定要素’的数量占比,应不低于对应‘鉴定项目’范围内‘鉴定要素’总数的60%,并向上取整”的规定,考核制件的鉴定要素“选考数量”应按以下要求确定:

①在“D”类“鉴定项目”中,在已选定的至少1个鉴定项目中,至少选取已选鉴定项目所对应的全部鉴定要素的60%项,并向上保留整数。

②在“E”类“鉴定项目”中,在已选定的至少6个鉴定项目所包含的全部鉴定要素中,至少选取总数的60%项,并向上保留整数。

③在“F”类“鉴定项目”中,在已选定的至少1个鉴定项目中,至少选取已选鉴定项目所对应的全部鉴定要素的60%项,并向上保留整数。

举例分析：

按照上述"第 6 条"要求，若命题时按最少量选取，即：在"D"类鉴定项目中的选取了"识图"1 项，在"E"类鉴定项目中选取了"锯切钢轨"、"钢轨件划线"、"钢轨件钻孔"、"组装钢轨件"、"铺设单开道岔"5 项，在"F"类鉴定项目中选取了"检验钢轨件加工质量"1 项，则：

此考核件所涉及的"鉴定项目"总数为 7 项，具体包括："识图"，"锯切钢轨"、"钢轨件划线"、"钢轨件钻孔"、"组装钢轨件"、"铺设单开道岔"，"检验钢轨件加工质量"；

此考核制件所涉及的鉴定要素"选考数量"相应为 17 项，具体包括："识图"鉴定项目包含的全部 6 个鉴定要素中的 4 项，"锯切钢轨"、"钢轨件划线"、"钢轨件钻孔"、"组装钢轨件"、"铺设单开道岔"等 5 个鉴定项目包括的全部 17 个鉴定要素中的 11 项，"检验钢轨件加工质量"鉴定项目包含的全部 3 个鉴定要素中的 2 项。

7. 本职业等级技能操作需要两人及以上共同作业的，可由鉴定组织机构根据"必要、辅助"的原则，结合实际情况确定协助人员的数量。在整个操作过程中，协助人员只能起必要、简单的辅助作用。否则，每违反一次，至少扣减应考者的技能考核总成绩 10 分，直至取消其考试资格。

8. 实施"技能考核框架"时，应同时对应考者在质量、安全、工艺纪律、文明生产等方面行为进行考核。对于在技能操作考核过程中出现的违章作业现象，每违反一项(次)至少扣减技能考核总成绩 10 分，直至取消其考试资格。

注：按照中国北车规定，各《职业技能操作考核框架》的编制依据现行的《国家职业标准》或现行的《行业职业标准》或现行的《中国北车职业标准》的顺序执行。

二、道岔制修工(高级工)技能操作鉴定要素细目表

职业功能	鉴定项目				鉴定要素		
	项目代码	名　称	鉴定比重(%)	选考方式	要素代码	名　称	重要程度
准备工艺、工装	D	识图	5	任选	001	识读道岔布置图的方法和步骤	Y
					002	交叉渡线的结构形式	Y
					003	可动心轨辙叉组装图的内容	Y
					004	能识读直向容许通过速度 160 km/h$<v\leqslant$200 km/h 的单开道岔尖轨、基本轨、可动心轨辙叉、垫板加工图和组装图	X
					005	能识读直向容许通过速度 $v>$90 km/h 的复式交分道岔尖轨、基本轨、活动心轨、活动心轨钝角辙叉、垫板加工图、组装图	X
					006	能识读直向容许通过速度 160 km/h$<v\leqslant$200 km/h 的单开道岔、直向容许通过速度 $v>$90 km/h 的复式交分道岔总布置图	X
		识读工艺文件			001	可动心轨辙叉组装工艺	Y
					002	钢轨件淬火工艺	Y
					003	能识读直向通过容许速度 160 km/h$<v\leqslant$200 km/h 的单开道岔尖轨、基本轨、可动心轨辙叉、垫板加工、组装工艺文件	X

续上表

职业功能	鉴定项目				鉴定要素		
	项目代码	名称	鉴定比重(%)	选考方式	要素代码	名称	重要程度
准备工艺、工装	D	识读工艺文件	5	任选	004	能识读直向容许通过速度 $v>90$ km/h 的复式交分道岔尖轨、基本轨、活动心轨、活动心轨钝角辙叉、垫板加工、组装工艺文件	X
					005	能识读直向容许通过速度 160 km/h$<v\leqslant$200 km/h 的单开道岔、直向容许通过速度 $v>90$ km/h 的复式交分道岔铺设工艺文件	X
		制作工装			001	钢轨顶弯样板的制作方法	X
					002	尖轨端面划线样板的制作方法	Y
					003	能使用直向通过容许速度 160 km/h$<v\leqslant$200 km/h 的单开道岔尖轨、基本轨、可动心轨辙叉、垫板所用夹具、胎具、样板	X
加工钢轨件	E	锯切钢轨	45	至少选五项	001	时速 200 km 铁路道岔技术条件中有关尖轨、基本轨、可动心轨辙叉钢轨件长度偏差要求	Y
					002	能对直向通过容许速度 160 km/h$<v\leqslant$200 km/h 的单开道岔尖轨、基本轨、可动心轨辙叉用钢轨进行锯切作业	X
					003	能对直向容许通过速度 $v>90$ km/h 的复式交分道岔尖轨、基本轨、活动心轨用钢轨进行锯切作业	X
		钢轨件划线			001	划线时的找正和借料方法	Y
					002	道岔尖轨、基本轨、长心轨、短心轨、叉跟尖轨、翼轨、活动心轨划线步骤及方法	X
					003	能对直向通过容许速度 160 km/h$<v\leqslant$200 km/h 的单开道岔尖轨、基本轨进行划线作业	X
					004	能对直向通过容许速度 160 km/h$<v\leqslant$200 km/h 的单开道岔可动心轨辙叉长心轨、短心轨、叉跟尖轨、翼轨进行划线作业	X
		钢轨件钻孔			001	时速 200 km 铁路道岔技术条件中有关钢轨螺栓孔尺寸偏差的要求	X
					002	能对直向通过容许速度 160 km/h$<v\leqslant$200 km/h 的单开道岔尖轨、基本轨进行钻孔作业	Y
					003	能对直向通过容许速度 160 km/h$<v\leqslant$200 km/h 的单开道岔可动心轨辙叉长心轨、短心轨、叉跟尖轨、翼轨进行钻孔作业	X
		钢轨的调直顶弯			001	时速 200 km/h 铁路道岔钢轨校直与顶弯的方法	X
					002	尖轨顶弯支距的计算方法	X
					003	能对直向通过容许速度 160 km/h$<v\leqslant$200 km/h 的单开道岔尖轨、基本轨进行顶弯、调直、矫正作业	X
					004	能对直向通过容许速度 160 km/h$<v\leqslant$200 km/h 的单开道岔可动心轨辙叉长心轨、短心轨、叉跟尖轨、翼轨进行顶弯、调直矫正作业	X
					005	能对直向容许通过速度 $v>90$ km/h 的复式交分道岔尖轨、基本轨、活动心轨进行顶弯、调直、矫正作业	X

续上表

职业功能	鉴定项目 项目代码	名称	鉴定比重（%）	选考方式	鉴定要素 要素代码	名称	重要程度
组装钢轨件及质量检验	E	组装钢轨件	25	至少选五项	001	时速 200 km/h 的铁路道岔技术条件中有关可动心轨辙叉组装的要求	X
					002	能组装直向容许通过速度 160 km/h＜v≤200 km/h 的单开道岔转辙器	X
					003	能组装直向容许通过速度 160 km/h＜v≤200 km/h 的单开道岔可动心轨辙叉	X
		组装质量检验			001	时速 200 km 铁路道岔技术条件中有关转辙器组装质量的要求	Y
					002	时速 200 km 的铁路道岔技术条件中有关可动心轨辙叉咽喉宽度的要求	X
					003	能对直向容许通过速度 160 km/h＜v≤200 km/h 的单开道岔转辙器的组装质量进行检验	X
					004	能对直向容许通过速度 160 km/h＜v≤200 km/h 的单开道岔可动心轨辙叉的组装质量进行检验	X
铺设道岔		铺设单开道岔	5		001	时速 200 km 的铁路道岔技术条件中有关尖轨牵引点动程的要求	X
					002	时速 200 km 的铁路道岔技术条件中有关尖轨台板缝隙的要求	X
					003	时速 200 km 的铁路道岔基本轨、尖轨、可动心辙叉的铺设方法	X
					004	能在场内铺设直向容许通过速度 160 km/h＜v≤200 km/h 的单开道岔基本轨、尖轨、可动心轨	X
加工质量及精度检验	F	检验钢轨件加工质量	20	任选	001	时速 200 km 的铁路道岔技术条件中有关尖轨表面质量和尺寸偏差的要求	Y
					002	时速 200 km 的铁路道岔技术条件中有关基本轨直密贴边直线度、螺栓孔内壁粗糙度的要求	X
					003	能对直向容许通过速度 160 km/h＜v≤200 km/h 的单开道岔转辙器基本轨、尖轨进行加工质量检验	X
		检验道岔铺设质量			001	时速 200 km 的铁路道岔技术条件中有关基本轨、尖轨、可动心轨辙叉铺设的质量要求	Y
					002	能对在厂内铺设直向容许通过速 160 km/h＜v≤200 km/h 的单开道岔基本轨、尖轨、可动心轨辙叉的质量进行检验	X

道岔制修工(高级工)
技能操作考核样题与分析

职业名称：______________________

考核等级：______________________

存档编号：______________________

考核站名称：______________________

鉴定责任人：______________________

命题责任人：______________________

主管负责人：______________________

中国北车股份有限公司劳动工资部制

职业技能鉴定技能操作考核制件图示或内容

CNR6405 轨件加工、组装及检测

1. 根据图示对 2 m 长的 60 kg/m 钢轨进行下料锯切，下料长度为 1 m。
2. 对锯切后的钢轨划线并钻标准接头螺栓孔。
3. 检测 CNR6405 直线尖轨的加工质量。
3. CNR6405 可动心辙叉组装并检验。

组装图见 CNR6405 图纸

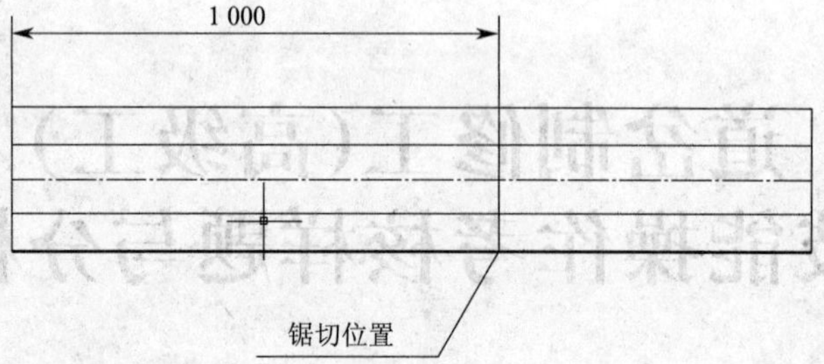

锯切示意图

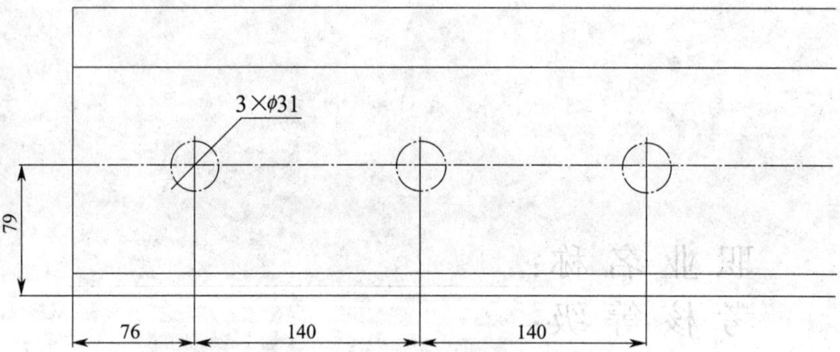

划线示意图

技术要求：

1. 锯切端面垂直度≤0.5mm，长度公差±1 mm。
2. 孔高、孔距公差±1mm，孔径公差$^{+0.8}_{0}$ mm。

职业名称	道岔制修工
考核等级	高级工
试题名称	CNR6405 轨件加工、组装及检测
材质等信息：U71Mn　U75V	

续上表

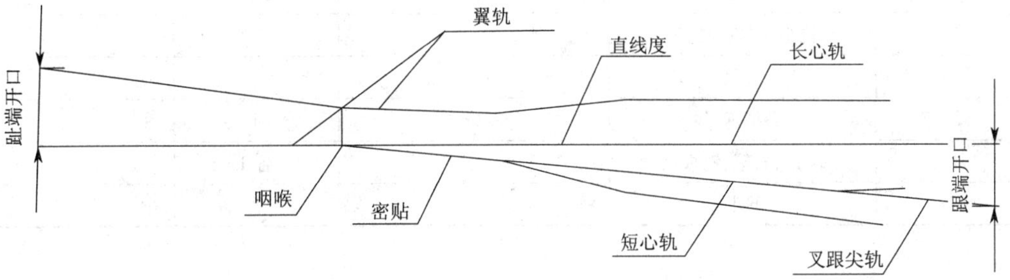

可动心轨组装示意图

技术要求：

1. 锯切端面垂直度≤0.5mm，长度公差±1mm。
2. 孔高、孔距公差±1mm，孔径公差$^{+0.8}_{0}$ mm。
3. 可动心辙叉组装要求见附表。

职业名称	道岔制修工
考核等级	高级工
试题名称	CNR6405 轨件加工、组装及检测
材质等信息：U71Mn　U75V	

职业技能鉴定技能操作考核准备单

职业名称	道岔制修工
考核等级	高级工
试题名称	CNR6405 轨件加工、组装及检测

一、材料准备

2 m 长的 60 kg/m 钢轨；
CNR6405 直线尖轨；
CNR6405 可动心辙叉(翼轨、长心轨、短心轨、岔跟尖轨)；
配件及 CNR6405 可动心辙叉产品定额。

二、设备、工、量、卡具准备清单

序号	名称	规格	数量	备注
1	轨距尺、电动扳手		各 1	
2	卷尺	50 m	1	
3	游标卡尺	600 mm	1	
4	画针、石笔、钢板尺		各 1	
5	F 卡		2	

三、考场准备

1. 组装平台、圆锯床、摇臂钻床、检测平台等；
2. 相应的场地及安全防范措施。

四、考核内容及要求

1. 考核内容：(按考核制件图示及要求制作)。
2. 考核时限：240 min。
3. 考核评分(表)。

序号	考核项目	配分	评 分 标 准	扣分及原因	得分
1	识图	5	在考试过程中出现一次因为看不懂图而提问扣除 1 分		
2	钢轨件锯切	15	口述和操作过程中每出现一次错误扣 3 分		
3	钢轨件划线	15	口述和操作过程中每出现一次错误扣 3 分		
4	钢轨件钻孔	15	每出现一个不合格项扣 3 分		
5	准备工作	5	考试过程中每少准备一样工具扣 1 分		
6	铺设可动心轨辙叉	25	每出现一个不合格项扣 3 分		
7	检测钢轨件加工质量	10	位置、孔径、长度、表面质量、粗糙度没检测错一项扣 2 分		

续上表

序号	考核项目	配分	评分标准	扣分及原因	得分
8	检测钢轨件组装质量	5	支距、密贴,测错误一项扣3分,2项都错不得分		
9	检查道岔铺设质量	5	密贴、台板缝隙、支距、开口、咽喉尺寸等。至少检测5项每少检测一项扣1分		
10	考核时限	不限	每超时10%,扣5分		
11	工艺纪律	不限	依据企业有关工艺纪律管理规定执行,每违反一次扣10分		
12	劳动保护	不限	依据企业有关劳动保护管理规定执行,每违反一次扣10分		
13	文明生产	不限	依据企业有关文明生产管理规定执行,每违反一次扣10分		
14	安全生产	不限	依据企业有关安全生产管理规定执行,每违反一次扣10分,有重大安全事故,取消成绩		

职业技能鉴定技能考核制件(内容)分析

职业名称	道岔制修工
考核等级	高级工
试题名称	CNR6405 轨件加工、组装及检测
职业标准依据	道岔钳工国家职业标准

试题中鉴定项目及鉴定要素的分析与确定

分析事项 \ 鉴定项目分类	基本技能“D”	专业技能“E”	相关技能“F”	合计	数量与占比说明
鉴定项目总数	3	7	2	12	
选取的鉴定项目数量	1	5	2	8	核心技能“E”满足鉴定项目占比高于 2/3 的要求
选取的鉴定项目数量占比(%)	33.3%	71.4%	100%	66.7%	
对应选取鉴定项目所包含的鉴定要素总数	6	17	5	28	
选取的鉴定要素数量	4	11	3	19	鉴定要素数量占比大于 60%
选取的鉴定要素数量占比(%)	66.7%	64.7%	60%	67.9%	

所选取鉴定项目及相应鉴定要素分解与说明

鉴定项目类别	鉴定项目名称	国家职业标准规定比重(%)	《框架》中鉴定要素名称	本命题中具体鉴定要素分解	配分	评分标准	考核难点说明
“D”	识图	5	识读道岔布置图的方法和步骤	读懂道岔布置图	1	口述要点	有一定的识图能力
			交叉渡线的结构形式	了解交叉渡线各组成部分	1		
			可动心辙叉组装图内容	读懂可动心辙叉组装图	1	可动心辙叉组装每一个项点不合格－1分	
			能识读直向容许通过速度 $160\ km/h<v\leqslant 200\ km/h$ 的单开道岔尖轨、基本轨、可动心轨辙叉、垫板加工图和组装图	读懂可动心辙叉组装图	2		
“E”	锯切钢轨	45	时速 200 km 铁路道岔技术条件中有关尖轨、基本轨、可动心轨辙叉钢轨件长度偏差要求	了解钢轨长度偏差要求	15	口述和操作过程中每出现一次错误扣 3 分	了解机床的操作规程并能熟练的操作机床
			能对直向通过容许速度 $160\ km/h<v\leqslant 200\ km/h$ 的单开道岔尖轨、基本轨、可动心轨辙叉用钢轨进行锯切作业	熟练锯切钢轨			
	钢轨件划线		划线时找正和借料方法	熟练划线作业	15	口述和操作过程中每出现一次错误扣 3 分	
			能对直向通过容许速度 $160\ km/h<v\leqslant 200\ km/h$ 的单开道岔尖轨、基本轨进行划线作业	熟练划线作业			

续上表

鉴定项目类别	鉴定项目名称	国家职业标准规定比重(%)	《框架》中鉴定要素名称	本命题中具体鉴定要素分解	配分	评分标准	考核难点说明
"E"	钢轨件钻孔	45	时速200 km铁路道岔技术条件中有关钢轨螺栓孔尺寸偏差的要求	熟练钻孔作业	15	每出现一个不合格项扣3分	
			能对直向通过容许速度160 km/h$<v\leqslant$200 km/h的单开道岔尖轨、基本轨进行钻孔作业	熟练钻孔作业			
	组装钢轨件	25	时速200 km/h的铁路道岔技术条件中有关可动心轨辙叉组装的要求	了解技术要求	25	每出现一个不合格项扣3分	掌握可动心辙叉铺设方法
			能组装直向容许通过速度160 km/h$<v\leqslant$200 km/h的单开道岔可动心轨辙叉	熟练可动心轨辙叉组装			
	铺设单开道岔	5	时速200 km的铁路道岔技术条件中有关尖轨牵引点动程的要求	熟练可动心轨辙叉铺设	5	一次口述不正确扣1分	熟练掌握道岔的铺设方法
			时速200 km的铁路道岔技术条件中有关尖轨台板缝隙的要求	熟练可动心轨辙叉铺设			
			时速200 km的铁路道岔基本轨、尖轨、可动心辙叉的铺设方法	熟练可动心轨辙叉铺设			
"F"	检验钢轨件加工质量	20	时速200 km的铁路道岔技术条件中有关尖轨表面质量和尺寸偏差的要求	掌握CNR6405尖轨检测方法	6	每漏掉 个项点扣2分	熟悉技术要求和检测方法
			能对直向容许通过速度160 km/h$<v\leqslant$200 km/h的单开道岔转辙器基本轨、尖轨进行加工质量检验	掌握CNR6405尖轨质量标准	4		
	检查道岔铺设质量		时速200 km的铁路道岔技术条件中有关基本轨、尖轨、可动心轨辙叉铺设的质量要求	熟练掌握可动心轨辙叉的质量标准	10	每操作或漏项一次扣1分	
质量、安全、工艺纪律、文明生产等综合考核项目				考核时限	不限	每超时10%，扣5分	
				工艺纪律	不限	依据企业有关工艺纪律管理规定执行，每违反一次扣10分	
				劳动保护	不限	依据企业有关劳动保护管理规定执行，每违反一次扣10分	
				文明生产	不限	依据企业有关文明生产管理规定执行，每违反次扣10分	
				安全生产	不限	依据企业有关安全生产管理规定执行，每违反一次扣10分，有重大安全事故，取消成绩	

附件

转辙器组装检测项点表

单位:mm

道岔名称	60 kg/m 钢轨 12 号单开道岔	图　号	CNR6301	
序号	检　测　项　目	尺寸及偏差	特性分类	实测
1	尖轨尖端轨距	1 435±1	A	
2	直线尖轨轨头切削起点处轨距(距尖轨尖端 4 681 处)	1 435±1	B	
3	直尖轨尖端至第一牵引点间与曲基本轨密贴	缝隙≤0.2	A	
4	直尖轨其余部分与曲基本轨密贴	缝隙≤1.0	B	
5	曲尖轨尖端至第一牵引点间与直基本轨密贴	缝隙≤0.2	A	
6	曲尖轨其余部分与直基本轨密贴	缝隙≤1.0	B	
7	直线尖轨工作边直线度	密贴段 1.0,全长 2.0	C	
8	直尖轨第一牵引点前后各一块台板与轨底缝隙	≤0.5	A	
9	曲尖轨第一牵引点前后各一块台板与轨底缝隙	≤0.5	A	
10	直尖轨第二牵引点前后各一块台板与轨底缝隙	≤0.5	A	
11	曲尖轨第二牵引点前后各一块台板与轨底缝隙	≤0.5	A	
12	直尖轨其余台板与轨底缝隙	≤1.0	B	
13	曲尖轨其余台板与轨底缝隙	≤1.0	B	
14	第一牵引点开口值	160	B	
15	第二牵引点开口值	75	B	